税务干部业务能力升级学习丛书

通用知识

习题集

本书编写组◎编

中国税务出版社

图书在版编目（CIP）数据

通用知识习题集 / 本书编写组编 . -- 北京 ：中国税务出版社，2024. 8. --（税务干部业务能力升级学习丛书）. -- ISBN 978 - 7 - 5678 - 1537 - 7

Ⅰ. F812. 423 - 44

中国国家版本馆 CIP 数据核字第 2024YM5463 号

丛 书 名： 税务干部业务能力升级学习丛书
书　　名： 通用知识习题集
TONGYONG ZHISHI XITIJI
作　　者： 本书编写组　编
责任编辑： 高莉贤　张大卫
责任校对： 姚浩晴
技术设计： 林立志
出版发行： 中国税务出版社
北京市丰台区广安路 9 号国投财富广场 1 号楼 11 层
邮政编码：100055
网址：https://www.taxation.cn
投稿：https://www.taxation.cn/qt/zztg
发行中心电话：(010)83362083/85/86
传真：(010)83362047/49
经　　销： 各地新华书店
印　　刷： 北京天宇星印刷厂
规　　格： 787 毫米 × 1092 毫米　1/16
印　　张： 18
字　　数： 372000 字
版　　次： 2024 年 8 月第 1 版　2024 年 8 月第 1 次印刷
书　　号： ISBN 978 - 7 - 5678 - 1537 - 7
定　　价： 52.00 元

编者说明

为落实打造效能税务要求，持续深化依法治税、以数治税、从严治税一体贯通，不断提升税务干部税费征管、便民服务、风险防范的能力和水平，我们结合税收工作实际，组织编写了“税务干部业务能力升级学习丛书”，分为《通用知识》《综合管理岗位知识与技能》《纳税服务岗位知识与技能》《征收管理岗位知识与技能》《税务稽查岗位知识与技能》《信息技术岗位知识与技能》及配套习题集。

《通用知识习题集》与“税务干部业务能力升级学习丛书”之《通用知识》相配套，紧扣税务干部应掌握的的通用知识与当前税收工作新形势新任务新要求，题型丰富、重点突出；在题目设计上，按照《通用知识》所列知识体系和知识点编写，并适当拓展提升；书后附列 3 套模拟试卷，考查全面、难易适中，可以帮助税务干部学练结合，快速掌握相关知识，提升履职能力。

由于时间及能力所限，书中疏漏在所难免，不妥之处恳请读者批评指正。具体修改意见和建议，请与编辑联系（邮箱：bjzx@ taxation. cn，QQ：1050456451），以便修订时更正。

编　者

CONTENTS

目 录

第一部分 章节同步练习

第二部分　模拟测试

第一部分

章节同步练习

第一章　政治素养

>> 本章知识框架

细目	知识点	学习进度
习近平新时代中国特色社会主义思想	【知识点】习近平新时代中国特色社会主义思想	
党的二十大精神	【知识点】党的二十大精神	
党的二十届三中全会	【知识点】党的二十届三中全会精神	
中国共产党章程	【知识点 1】党的二十大党章修改要点	
	【知识点 2】应知应会党章知识	
党纪学习教育	【知识点 1】目标要求	
	【知识点 2】《中国共产党纪律处分条例》	

>> 习题演练

一、单项选择题

1. 习近平新时代中国特色社会主义思想的核心内容是（　　）。

A. “十个明确”“十四个坚持”

B. 坚持党的领导

C. “八个明确”“十四个坚持”

D. “五位一体”“四个全面”

【解析】2021 年 11 月 11 日，中国共产党第十九届中央委员会第六次全体会议通过的《中共中央关于党的百年奋斗重大成就和历史经验的决议》，用“十个明确”对习近平新时代中国特色社会主义思想的核心内容作了进一步概括。

【答案】A

2. 习近平新时代中国特色社会主义思想明确：统筹推进“五位一体”总体布局、协调推进“（　　）”战略布局，“十二五”规划胜利完成，“十三五”规划顺利实施，党和国家事业全面开创新局面。

A. 六个坚持　　B. 全面小康

C. 四个全面　　D. 四个自信

【解析】习近平新时代中国特色社会主义思想明确中国特色社会主义事业总体布局是“五位一体”、战略布局是“四个全面”，强调坚定道路自信、理论自信、制度自信、文化自信。

【答案】C

3. 在“十四五”战略布局中，明确提出协调推进全面建设社会主义现代化国家、（　　）、全面依法治国、全面从严治党的战略布局。

A. 全面发展民主

B. 全面推动社会建设

C. 全面对外开放

D. 全面深化改革

【解析】党的十九届五中全会指出，协调推进全面建设社会主义现代化国家、全面深化改革、全面依法治国、全面从严治党的战略布局。

【答案】D

4. 在庆祝中国共产党成立100周年大会上，习近平总书记指出：“中国共产党为什么能，中国特色社会主义为什么好，归根到底是因为（　　）！”

A. 党不断推进马克思主义中国化时代化并用以指导实践

B. 党坚持全心全意为人民服务

C. 马克思主义行

D. 有习近平新时代中国特色社会主义思想科学指引

【解析】见习近平总书记在庆祝中国共产党成立100周年大会上的讲话。

【答案】C

5. 中国特色社会主义制度的本质属性是（　　）。

A. 中国共产党始终代表最广大人民根本利益

B. 坚持人民当家作主

C. 坚持公有制为主体

D. 坚持各民族一律平等

【解析】中国共产党始终代表最广大人民根本利益，是中国特色社会主义制度的本质属性，是我国国家制度和国家治理体系有效运行、充满活力的根本所在。

【答案】A

6. 发展是解决我国一切问题的基础和关键，发展必须是科学发展，必须坚定不移贯彻发展理念。发展理念是指（　　）。

A. 创新、协调、绿色、开放、共享

B. 创造、协调、生态、开放、共享

C. 创新、统筹、绿色、开放、共享

D. 创造、统筹、生态、开放、共享

【解析】党的十九大报告指出，发展是解决我国一切问题的基础和关键，发展必须是科学发展，必须坚定不移贯彻创新、协调、绿色、开放、共享的发展理念。

【答案】A

7. 中国共产党第二十次全国代表大会，是在全党全国各族人民迈上（　　）新征程、向第二个百年奋斗目标进军的关键时刻召开的一次十分重要的大会。

A. 全面建设社会主义现代化国家

B. 全面深化改革

C. 全面依法治国

D. 全面从严治党

【解析】中国共产党第二十次全国代表大会，是在全党全国各族人民迈上全面建设社会主义现代化国家新征程、向第二个百年奋斗目标进军的关键时刻召开的一次十分重要的大会。

【答案】A

8. 党的二十大的主题是：高举中国特色社会主义伟大旗帜，全面贯彻新时代中国特色社会主义思想，弘扬（　　），自信自强、守正创新，踔厉奋发、勇毅前行，为全面建设社会主义现代化国家、全面推进中华民族伟大复兴而团结奋斗。

A. 中华优秀传统文化

B. 社会主义先进文化

C. 伟大改革开放精神

D. 伟大建党精神

【解析】见习近平总书记在中国共产党第二十次全国代表大会上所作报告。

【答案】D

9. 党的二十大报告指出，五年来，我们隆重庆祝中国共产党成立一百周年、中华人民共和国成立七十周年，制定（　　）历史决议，在全党开展党史学习教育。

A. 第一个　　B. 第二个

C. 第三个　　D. 第四个

【解析】见习近平总书记在中国共产党第二十次全国代表大会上所作报告。

【答案】C

10. 坚持党中央集中统一领导是（　　）政治原则。

A. 基本　　B. 根本

C. 核心　　D. 最高

【解析】见习近平总书记在中国共产党第二十次全国代表大会上所作报告。

【答案】D

11. 党的二十大报告指出，十年来，我们经过接续奋斗，实现了小康这个中华民族的千年梦想，我国发展站在了（　　）历史起点上。

A. 全新　　B. 更好

C. 更高　　D. 转型

【解析】见习近平总书记在中国共产党第二十次全国代表大会上所作报告。

【答案】C

12. 中国共产党人的初心和使命，是激励中国共产党人不断前进的根本动力。这个初心和使命就是（　　）。

A. 为中国人民谋幸福，为中华民族谋解放

B. 为中国人民谋幸福，为中华民族谋未来

C. 为中国人民谋幸福，为中华民族谋复兴

D. 为中国人民谋生活，为中华民族谋未来

【解析】中国共产党人的初心和使命，就是为中国人民谋幸福，为中华民族谋复兴。这个初心和使命是激励中国共产党人不断前进的根本动力。

【答案】C

13. 中国特色社会主义新时代的社会主要矛盾是（　　）。

A. 人民日益增长的美好生活需要和不充分不平衡的发展之间的矛盾

B. 人民日益增长的幸福生活需要和不平衡不充分的发展之间的矛盾

C. 人民日益增长的美好生活向往和不充分不平衡的发展之间的矛盾

D. 人民日益增长的美好生活需要和不平衡不充分的发展之间的矛盾

【解析】中国特色社会主义进入新时代，我国社会主要矛盾已经转化为人民日益增长的美好生活需要和不平衡不充分的发展之间的矛盾。

【答案】D

14. 中国特色社会主义最本质的特征是（　　）。

A. 依法治国

B. 中国共产党领导

C. 人民当家作主

D. 中国特色社会主义

【解析】习近平总书记在中国共产党第二十次全国代表大会上所作报告指出，我们

全面加强党的领导，明确中国特色社会主义最本质的特征是中国共产党领导，中国特色社会主义制度的最大优势是中国共产党领导。

【答案】B

15. 中国特色社会主义的本质要求和重要保障是（　　）。

A. 全面依法治国　　B. 全面从严治党

C. 全面发展经济　　D. 全面可持续发展

【解析】全面依法治国是中国特色社会主义的本质要求和重要保障。必须把党的领导贯彻落实到依法治国全过程和各方面，坚定不移走中国特色社会主义法治道路，完善以宪法为核心的中国特色社会主义法律体系，建设中国特色社会主义法治体系，建设社会主义法治国家，发展中国特色社会主义法治理论，坚持依法治国、依法执政、依法行政共同推进，坚持法治国家、法治政府、法治社会一体建设，坚持依法治国和以德治国相结合，依法治国和依规治党有机统一，深化司法体制改革，提高全民族法治素养和道德素质。

【答案】A

16. 经过不懈努力，党找到了跳出治乱兴衰历史周期率的第二个答案，自我净化、自我完善、自我革新、自我提高能力显著增强。这个答案就是（　　）。

A. 自我斗争　　B. 自我批评

C. 自我革命　　D. 自我超越

【解析】习近平总书记在中国共产党第二十次全国代表大会上所作报告。

【答案】C

17. 党的二十大报告明确提出，中国共产党的中心任务是团结带领全国各族人民全面建成社会主义现代化强国、实现第二个百年奋斗目标，以（　　）全面推进中华民族伟大复兴。

A. 初心使命引领　　B. 党的领导

C. 中国特色现代化　　D. 中国式现代化

【解析】从现在起，中国共产党的中心任务就是团结带领全国各族人民全面建成社会主义现代化强国、实现第二个百年奋斗目标，以中国式现代化全面推进中华民族伟大复兴。

【答案】D

18. 党的纲领包括最高纲领和基本纲领两部分。现阶段中国共产党的基本纲领是（　　）。

A. 实现共产主义

B. 中国特色社会主义事业总体布局

C. 实现中华民族伟大复兴

D. 全面依法治国

【解析】党的基本纲领是党在社会主义初级阶段的基本路线在经济、政治、文化、社会、生态文明等方面的展开，是建设有中国特色社会主义的基本目标和基本政策，即中国特色社会主义事业总体布局。

【答案】B

19. 全党同志要坚定“四个自信”，贯彻党的基本理论、基本路线、基本方略。“四个自信”是指（　　）。

A. 路线自信、理论自信、制度自信、文化自信

B. 道路自信、理论自信、制度自信、文化自信

C. 道路自信、理论自信、体制自信、文化自信

D. 道路自信、理论自信、制度自信、思想自信

【解析】习近平总书记在庆祝中国共产党成立95周年大会上的重要讲话指出，全党要坚定道路自信、理论自信、制度自信、文化自信。

【答案】B

20. 党的根本性建设，决定党的建设方向和效果，事关统揽推进伟大斗争、伟大工程、伟大事业、伟大梦想。党的根本性建设是（　　）。

A. 政治建设　　B. 思想建设

C. 作风建设　　D. 纪律建设

【解析】党的政治建设是党的根本性建设，决定党的建设方向和效果，事关统揽推进伟大斗争、伟大工程、伟大事业、伟大梦想。

【答案】A

21.《中国共产党章程》总纲指出，我们党的最大政治优势是（　　），党执政后的最大危险是（　　）。

A. 密切联系群众；脱离群众

B. 为人民服务；脱离人民

C. 批评和自我批评；消极腐败

D. 全面从严治党；脱离群众

【解析】《中国共产党章程》总纲指出，坚持全心全意为人民服务。党除了工人阶级和最广大人民群众的利益，没有自己特殊的利益。党在任何时候都把群众利益放在第一位，同群众同甘共苦，保持最密切的联系，坚持权为民所用、情为民所系、利为民所谋，不允许任何党员脱离群众，凌驾于群众之上。我们党的最大政治优势是密切联系群众，党执政后的最大危险是脱离群众。党风问题、党同人民群众联系问题是关系党生死存亡的问题。党在自己的工作中实行群众路线，一切为了群众，一切依靠群众，从群众中来，到群众中去，把党的正确主张变为群众的自觉行动。

【答案】A

22.《中共中央关于党的百年奋斗重大成就和历史经验的决议》是中国共产党第（　　）个历史决议。

A. 2　　B. 3

C. 5　　D. 1

【解析】《中共中央关于党的百年奋斗重大成就和历史经验的决议》是中国共产党第3个历史决议。之前分别是1945年党的六届七中全会通过的《关于若干历史问题的决议》、1981年党的十一届六中全会通过的《关于建国以来党的若干历史问题的决议》。

【答案】B

23. 中国共产党在长期的革命斗争中形成了一整套优良作风。毛泽东把它们概括为三大作风，具体为：理论联系实际的作风、密切联系群众的作风和（　　）。

A. 勇于自我革命的作风

B. 为人民服务的作风

C. 艰苦奋斗的作风

D. 批评与自我批评的作风

【解析】中国共产党的三大作风是：理论联系实际、密切联系群众、批评与自我批评的作风。

【答案】D

24. 党的二十大报告指出，（　　）是全面建设社会主义现代化国家的首要任务。

A. 改革开放　　B. 科教兴国

C. 科学发展　　D. 高质量发展

【解析】高质量发展是全面建设社会主义现代化国家的首要任务。发展是党执政兴国的第一要务。没有坚实的物质技术基础，就不可能全面建成社会主义现代化强国。

【答案】D

25. 党的二十大报告提到，加快构建（　　），着力推动高质量发展。构建高水平社会主义市场经济体制；建设现代化产业体系；全面推进乡村振兴；促进区域协调发展；推进高水平对外开放。

A. 社会主义经济格局

B. 社会主义市场经济格局

C. 发展格局

D. 新发展格局

【解析】党的二十大报告提到，加快构建新发展格局，着力推动高质量发展。构建高水平社会主义市场经济体制；建设现代化产业体系；全面推进乡村振兴；促进区域协调发展；推进高水平对外开放。

【答案】D

26. 四项基本原则是我们的立国之本。四项基本原则包括：坚持社会主义道路、坚持人民民主专政、坚持马克思列宁主义毛泽东思想和（　　）。

A. 坚持中国共产党的领导

B. 坚持改革开放

C. 坚持以经济建设为中心

D. 坚持全心全意为人民服务

【解析】《中国共产党章程》总纲指出，坚持社会主义道路、坚持人民民主专政、坚持中国共产党的领导、坚持马克思列宁主义毛泽东思想这四项基本原则，是我们的立国之本。在社会主义现代化建设的整个过程中，必须坚持四项基本原则，反对资产阶级自由化。

【答案】A

27. 中国共产党自 1921 年诞生至党的二十大先后制定、修正过（　　）次党章。

A. 0　　B. 15

C. 19　　D. 20

【解析】中国共产党自 1921 年诞生至党的二十大先后制定、修正过 20 次党章。

【答案】D

28. 中国共产党执政兴国的第一要务是（　　）。

A. 发展　　B. 创新

C. 改革　　D. 复兴

【解析】《中国共产党章程》总纲指出，发展是我们党执政兴国的第一要务。必须坚持以人民为中心的发展思想，坚持创新、协调、绿色、开放、共享的新发展理念。

【答案】A

29. 中国特色社会主义事业“五位一体”总体布局是经济建设、政治建设、文化建设、社会建设和（　　）。

A. 制度建设　　B. 生态文明建设

C. 作风建设　　D. 法治

【解析】《中国共产党章程》总纲指出，必须按照中国特色社会主义事业“五位一体”总体布局和“四个全面”战略布局，统筹推进经济建设、政治建设、文化建设、社会建设、生态文明建设，协调推进全面建成小康社会、全面深化改革、全面依法治国、全面从严治党。

【答案】B

30.《关于新形势下党内政治生活的若干准则》指出，我们党的优良传统和政治优势是（　　）。

A. 密切联系群众

B. 批评和自我批评

C. 开展严肃认真的党内政治生活

D. 自我革命

【解析】开展严肃认真的党内政治生活，是我们党的优良传统和政治优势。在长期实践中，我们党坚持把开展严肃认真的党内政治生活作为党的建设重要任务来抓，形成了以实事求是、理论联系实际、密切联系群众、批评和自我批评、民主集中制、严明党的纪律等为主要内容的党内政治生活基本规范，为巩固党的团结和集中统一、保持党的先进性和纯洁性、增强党的生机活力积累了丰富经验，为保证完成党在各个历史时期中心任务发挥了重要作用。

【答案】C

31. 全面建成社会主义现代化强国，总的战略安排是分两步走：从二〇二〇年到二〇三五年基本实现社会主义现代化；从二〇三五年到本世纪中叶把我国建成富强民主文明和谐美丽的（　　）。

A. 中国特色社会主义国家

B. 中国特色社会主义强国

C. 社会主义现代化国家

D. 社会主义现代化强国

【解析】习近平总书记在中国共产党第二十次全国代表大会上所作报告。

【答案】D

32. 中国特色社会主义最本质的特征、中国特色社会主义制度的最大优势是（　　）。

A. 党的领导　　B. 依法治国

C. 以人民为中心　　D. 改革开放

【解析】党是最高政治领导力量，党的领导是中国特色社会主义最本质的特征，是中国特色社会主义制度的最大优势。

【答案】A

33. 政治纪律是党最根本、最重要的纪律，是净化政治生态的重要保证。党的首要政治纪律是（　　）。

A. 坚定共产主义理想信念

B. 坚决做到“两个维护”

C. 严明党的政治规矩

D. 坚持民主集中制

【解析】《中共中央关于加强党的政治建设的意见》指出，要把坚决做到“两个维护”作为首要政治纪律。

【答案】B

34. 党现阶段的奋斗目标是（　　）。

A. 实现共产主义

B. 全面建成小康社会

C. 实现共同富裕

D. 人民对美好生活的向往

【解析】要坚持以人民为中心，立党为公、执政为民，践行全心全意为人民服务的根本宗旨，树立真挚的人民情怀，把人民放在心中最高位置，始终相信人民，紧紧依靠人民，把人民对美好生活的向往作为奋斗目标。

【答案】D

35. 关于党规党纪，下列说法错误的是（　　）。

A. 党的纪律是多方面的，政治纪律、组织纪律、廉洁纪律、群众纪律、工作纪律和生活纪律等都是党员干部必须自觉遵守的规矩

B. 党在长期实践中形成的优良传统和工作惯例也是重要的党内规矩

C. 国家法律是党员干部必须遵守的规矩，国家法律严于党规党纪

D. 党章是全党必须遵循的总章程，也是总规矩

【解析】党规党纪严于国家法律，党的各级组织和广大党员干部不仅要模范遵守国家法律，而且要按照党规党纪以更高标准严格要求自己。

【答案】C

36. 党在社会主义初级阶段的基本路线作为党的政治路线，是党和国家的生命线、人民的幸福线，必须坚决捍卫、坚定执行。党在社会主义初级阶段的基本路线具体指的是（　　）。

A. 以改革开放为中心，坚持四项基本原则，坚持中国特色社会主义道路

B. 以经济建设为中心，坚持全面从严治党，坚持改革开放

C. 以经济建设为中心，坚持四项基本原则，坚持改革开放

D. 以改革开放为中心，坚持四项基本原则，坚持全面从严治党

【解析】党在社会主义初级阶段的基本路线即“一个中心、两个基本点”，以经济建设为中心，坚持四项基本原则，坚持改革开放。

【答案】C

37. 根据《关于加强县级税务局政治机关建设的指导意见（试行）》，县级税务局党委要按规定设立机关党委、党总支、党支部；结合实际推动支部建在分局（所）、股室，以（　　）为主要方式设置党支部。

A. 便于管理

B. 单独组建

C. 业务相近、联合组建

D. 规模适当

【解析】根据中共国家税务总局委员会《关于加强县级税务局政治机关建设的指导意见（试行）》的通知要求，县级税务局党委要按规定设立机关党委、党总支、党支部；结合实际推动支部建在分局（所）、股室，以单独组建为主要方式设置党支部；正式党员不足3人的单位，不宜单独设置党支部的，应当按照业务相近、规模适当、便于管理的原则联合设置党支部。

【答案】B

38.《中国共产党章程》明确，党的市（地、州、盟）和县（市、区、旗）委员会建立（　　）制度。

A. 巡视　　B. 巡察

C. 监察　　D. 督察

【解析】根据《中国共产党章程》第十四条的规定，党的市（地、州、盟）和县（市、区、旗）委员会建立巡察制度。

【答案】B

39. 企业、农村、机关、学校、科研院所、街道社区、社会组织、人民解放军连队和其他基层单位，正式党员达到一定人数的，都应当成立党的基层组织，上述一定人数是指（　　）人以上。

A. 2　　B. 3

C. 4　　D. 5

【解析】根据《中国共产党章程》第三十条的规定，企业、农村、机关、学校、科研院所、街道社区、社会组织、人民解放军连队和其他基层单位，凡是有正式党员3人以上的，都应当成立党的基层组织。

【答案】B

40. 某市税务局预备党员小明在网上公开发表有严重政治问题的文章，党组织经过程序，认定其情节较重，取消其预备党员资格，小明认为处分过重，可以提出（　　）。

A. 申辩　　B. 复议

C. 申诉　　D. 诉讼

【解析】根据《中国共产党章程》第四十三条的规定，党员对党组织作出的处分决定不服，可以提出申诉，有关党组织必须负责处理或者迅速转递，不得扣压。

【答案】C

41. 党组织讨论决定问题，必须执行的原则是（　　）。

A. 民主集中制原则

B. 党员大会决定制度

C. 少数服从多数

D. 支委会表决制度

【解析】根据《中国共产党章程》第十七条的规定，党组织讨论决定问题，必须执行少数服从多数的原则。

【答案】C

42. 某税务局小李是预备党员，2022 年 6 月 30 日预备期已满，但是党组织认为需要继续考察和教育，准备延长其预备期，预备期延期最长不能超过（　　）。

A. 2022 年 7 月 31 日

B. 2022 年 9 月 30 日

C. 2022 年 12 月 31 日

D. 2023 年 6 月 30 日

【解析】根据《中国共产党章程》第七条的规定，预备党员的预备期为 1 年。预备党员预备期满，党的支部应当及时讨论他能否转为正式党员。认真履行党员义务，具备党员条件的，应当按期转为正式党员；需要继续考察和教育的，可以延长预备期，但不能超过 1 年。

【答案】D

43.《中国共产党章程》规定，党的基层委员会、总支部委员会、支部委员会每届任期（　　）。

A. 2 年　　B. 2 年至 3 年

C. 3 年至 5 年　　D. 4 年

【解析】根据《中国共产党章程》第三十一条的规定，党的基层委员会、总支部委员会、支部委员会每届任期 3 年至 5 年。

【答案】C

44. 现行党内法规制度体系，是以（　　）为根本，以民主集中制为核心，以准则、条例等中央党内法规为主干，由各领域各层级党内法规制度组成的有机统一整体。

A. 党章　　B. 宪法

C. 党章和宪法　　D. 制度建设

【解析】作为立党管党治党的总依据总遵循，党章是“万规之基”，整个党内法规制度体系大厦建筑于党章这个“基石”之上。

【答案】A

45. 每个党员，不论职务高低，都必须编入党的（　　），参加党的组织生活，接受党内外群众的监督。

A. 一个支部、小组

B. 一个支部或其他特定组织

C. 小组或其他特定组织

D. 一个支部、小组或其他特定组织

【解析】根据《中国共产党章程》第八条的规定，每个党员，不论职务高低，都必须编入党的一个支部、小组或其他特定组织，参加党的组织生活，接受党内外群众的监督。

【答案】D

46.《中国共产党章程》规定，对党员的纪律处分，必须经过（　　）讨论决定，报党的基层委员会批准。

A. 支部大会

B. 委员会会议

C. 总支部委员会会议

D. 以上都不是

【解析】根据《中国共产党章程》第四十二条的规定，对党员的纪律处分，必须经过支部大会讨论决定，报党的基层委员会批准；如果涉及的问题比较重要或复杂，或给党员以开除党籍的处分，应分别不同情况，报县级或县级以上党的纪律检查委员会审查批准。

【答案】A

47. 以下关于党员的义务与权利表述不正确的是（　　）。

A. 从《中国共产党章程》规定看，义务先于权利

B. 在党的会议上有根据地批评党的任何组织和任何党员

C. 对党的决议和政策如有不同意见，可以声明保留

D. 党组织讨论决定对党员的党纪处分时，本人有权参加，但不得进行申辩

【解析】党章的性质决定了党员义务先于党员权利。共产党员必须是先进优秀的模范，必须自觉履行先锋队员的义务，只有这样才能加入党组织，享有党员权利。《中国共产党章程》规定，在党的会议上有根据地批评党的任何组织和任何党员。对党的决议和政策如有不同意见，可以声明保留。在党组织讨论决定对党员的党纪处分或作出鉴定时，本人有权参加和进行申辩。

【答案】D

48. 党的纪律是多方面的，但（　　）是最重要、最根本、最关键的纪律。

A. 政治纪律　　B. 组织纪律

C. 人事纪律　　D. 工作纪律

【解析】根据《中国共产党章程》第七章第四十条的规定，党的纪律主要包括政治纪律、组织纪律、廉洁纪律、群众纪律、工作纪律、生活纪律。必须严明政治纪律。习近平总书记指出：“政治纪律是党的纪律中最重要、最根本、最关键的纪律，遵守党的政治纪律是遵守党的全部纪律的重要基础。”

【答案】A

49. 新修订的《中国共产党纪律处分条例》于 2024 年 1 月 1 日起施行。这是党的十八大以来，条例的第（　　）次修订。

A. 2　　B. 3

C. 4　　D. 5

【解析】党的十八大以来，我们党先后于 2015 年、2018 年、2023 年 3 次修订《中国共产党纪律处分条例》。

【答案】B

50. 1945 年 8 月 28 日至 10 月 10 日，国共两党进行了历时 43 天的谈判。这就是历史上著名的（　　）。

A. 重庆谈判　　B. 南京谈判

C. 北平谈判　　D. 上海谈判

【解析】为了争取和平、避免内战，1945 年 8 月 28 日至 10 月 10 日，毛泽东偕同周恩来、王若飞，与国民党当局进行了历时 43 天的重庆谈判。

【答案】A

51. 党在新中国初期所面临的主要任务是（　　）。

A. 对资本主义工商业进行社会主义改造

B. 恢复国民经济

C. 进行现代化建设

D. 镇压反革命

【解析】中国共产党在新中国成立初期所面临的主要任务是迅速在一穷二白的基础上恢复濒临崩溃的国民经济。

【答案】B

52. 我国改革开放的标志是（　　）。

A. 1956 年党的八大

B. 1978 年党的十一届三中全会

C. 1987 年党的十三大

D. 1997 年党的十五大

【解析】1978 年 12 月，党的十一届三中全会，全面纠正了“文化大革命”的错误，重新确立党的马克思主义的思想路线、政治路线、组织路线，拨乱反正，解决了党的历史上一批重大冤假错案。会议还决定把党和国家的工作重心转移到现代化建设上来，是我国改革开放的标志。

【答案】B

53. 中国新民主主义革命的道路是（　　）。

A. 农村包围城市

B. 武装夺取政权

C. 城市工人革命

D. 农村包围城市、武装夺取政权

【解析】在党的历史上，我们党坚持把马克思主义基本原理同中国具体实际相结合，成功找到了农村包围城市、武装夺取政权的革命道路，成功开辟了对农业、手工业、资本主义工商业的社会主义改造道路，成功走出了一条具有中国特色的社会主义建设道路。

【答案】D

54. 标志着中国新民主主义革命开端的历史事件是（　　）。

A. 新文化运动　　B. 五四运动

C. 中国共产党成立　　D. 五卅运动

【解析】1919 年 5 月 4 日爆发的五四爱国运动，标志着中国新民主主义革命开端。

【答案】B

55. 在《新青年》发表《我的马克思主义观》，系统地介绍马克思主义的是（　　）。

A. 陈独秀　　B. 李大钊

C. 毛泽东　　D. 邓中夏

【解析】李大钊在《新青年》发表《我的马克思主义观》，系统地介绍了马克思主义。

【答案】B

56. 中国共产党第一次全国代表大会召开的具体时间是（　　）。

A. 1921 年 6 月 1 日

B. 1921 年 7 月 1 日

C. 1921 年 7 月 21 日

D. 1921 年 7 月 23 日

【解析】1921 年 7 月 23 日，中国共产党第一次全国代表大会在上海召开。

【答案】D

57. 第一次国共合作正式建立的标志是（　　）。

A. 国民党第一次全国代表大会的召开

B. 中共三大的召开

C. 黄埔军校的建立

D. 北伐战争的开始

【解析】1924 年 1 月在广州召开的国民党第一次全国代表大会，通过了联俄、联共、扶助农工三大政策，改组后的国民党成为工人、农民、城市小资产阶级和民族资产阶级四个阶级的民主革命联盟。大会的召开标志着第一次国共合作正式建立。

【答案】A

58. 中国共产党第一次独立自主地运用马克思主义原理来解决自己的路线、方针、政策的会议是（　　）。

A. 中共一大　　B. 遵义会议

C. 中共八大　　D. 十一届三中全会

【解析】遵义会议是中国共产党第一次独立自主地运用马克思主义原理来解决自己的路线、方针、政策的会议。

【答案】B

59. 标志着中国共产党开始独立领导革命战争和创建人民军队的事件是（　　）。

A. 秋收起义　　B. 广州起义

C. 南昌起义　　D. 百色起义

【解析】八一南昌起义打响了中国共产党武装反抗国民党统治的第一枪，标志着中国共产党开始独立领导革命战争和创建人民军队。

【答案】C

60. 由大革命失败进入到土地革命战争的一个历史转折点的标志是（　　）。

A. 八七会议　　B. 遵义会议

C. 中共四大　　D. 中共五大

【解析】八七会议是我党历史上的一个重要转折点，它在中国革命的紧急关头，坚决地纠正和结束了陈独秀的右倾机会主义错误；改组了中央领导机构；确定了土地革命和武装反抗国民党反动派的总方针，决定发动农民举行秋收暴动。从此，中国革命进入了第二次国内革命战争时期。

【答案】A

61. 挽救了党、挽救了红军、挽救了中国革命，成为党的历史上一个生死攸关的转折点的会议是（　　）。

A. 古田会议　　B. 遵义会议

C. 黎平会议　　D. 两河口会议

【解析】遵义会议是指 1935 年 1 月中共中央政治局在贵州遵义召开的独立自主地解决中国革命问题的一次极其重要的扩大会议，是在红军第五次反“围剿”失败和长征初期严重受挫的情况下，为了纠正博古“左”倾领导在军事指挥上的错误而召开的。

这次会议是中国共产党第一次独立自主地运用马克思列宁主义基本原理解决问题的路线、方针政策的会议。这次会议开始确立以毛泽东为代表的马克思列宁主义的正确路线在中共中央的领导地位，挽救了党、挽救了红军、挽救了中国革命，是中国共产党历史上一个生死攸关的转折点。

【答案】B

62. 1935 年 12 月，确定抗日民族统一战线策略方针的会议是（　　）。

A. 八七会议　　B. 洛川会议

C. 瓦窑堡会议　　D. 十二月会议

【解析】瓦窑堡会议是指 1935 年 12 月 17 日，中共中央在陕北子长县瓦窑堡召开的一次重要的政治局扩大会议。会议通过了《中共中央关于目前政治形势与党的任务的决议》，指出党的策略任务就在于发动、团结和组织全中国和全民族一切革命力量去反对当前的主要敌人日本帝国主义，确定了建立抗日民族统一战线的政策。

【答案】C

63. 1937 年全面抗战开始的标志是（　　）。

A. 九一八事变　　B. 一·二八事变

C. 华北事变　　D. 卢沟桥事变

【解析】1937 年 7 月 7 日卢沟桥事变标志着抗日战争的全面爆发。

【答案】D

64. 毛泽东系统阐述党的抗日持久战方针的著作是（　　）。

A.《论持久战》

B.《论联合政府》

C.《中国革命和中国共产党》

D.《目前抗日统一战线中的策略问题》

【解析】1938 年 5 月毛泽东发表著作《论持久战》，驳斥“亡国论”和“速胜论”的错误观点，系统阐述党的抗日持久战方针。

【答案】A

65. 毛泽东在西柏坡召开七届二中全会上向全党同志提出了著名的（　　）。

A.“两个务必”　　B.“将革命进行到底”

C.“甲申三百年祭”　　D.“为人民服务”

【解析】毛泽东在党的七届二中全会报告结尾部分，专门论述党的作风建设，郑重告诫全党要做到“两个务必”。“务必使同志们继续地保持谦虚、谨慎、不骄、不躁的作风，务必使同志们继续地保持艰苦奋斗的作风。”

【答案】A

66. 1950 年 6 月朝鲜战争爆发，10 月 19 日中国人民志愿军奉命开赴朝鲜战场，担任志愿军司令员兼政治委员的是（　　）。

A. 朱德　　B. 彭德怀

C. 贺龙　　D. 刘伯承

【解析】为了抗美援朝、保家卫国，中共中央命令中国人民志愿军出兵朝鲜作战，并任命彭德怀为志愿军司令员兼政治委员。

【答案】B

67. 1954年9月15日至28日，第一届全国人民代表大会第一次会议通过了（　　）。

A.《中华人民共和国宪法》

B.《中华人民共和国土地法》

C.《中国共产党章程》

D.《中华人民共和国第一个五年计划》

【解析】1954年9月15日至28日，第一届全国人民代表大会第一次会议在北京隆重召开，大会通过了《中华人民共和国宪法》。

【答案】A

68. 社会主义制度在中国确立的主要标志是（　　）。

A. 中华人民共和国的成立

B.《中华人民共和国宪法》的颁布

C. 社会主义改造的基本完成

D. 第一届全国人民代表大会的召开

【解析】从1953年开始，我国对农业、手工业、资本主义工商业进行社会主义改造。到1956年，三大改造基本完成，基本消灭了剥削制度，全民所有制和劳动群众集体所有制这两种社会主义公有制形式，已在国民经济中占据绝对优势地位。标志着我国确立了社会主义的基本制度，我国进入社会主义初级阶段。

【答案】C

69. 中国进入社会主义现代化建设新时期的标志是（　　）。

A. 中共八大召开

B. 中共十一届三中全会召开

C. 中共十二大召开

D. 中共十四大召开

【解析】1978年中国共产党召开十一届三中全会，十一届三中全会是新中国成立以来党的历史上最具有深远意义的转折，完成了党在思想路线、政治路线和组织路线上的拨乱反正，是改革开放的开端，从此中国历史进入社会主义现代化建设新时期。

【答案】B

70. 20世纪50年代，由中国提出并成为处理国与国之间关系的基本准则是（　　）。

A. 独立自主原则

B. 和平共处五项原则

C. “求同存异”方针

D. “一国两制”构想

【解析】20世纪50年代，中国在接见印度代表团时，由周恩来首次提出和平共处五项原则，后来成为处理国与国之间关系的基本准则。

【答案】B

71. 以毛泽东同志为核心的党的第一代中央领导集体带领全党全国各族人民（　　）。

A. 完成了新民主主义革命，进行了社会主义建设，确立了中国特色社会主义制度

B. 完成了新民主主义革命，进行了社会主义改造，确立了社会主义基本制度

C. 完成了新民主主义革命，进行了社会主义改造，确立了新民主主义基本制度

D. 完成了新民主主义革命，进行了社会主义建设，确立了社会主义基本制度

【解析】以毛泽东同志为核心的党的第一代中央领导集体带领全党全国各族人民完成了新民主主义革命，进行了社会主义改造，确立了社会主义基本制度。

【答案】B

72. 邓小平理论初步回答的问题是（　　）。

A. 什么是新民主主义革命、怎样进行新民主主义革命

B. 什么是社会主义、怎样建设社会主义

C. 建设什么样的党、怎样建设党

D. 什么是科学发展、怎样实现科学发展

【解析】邓小平理论坚持科学社会主义理论和实践的基本成果，抓住“什么是社会主义，怎样建设社会主义”这个根本问题，深刻地揭示社会主义的本质，把对社会主义的认识提高到新的科学水平。

【答案】B

73. 中国人民成为国家、社会和自己命运的主人的标志是（　　）。

A. 中华人民共和国的成立

B. 社会主义基本制度的确立

C. 进入改革开放历史新时期

D. 中国特色社会主义进入新时代

【解析】习近平总书记在纪念毛泽东同志诞辰一百二十周年座谈会上的讲话指出，中华人民共和国的成立，使中国人民成为国家、社会和自己命运的主人，实现了中国

向人民民主制度的伟大跨越。

【答案】A

74. 中国人民当家作主的重要途径和最高实现形式是（　　）。

A. 人民政治协商制度

B. 人民代表大会制度

C. 民族区域自治制度

D. 基层群众自治制度

【解析】见习近平总书记在庆祝全国人民代表大会成立六十周年大会上的讲话。

【答案】B

75. 党员受到警告处分的，（　　）内不得在党内提升职务。

A. 1 年　　B. 2 年

C. 3 年　　D. 4 年

【解析】根据《中国共产党纪律处分条例》第十条规定。

【答案】A

76. 在特殊时期或者紧急状况下，拒不执行党组织决定的，给予（　　）处分。

A. 通报批评

B. 警告或者严重警告

C. 撤销党内职务或者留党察看

D. 留党察看或者开除党籍

【解析】根据《中国共产党纪律处分条例》第七十九条规定。

【答案】D

77. 党纪处分决定作出后，应当在一个月内向受处分党员（　　）宣布，是领导班子成员的还应当向所在党组织领导班子宣布，并按照干部管理权限和组织关系将处分决定材料归入受处分者档案。

A. 本人

B. 所在的党的基层组织中的全体党员

C. 所在党的基层组织中的全体党员及其本人

D. 所在党组织

【解析】根据《中国共产党纪律处分条例》第四十四条规定。

【答案】C

78. 收受可能影响公正执行公务的礼品、礼金、消费卡和有价证券、股权、其他金融产品等财物，情节较重的，给予（　　）处分。

A. 严重警告

B. 留党察看

C. 开除党籍

D. 撤销党内职务或者留党察看

【解析】根据《中国共产党纪律处分条例》第九十七条规定。

【答案】D

79. 根据《中国共产党纪律处分条例》，纵容涉黑涉恶活动、为黑恶势力充当“保护伞”的，给予（　　）或者（　　）处分；情节严重的，给予开除党籍处分。

A. 警告和严重警告；撤销党内职务

B. 撤销党内职务；留党察看

C. 警告和严重警告；留党察看

D. 撤销党内职务；开除党籍

【解析】根据《中国共产党纪律处分条例》第一百二十五条规定。

【答案】B

80. 根据《中国共产党纪律处分条例》，遇到国家财产和群众生命财产受到严重威胁时，能救而不救的，属于违反（　　）行为。

A. 政治纪律　　B. 组织纪律

C. 生活纪律　　D. 群众纪律

【解析】根据《中国共产党纪律处分条例》第一百二十七条规定。

【答案】D

81. 根据《中国共产党纪律处分条例》，在民主推荐、民主测评、组织考察和党内选举中搞拉票、助选等非组织活动，情节严重的，给予（　　）处分。

A. 警告　　B. 严重警告

C. 撤销党内职务　　D. 开除党籍

【解析】根据《中国共产党纪律处分条例》第八十三条规定。

【答案】D

82. 根据《中国共产党纪律处分条例》，虽经批准因私出国（境）但存在擅自变更路线、无正当理由超期未归等超出批准范围出国（境）行为，情节严重的，给予（　　）处分。

A. 警告　　B. 严重警告

C. 撤销党内职务　　D. 留党察看

【解析】根据《中国共产党纪律处分条例》第九十一条规定。

【答案】C

83. 根据《中国共产党纪律处分条例》，通过网络、广播、电视、报刊、传单、书籍等，或者利用讲座、论坛、报告会、座谈会等方式，公开发表坚持资产阶级自由化立场、反对四项基本原则，反对党的改革开放决策的文章、演说、宣言、声明等的，给予（　　）处分。

A. 警告　　B. 严重警告

C. 撤销党内职务　　D. 开除党籍

【解析】根据《中国共产党纪律处分条例》第五十条规定。

【答案】D

84. 生活奢靡、铺张浪费、贪图享乐、追求低级趣味，造成不良影响的，给予警告或者严重警告处分；情节严重的，给予（　　）处分。

A. 开除党籍

B. 留党察看

C. 撤销党内职务

D. 留党察看或者开除党籍

【解析】根据《中国共产党纪律处分条例》第一百五十条规定。

【答案】C

85. 违反有关规定办理因私出国（境）证件、前往港澳通行证，或者未经批准出入国（边）境，情节较轻的，给予（　　）处分。

A. 警告或者严重警告

B. 留党察看

C. 严重警告

D. 警告

【解析】根据《中国共产党纪律处分条例》第九十一条规定。

【答案】A

86. 在考试、录取工作中，有泄露试题、考场舞弊、涂改考卷、违规录取等违反有关规定行为的，给予警告或者严重警告处分；情节较重的（　　）。

A. 给予警告或者严重警告处分

B. 给予撤销党内职务或者留党察看处分

C. 给予留党察看或者开除党籍处分

D. 不追究其责任

【解析】根据《中国共产党纪律处分条例》第一百四十五条规定。

【答案】B

87. 在民主推荐、民主测评、组织考察和党内选举中搞拉票、助选等非组织活动的，给予（　　）处分。

A. 通报批评

B. 警告或者严重警告

C. 撤销党内职务或者留党察看

D. 开除党籍

【解析】根据《中国共产党纪律处分条例》第八十三条规定。

【答案】B

88. 贯彻党中央决策部署只表态不落实，或者落实党中央决策部署不坚决，打折扣、搞变通，在政治上造成不良影响或者严重后果的，给予（　　）处分。

A. 警告或者严重警告

B. 行政

C. 撤销党内职务或者留党察看

D. 开除党籍

【解析】根据《中国共产党纪律处分条例》第五十六条规定。

【答案】A

89. 党员领导干部政绩观错位，违背新发展理念、背离高质量发展要求，给党、国家和人民利益造成较大损失的，给予（　　）处分。

A. 警告或者严重警告

B. 严重警告或者撤销党内职务

C. 撤销党内职务或者留党察看

D. 开除党籍

【解析】根据《中国共产党纪律处分条例》第五十七条规定。

【答案】A

90. 在党组织纪律审查中，依法依规负有作证义务的党员拒绝作证或者故意提供虚假情况，情节较重的，给予（　　）处分。

A. 警告或者严重警告　B. 严重警告或者撤销党内职务

C. 撤销党内职务或者留党察看　D. 开除党籍

【解析】根据《中国共产党纪律处分条例》第八十条规定。

【答案】A

91. 党员领导干部对于到任前已经存在且属于其职责范围内的问题，消极回避、推卸责任，造成严重损害或者严重不良影响的，给予（　　）处分。

A. 警告或者严重警告处分

B. 严重警告或者撤销党内职务

C. 留党察看

D. 撤销党内职务、留党察看或者开除党籍

【解析】根据《中国共产党纪律处分条例》第一百三十条规定。

【答案】A

92. 党的二十届三中全会审议通过了（　　）。

A.《中共中央关于全面深化改革若干重大问题的决定》

B.《中共中央关于深化党和国家机构改革的决定》

C.《深化党和国家机构改革方案》

D.《中共中央关于进一步全面深化改革、推进中国式现代化的决定》

【解析】见中国共产党第二十届中央委员会第三次全体会议公报。

【答案】D

93. 党的二十届三中全会指出，进一步全面深化改革的总目标是（　　），推进国家治理体系和治理能力现代化。

A. 坚持和完善中国特色社会主义制度

B. 继续坚持和完善中国特色社会主义制度

C. 完善和发展中国特色社会主义制度

D. 继续完善和发展中国特色社会主义制度

【解析】见中国共产党第二十届中央委员会第三次全体会议公报。

【答案】C

94. 党的二十届三中全会强调，（　　）是进一步全面深化改革、推进中国式现代化的根本保证。

A. 党的领导　　B. 高质量发展

C. 全面依法治国　　D. 高水平对外开放

【解析】见中国共产党第二十届中央委员会第三次全体会议公报。

【答案】A

95. 党的二十届三中全会提出，（　　）是全面建设社会主义现代化国家的首要任务。必须以（　　）引领改革。

A. 构建高水平社会主义市场经济体制；开放发展

B. 解放和发展社会生产力；发展新质生产力

C. 促进城乡共同繁荣发展；城乡融合

D. 高质量发展；新发展理念

【解析】见中国共产党第二十届中央委员会第三次全体会议公报。

【答案】D

96. 党的二十届三中全会指出，到（　　）全面建成高水平社会主义市场经济体制。

A. 二〇二五年　　B. 二〇三〇年

C. 二〇三五年　　D. 二〇四〇年

【解析】见中国共产党第二十届中央委员会第三次全体会议公报。

【答案】C

97. 党的二十届三中全会对进一步全面深化改革做出系统部署，到（　　）完成《中共中央关于进一步全面深化改革、推进中国式现代化的决定》提出的改革任务。

A. 二〇二五年　　B. 二〇二九年

C. 二〇三五年　　D. 二〇四九年

【解析】见中国共产党第二十届中央委员会第三次全体会议公报。

【答案】B

98. 党的二十届三中全会提出，（　　）是中国式现代化的基础性、战略性支撑。

A. 国家安全

B. 公有制经济

C. 国防和军队现代化

D. 教育、科技、人才

【解析】见中国共产党第二十届中央委员会第三次全体会议公报。

【答案】D

99. 党的二十届三中全会提出，必须更好发挥（　　）作用，创造更加公平、更有活力的市场环境，实现资源配置效率最优化和效益最大化。

A. 市场机制　　B. 宏观调控

C. 实体经济　　D. 政府治理

【解析】见中国共产党第二十届中央委员会第三次全体会议公报。

【答案】A

100. 党的二十届三中全会提出，（　　）是中国式现代化的必然要求。

A. 高水平对外开放

B. 城乡融合发展

C. 发展全过程人民民主

D. 提高党的领导水平和长期执政能力

【解析】见中国共产党第二十届中央委员会第三次全体会议公报。

【答案】A

101. 下列关于新质生产力的说法，不正确的是（　　）。

A. 新质生产力是符合新发展理念的先进生产力质态

B. 新质生产力具有高科技、高效能、高质量特征

C. 新质生产力摆脱传统经济增长方式、生产力发展路径

D. 新质生产力尚未在实践中形成对高质量发展的强劲推动力、支撑力

【解析】习近平总书记 2024 年 1 月 31 日在中共中央政治局第十一次集体学习时强调，加快发展新质生产力，扎实推进高质量发展。高质量发展需要新的生产力理论来指导，而新质生产力已经在实践中形成并展示出对高质量发展的强劲推动力、支撑力，

需要我们从理论上进行总结、概括，用以指导新的发展实践。概括地说，新质生产力是创新起主导作用，摆脱传统经济增长方式、生产力发展路径，具有高科技、高效能、高质量特征，符合新发展理念的先进生产力质态。它由技术革命性突破、生产要素创新性配置、产业深度转型升级而催生，以劳动者、劳动资料、劳动对象及其优化组合的跃升为基本内涵，以全要素生产率大幅提升为核心标志，特点是创新，关键在质优，本质是先进生产力。

【答案】D

102. 发展新质生产力的核心要素是（　　）。

A. 科技创新　　B. 技术攻关

C. 专业人才　　D. 打破瓶颈

【解析】习近平总书记在湖南考察时指出，科技创新是发展新质生产力的核心要素。

【答案】A

103. 下列选项中，不属于十四届全国人大二次会议政府工作报告中对财税工作的部署的是（　　）。

A. 落实好结构性减税降费政策

B. 加强财税、金融等政策对稳就业的支持

C. 谋划新一轮财税体制改革

D. 加大对“两高一资”行业的财税金融支持

【解析】根据政府工作报告，选项 D 应为加大对高质量发展的财税金融支持。

【答案】D

二、多项选择题

1.“两个确立”的具体内容包括（　　）。

A. 确立习近平同志党中央的核心、全党的核心地位

B. 确立习近平新时代中国特色社会主义思想的指导地位

C. 确立以习近平同志为核心的党中央的重要地位

D. 确立习近平新时代中国特色社会主义思想的核心地位

【解析】党的十九届六中全会公报指出，党确立习近平同志党中央的核心、全党的核心地位，确立习近平新时代中国特色社会主义思想的指导地位，反映了全党全军全国各族人民共同心愿，对新时代党和国家事业发展、对推进中华民族伟大复兴历史进程具有决定性意义。

【答案】AB

2. 新形势下加强和规范党内政治生活，必须以党章为根本遵循，坚持党的政治路

线、思想路线、组织路线、群众路线，着力增强党内政治生活的政治性、时代性、原则性、战斗性，着力增强党的“四种能力”，具体包括（　　）。

A. 自我净化的能力　　B. 自我完善的能力

C. 自我革新的能力　　D. 自我提高的能力

【解析】新形势下加强和规范党内政治生活，必须以党章为根本遵循，坚持党的政治路线、思想路线、组织路线、群众路线，着力增强党内政治生活的政治性、时代性、原则性、战斗性，着力增强党自我净化、自我完善、自我革新、自我提高能力，着力提高党的领导水平和执政水平、增强拒腐防变和抵御风险能力，着力维护党中央权威、保证党的团结统一、保持党的先进性和纯洁性，努力在全党形成又有集中又有民主、又有纪律又有自由、又有统一意志又有个人心情舒畅生动活泼的政治局面。

【答案】ABCD

3. 中国共产党的性质是（　　）。

A. 中国工人阶级的先锋队

B. 中国人民和中华民族的先锋队

C. 中国特色社会主义事业的领导核心

D. 全心全意为人民服务

E. 代表全体共产党员的利益

【解析】根据《中国共产党章程》规定，中国共产党是中国工人阶级的先锋队，同时是中国人民和中华民族的先锋队，是中国特色社会主义事业的领导核心，代表中国先进生产力的发展要求，代表中国先进文化的前进方向，代表中国最广大人民的根本利益。

【答案】ABC

4. 坚持和加强党的全面领导，最重要的是坚决做到“两个维护”，具体是指（　　）。

A. 坚决维护党中央权威和集中统一领导

B. 坚决维护中国特色社会主义道路的指导作用

C. 坚决维护习近平总书记党中央的核心、全党的核心地位

D. 坚决维护党章这一根本遵循

【解析】坚持和加强党的全面领导，最重要的是坚决维护党中央权威和集中统一领导；坚决维护党中央权威和集中统一领导，最关键的是坚决维护习近平总书记党中央的核心、全党的核心地位。

【答案】AC

5. 习近平总书记对中央和国家机关各级党组织和广大党员干部提出要做到“三个表率，一个模范”的要求。“三个表率”是指（　　）。

A. 在深入学习贯彻新时代中国特色社会主义思想上作表率

B. 在始终同党中央保持高度一致上作表率

C. 在坚决贯彻落实党中央各项决策部署上作表率

D. 在要彰显政治统领，坚持问题导向，融入业务工作，健全制度机制，严格责任落实上作表率

【解析】习近平总书记在2018年全国组织工作会议上强调，对于中央和国家机关各级党组织和广大党员干部，要做到“三个表率，一个模范”：在深入学习贯彻新时代中国特色社会主义思想上作表率，在始终同党中央保持高度一致上作表率，在坚决贯彻落实党中央各项决策部署上作表率，建设让党中央放心、让人民群众满意的模范机关。

【答案】ABC

6. 2021年7月1日，习近平总书记在庆祝中国共产党成立100周年大会上的讲话中首提伟大建党精神，其具体内容包括（　　）。

A. 坚持真理、坚守理想

B. 践行初心、担当使命

C. 不怕牺牲、英勇斗争

D. 对党忠诚、不负人民

【解析】一百年前，中国共产党的先驱们创建了中国共产党，形成了坚持真理、坚守理想，践行初心、担当使命，不怕牺牲、英勇斗争，对党忠诚、不负人民的伟大建党精神，这是中国共产党的精神之源。

【答案】ABCD

7. 根据《中国共产党章程》，以下属于党员必须履行的义务的有（　　）。

A. 认真学习马克思列宁主义、毛泽东思想、邓小平理论、“三个代表”重要思想、科学发展观、习近平新时代中国特色社会主义思想，学习党的路线、方针、政策和决议，学习党的基本知识，学习科学、文化、法律和业务知识，努力提高为人民服务的本领

B. 切实开展批评和自我批评，勇于揭露和纠正违反党的原则的言行和工作中的缺点、错误，坚决同消极腐败现象作斗争

C. 自觉遵守党的纪律，首先是党的政治纪律和政治规矩，模范遵守国家的法律法规，严格保守党和国家的秘密，执行党的决定，服从组织分配，积极完成党的任务

D. 在党的会议上有根据地批评党的任何组织和任何党员，向党负责地揭发、检举党的任何组织和任何党员违法乱纪的事实，要求处分违法乱纪的党员，要求罢免或撤换不称职的干部

【解析】“在党的会议上有根据地批评党的任何组织和任何党员，向党负责地揭发、检举党的任何组织和任何党员违法乱纪的事实，要求处分违法乱纪的党员，要求罢免或撤换不称职的干部”是党员的权利。选项 A、B、C 为党员必须履行的义务。

【答案】ABC

8. 中国共产党在社会主义初级阶段的基本路线包括（　　）。

A. 领导和团结全国各族人民

B. 以经济建设为中心，坚持四项基本原则，坚持改革开放

C. 自力更生，艰苦创业

D. 为把我国建设成为富强民主文明和谐美丽的社会主义现代化强国而奋斗

【解析】《中国共产党章程》总纲指出，中国共产党在社会主义初级阶段的基本路线是：领导和团结全国各族人民，以经济建设为中心，坚持四项基本原则，坚持改革开放，自力更生，艰苦创业，为把我国建设成为富强民主文明和谐美丽的社会主义现代化强国而奋斗。

【答案】ABCD

9. 党的纪律是党的各级组织和全体党员必须遵守的行为规则。党的纪律主要包括（　　）。

A. 政治纪律、组织纪律　　B. 廉洁纪律、群众纪律

C. 工作纪律、生活纪律　　D. 经济纪律

【解析】《中国共产党章程》第四十条指出，党的纪律包括政治纪律、组织纪律、廉洁纪律、群众纪律、工作纪律、生活纪律。

【答案】ABC

10. 党纪学习教育要求，党员特别是党员领导干部要认真学习《中国共产党纪律处分条例》，做到（　　），搞清楚党的纪律规矩是什么，弄明白能干什么、不能干什么。

A. 学纪　　B. 知纪

C. 明纪　　D. 守纪

【解析】见中共中央办公厅《关于在全党开展党纪学习教育的通知》。

【答案】ABCD

11. 党纪学习教育要求，党员要把遵规守纪刻印在心，内化为言行准则，进一步强化纪律意识、加强自我约束、提高免疫能力，增强（　　），始终做到忠诚干净担当。

A. 政治定力　　B. 纪律定力

C. 道德定力　　D. 抵腐定力

【解析】见中共中央办公厅《关于在全党开展党纪学习教育的通知》。

【答案】ABCD

12. 对党员的纪律处分种类有（　　）。

A. 警告、严重警告　　B. 撤销党内职务
C. 留党察看　　D. 开除党籍

【解析】根据《中国共产党纪律处分条例》第八条规定。

【答案】ABCD

13. 根据《中国共产党纪律处分条例》，违反国家财经纪律，在公共资金收支、(　　)、财务会计管理等活动中有违法行为的，应当视具体情节给予警告直至开除党籍处分。

A. 税务管理　　B. 国有资产管理
C. 政府采购管理　　D. 金融管理

【解析】根据《中国共产党纪律处分条例》第三十条规定。

【答案】ABCD

14. 下列情形，属于可以从轻或者减轻处分的有（　　）。

A. 在组织谈话函询、初步核实、立案审查过程中，能够配合核实审查工作，如实说明本人违纪违法事实
B. 检举同案人或者其他人应当受到党纪处分或者法律追究的问题，经查证属实，或者有其他立功表现
C. 主动挽回损失、消除不良影响或者有效阻止危害结果发生
D. 主动上交或者退赔违纪所得

【解析】根据《中国共产党纪律处分条例》第十七条规定。

【答案】ABCD

15. 党员犯罪，有下列（　　）情形之一的，应当给予开除党籍处分。

A. 因故意犯罪被依法判处刑法规定的主刑（含宣告缓刑）的
B. 被单处或者附加剥夺政治权利的
C. 因过失犯罪，被依法判处三年以上（不含三年）有期徒刑的
D. 因过失犯罪，被判处三年以下（含三年）有期徒刑或者被判处管制、拘役的

【解析】根据《中国共产党纪律处分条例》第三十四条规定。

【答案】ABC

16. 深化运用监督执纪“四种形态”，主要包括（　　）。

A. 经常开展批评和自我批评，及时进行谈话提醒、批评教育、责令检查、诫勉，让“红红脸、出出汗”成为常态
B. 党纪轻处分、组织调整成为违纪处理的大多数
C. 党纪重处分、重大职务调整的成为少数
D. 严重违纪涉嫌犯罪追究刑事责任的成为极少数

【解析】根据《中国共产党纪律处分条例》第五条规定。

【答案】ABCD

17. 对严重违犯党纪的党组织的纪律处理措施有（　　）。

A. 改组　　B. 重组

C. 解散　　D. 合并

【解析】根据《中国共产党纪律处分条例》第九条规定。

【答案】AC

18. 留党察看期间，受处分党员不享有（　　）权利。

A. 表决权　　B. 选举权

C. 被选举权　　D. 申诉权

【解析】根据《中国共产党纪律处分条例》第十二条规定。

【答案】ABC

19. 违背社会公序良俗，在（　　）有不当言行，造成不良影响的，给予警告或者严重警告处分；情节较重的，给予撤销党内职务或者留党察看处分；情节严重的，给予开除党籍处分。

A. 公共场所　　B. 网络空间

C. 微信微博　　D. 内部会议

【解析】根据《中国共产党纪律处分条例》第一百五十三条规定。

【答案】AB

20. 党组织在纪律审查中发现党员有贪污贿赂、滥用职权、玩忽职守、权力寻租、利益输送、徇私舞弊、浪费国家资财等违反法律涉嫌犯罪行为的，应当给予（　　）处分。

A. 严重警告　　B. 留党察看

C. 撤销党内职务　　D. 开除党籍

【解析】根据《中国共产党纪律处分条例》第二十九条规定。

【答案】BCD

21. 改革开放以来我们取得一切成绩和进步的根本原因，归结起来有（　　）。

A. 开辟了中国特色社会主义道路

B. 形成了中国特色社会主义理论体系

C. 确立了中国特色社会主义制度

D. 发展了中国特色社会主义文化

【解析】《中国共产党章程》总纲指出，改革开放以来我们取得一切成绩和进步的根本原因，归结起来就是：开辟了中国特色社会主义道路，形成了中国特色社会主义理论体系，确立了中国特色社会主义制度，发展了中国特色社会主义文化。

【答案】ABCD

22. 关于党员，以下说法正确的有（　　）。

A. 年满18岁的中国工人、农民、军人、知识分子和其他社会阶层的先进分子，承认党的纲领和章程，愿意参加党的一个组织并在其中积极工作、执行党的决议和按期交纳党费的，可以申请加入中国共产党

B. 中国共产党党员必须全心全意为人民服务，牺牲个人的一切，为实现共产主义奋斗终身

C. 中国共产党党员永远是劳动人民的普通一员

D. 中国共产党党员是中国工人阶级的有共产主义觉悟的先锋战士

【解析】根据《中国共产党章程》第二条的规定，选项B的正确表述应为“中国共产党党员必须全心全意为人民服务，不惜牺牲个人的一切，为实现共产主义奋斗终身”。

【答案】ACD

23. 中国共产党人的精神支柱和政治灵魂是保持党的团结统一的思想基础。中国共产党人的理想信念包括（　　）。

A. 共产主义远大理想

B. 中国特色社会主义共同理想

C. 中国特色社会主义远大理想

D. 实现中华民族的伟大复兴

【解析】共产主义远大理想和中国特色社会主义共同理想，是中国共产党人的理想信念，是中国共产党人的精神支柱和政治灵魂，也是保持党的团结统一的思想基础。

【答案】AB

24. 全党必须牢记“五个必由之路”，是我们在长期实践中得出的至关紧要的规律性认识。下列属于“五个必由之路”内容的有（　　）。

A. 坚持党的全面领导是坚持和发展中国特色社会主义的必由之路

B. 中国特色社会主义是实现中华民族伟大复兴的必由之路

C. 贯彻新发展理念是新时代我国发展壮大的必由之路

D. 全面从严治党是党永葆生机活力、走好新的赶考之路的必由之路

【解析】全党必须牢记“五个必由之路”：坚持党的全面领导是坚持和发展中国特色社会主义的必由之路，中国特色社会主义是实现中华民族伟大复兴的必由之路，团结奋斗是中国人民创造历史伟业的必由之路，贯彻新发展理念是新时代我国发展壮大的必由之路，全面从严治党是党永葆生机活力、走好新的赶考之路的必由之路。这是我们在长期实践中得出的至关紧要的规律性认识。

【答案】ABCD

25. 批评和自我批评是我们党强身治病、保持肌体健康的锐利武器，也是加强和规

范党内政治生活的重要手段。关于批评和自我批评，下列说法正确的有（　　）。

A. 批评和自我批评必须坚持实事求是，讲党性不讲私情、讲真理不讲面子

B. 要坚持“批评—团结—批评”，按照“照镜子、正衣冠、洗洗澡、治治病”的要求

C. 党员、干部必须严于自我解剖，对发现的问题要深入剖析原因，认真整改。对待批评要有则改之、无则加勉，不能搞无原则的纷争

D. 党内工作会议的报告、讲话以及各类工作总结，上级机关和领导干部检查指导工作，不要讲成绩和经验，要多讲问题和不足

【解析】选项 B 表述应为坚持“团结—批评—团结”，选项 D 表述应为既要讲成绩和经验，又要讲问题和不足。

【答案】AC

26. 中国式现代化，是中国共产党领导的社会主义现代化，既有各国现代化的共同特征，更有基于自己国情的中国特色。下列属于中国式现代化内容的有（　　）。

A. 人口规模巨大的现代化

B. 全体人民共同富裕的现代化

C. 物质文明和精神文明相协调的现代化

D. 人与自然和谐共生的现代化

【解析】中国式现代化是人口规模巨大的现代化；中国式现代化是全体人民共同富裕的现代化；中国式现代化是物质文明和精神文明相协调的现代化；中国式现代化是人与自然和谐共生的现代化；中国式现代化是走和平发展道路的现代化。

【答案】ABCD

27. 关于党员的权利，以下说法正确的有（　　）。

A. 党员有参加党的有关会议，阅读党的有关文件，接受党的教育和培训的权利

B. 党员可以在党的会议上有根据地批评党的任何组织和任何党员，向党负责地揭发、检举党的任何组织和任何党员违法乱纪的事实，要求处分违法乱纪的党员，要求罢免或撤换不称职的干部

C. 党员行使表决权、选举权，有被选举权

D. 除党中央外，其他党的任何组织无权剥夺党员的权利

【解析】《中国共产党章程》第四条指出，党的任何一级组织直至中央都无权剥夺党员的上述权利。

【答案】ABC

28. 关于《中共中央关于党的百年奋斗重大成就和历史经验的决议》（以下简称《决议》），下列说法正确的有（　　）。

A.《决议》提出了“十个明确”，是对新时代的实践总结也是理论概括，是习近平新时代中国特色社会主义思想的精神实质、核心要义

B.《决议》是党的历史上第三个历史决议

C.《决议》明确中国特色社会主义最本质的特征是中国共产党领导，中国特色社会主义制度的最大优势是中国共产党领导，中国共产党是最高政治领导力量

D.《决议》从十三个方面分领域总结了新时代党和国家事业取得的成就

【解析】以上选项均正确。

【答案】ABCD

29. 党的二十大对党章作出了部分修改，下列属于本次修改内容的有（　　）。

A. 把党的十九大以来习近平新时代中国特色社会主义思想新发展写入党章

B. 把党的初心使命、党的百年奋斗重大成就和历史经验的内容写入党章

C. 把发扬斗争精神、增强斗争本领的内容写入党章

D. 把习近平新时代中国特色社会主义思想同马克思列宁主义、毛泽东思想、邓小平理论、“三个代表”重要思想、科学发展观一道确立为党的行动指南

【解析】把习近平新时代中国特色社会主义思想同马克思列宁主义、毛泽东思想、邓小平理论、“三个代表”重要思想、科学发展观一道确立为党的行动指南是党的十九大通过的党章修正案。选项 A、B、C 都是党的二十大通过的《中国共产党章程（修正案)》的内容。

【答案】ABC

30. 税务系统党支部书记要认真落实谈心谈话制度，做到（　　）。

A. 干部入职必谈

B. 入党必谈

C. 职务晋升和岗位调整必谈

D. 离职退休必谈

E. 受到处理处分必谈

F. 遇家庭重大变故或特殊困难必谈

【解析】中共国家税务总局委员会《进一步增强税务系统基层党组织政治功能和组织功能　更好发挥教育管理监督作用的若干措施》明确，党支部书记“六必谈”即：干部入职必谈、入党必谈、职务职级晋升或岗位调整必谈、离职退休必谈、受处理处分必谈、遇家庭重大变故或特殊困难必谈，党支部书记每年与每名党员干部谈心谈话不少于 1 次。

【答案】ABCDEF

31. 党支部每月相对固定 1 天开展主题党日，可以组织党员开展的活动有（　　）。

A. 集中学习　　B. 过组织生活

C. 进行民主议事　　D. 志愿服务

【解析】根据《中国共产党支部工作条例（试行）》第十六条的规定，党支部每月相对固定1天开展主题党日，组织党员集中学习、过组织生活、进行民主议事和志愿服务等。

【答案】ABCD

32. 申请加入中国共产党，须符合的条件有（　　）。

A. 年满18岁的中国工人、农民、军人、知识分子和其他社会阶层的先进分子

B. 承认党的纲领和章程

C. 愿意参加党的一个组织并在其中积极工作、执行党的决议

D. 愿意按期交纳党费的

【解析】根据《中国共产党发展党员工作细则》第五条的规定，年满18岁的中国工人、农民、军人、知识分子和其他社会阶层的先进分子，承认党的纲领和章程，愿意参加党的一个组织并在其中积极工作、执行党的决议和按期交纳党费的，可以申请加入中国共产党。

【答案】ABCD

33. 在20世纪，中国人民历经了三次历史性巨大转折是（　　）。

A. 辛亥革命，推翻统治中国几千年的君主专制制度

B. 五四运动，促进马克思主义在中国的传播及其与中国工人运动的结合

C. 中华人民共和国的成立和社会主义制度的建立

D. 改革开放，为实现社会主义现代化而奋斗

【解析】孙中山领导的辛亥革命推翻了清朝统治，结束了统治中国两千多年的封建君主专制制度，建立了中国历史上第一个资产阶级共和政府；新民主主义革命时期，毛泽东找到了农村包围城市、武装夺取政权的道路，建立了新中国；党的十一届三中全会后，邓小平领导实行了改革开放，我国从此进入了社会主义现代化建设的新时期，开创了中国特色社会主义道路。

【答案】ACD

34. 党的二大第一次提出明确的反帝反封建的民主革命纲领。其内容是（　　）。

A. 打倒军阀

B. 推翻国际帝国主义的压迫

C. 统一中国为真正的民主共和国

D. 渐次达到共产主义社会

【解析】中共二大制定了党的最低纲领和最高纲领，党的最低纲领即党在民主革命阶段的纲领是：消除内乱，打倒军阀，建立国内和平；推翻国际帝国主义的压迫，达

到中华民族的完全独立；统一中国为真正的民主共和国。然后再进一步创造条件，以实现党的最高纲领：建立劳农专政的政治，铲除私有财产制度，渐次达到共产主义社会。这是中国近代史上第一个彻底的反帝反封的民主革命纲领。

【答案】ABCD

35. 八七会议确定的总方针是（　　）。

A. 土地革命　　B. 武装起义

C. 成立苏维埃　　D. 国共合作

【解析】中共中央政治局于1927年8月7日在汉口召开的紧急会议。会议批判和纠正了陈独秀右倾机会主义错误，撤销了他在党内的职务，选出了新的临时中央政治局，确定了土地革命和武装斗争的总方针，决定发动秋收起义。

【答案】AB

36. 五四运动以来我国发生的三大历史性事件以及近代以来实现中华民族伟大复兴的三大里程碑是（　　）。

A. 建立中国共产党

B. 成立中华人民共和国

C. 确立社会主义制度

D. 推进改革开放和中国特色社会主义事业

【解析】在庆祝改革开放40周年大会上，习近平总书记指出："建立中国共产党、成立中华人民共和国、推进改革开放和中国特色社会主义事业，是五四运动以来我国发生的三大历史性事件，是近代以来实现中华民族伟大复兴的三大里程碑。"

【答案】ABD

37. 党在长期奋斗中形成的三大优良作风，包括（　　）。

A. 理论联系实际

B. 批评和自我批评的作风

C. 全心全意为人民服务的作风

D. 密切联系群众

【解析】党的七大总结历史经验，把党在长期奋斗中形成的优良传统作风概括为中国共产党的三大优良作风，即理论和实践相结合的作风、和人民群众紧密联系在一起的作风、自我批评的作风。见《中共中央关于党的百年奋斗和历史经验的决议》。

【答案】ABD

38. 中国共产党在新民主主义革命中的三大法宝是（　　）。

A. 统一战线　　B. 工农割据

C. 武装斗争　　D. 党的建设

【解析】1939年10月，毛泽东在撰写《〈共产党人〉发刊词》、论述新民主主义理论时，指出："统一战线，武装斗争，党的建设，是中国共产党在中国革命中战胜敌人的三个法宝，三个主要的法宝。这是中国共产党的伟大成绩，也是中国革命的伟大成绩。"

【答案】ACD

39. 中国共产党领导的革命包括的两个阶段是（　　）。

A. 新民主主义革命　　B. 旧民主主义革命

C. 社会主义革命　　D. 农民革命

【解析】中国共产党领导的革命，包括新民主主义革命和社会主义革命两个阶段。

【答案】AC

40. 邓小平在 1992 年南方谈话中提出的"三个有利于"是（　　）。

A. 有利于发展社会主义社会的生产力

B. 有利于增强社会主义国家的综合国力

C. 有利于提高驾驭社会主义市场经济的能力

D. 有利于提高人民的生活水平

【解析】邓小平 1992 年初在南方谈话中指出："改革开放迈不开步子，不敢闯，说来说去就是怕资本主义的东西多了，走了资本主义道路。要害是姓'资'还是姓'社'的问题。判断的标准，应该主要看是否有利于发展社会主义社会的生产力，是否有利于增强社会主义国家的综合国力，是否有利于提高人民的生活水平。"

【答案】ABD

41. "和平共处五项原则"是指中国处理国家之间的关系上坚持的原则，具体内容是（　　）。

A. 相互尊重主权和领土完整

B. 互不侵犯

C. 平等互利、和平共处

D. 互不干涉内政

【解析】中国在处理国际关系的时候，要坚持的原则就是"和平共处五项基本原则"，也就是：相互尊重主权和领土完整、和平共处平等互利、互不侵犯、互不干涉内政、独立自主的外交原则。

【答案】ABCD

42. 党在社会主义初级阶段的基本路线是（　　）。

A. 以经济建设为中心

B. 以精神文明建设为动力

C. 坚持四项基本原则

D. 坚持改革开放

【解析】党在社会主义初级阶段的基本路线是：领导和团结全国各族人民，以经济建设为中心，坚持四项基本原则，坚持改革开放，自力更生，艰苦创业，为把我国建设成为富强、民主、文明、和谐、美丽的社会主义现代化强国而奋斗。

【答案】ACD

43. “三个代表”重要思想的基本内涵是指中国共产党必须（　　）。

A. 始终代表中国先进生产力的发展要求

B. 始终代表中国最广大人民的根本利益

C. 始终代表中国先进文化的前进方向

D. 始终代表中国社会历史发展的潮流

【解析】“三个代表”重要思想的主要内容是：中国共产党始终代表中国先进生产力的发展要求、代表中国先进文化的前进方向、代表中国最广大人民的根本利益。“三个代表”重要思想的核心是党的先进性问题。

【答案】ABC

44. 社会主义的本质是（　　）。

A. 解放和发展生产力　　B. 消灭剥削

C. 消除两极分化　　D. 最终达到共同富裕

【解析】以邓小平同志为核心的中国共产党第二代中央领导集体探索并初步回答了“什么是社会主义、怎样建设社会主义”的问题。1992 年初，邓小平在“南方谈话”中提出：“社会主义的本质，是解放生产力，发展生产力，消灭剥削，消除两极分化，最终达到共同富裕。”

【答案】ABCD

45. 习近平文化思想是“两个结合”的重大成果。“两个结合”指的是（　　）。

A. 马克思主义基本原理同中国具体实际相结合

B. 中国具体实际与中华优秀传统文化相结合

C. 马克思主义基本原理同中华优秀传统文化相结合

D. 马克思主义基本原理同当代实践相结合

【解析】习近平总书记在党的二十大报告中指出，只有把马克思主义基本原理同中国具体实际相结合、同中华优秀传统文化相结合，坚持运用辩证唯物主义和历史唯物主义，才能正确回答时代和实践提出的重大问题，才能始终保持马克思主义的蓬勃生机和旺盛活力。“两个结合”深刻总结了中国共产党 100 多年来推进理论创新的基本经验，阐明了马克思主义在中国创新发展的内在机理。

【答案】AC

46. 党的二十届三中全会审议通过的《中共中央关于进一步全面深化改革、推进中国式现代化的决定》提出，坚持（　　），优化重大科技创新组织机制，统筹强化关键核心技术攻关，推动科技创新力量、要素配置、人才队伍体系化、建制化、协同化。

A. 面向世界科技前沿

B. 面向经济主战场

C. 面向国家重大需求

D. 面向人民生命健康

【解析】见《中共中央关于进一步全面深化改革、推进中国式现代化的决定》。

【答案】ABCD

47. 党的二十届三中全会审议通过的《中共中央关于进一步全面深化改革、推进中国式现代化的决定》提出了进一步全面深化改革的总目标，下列表述正确的有（　　）。

A. 到 2025 年，在各方面制度更加成熟更加定型上取得明显成效

B. 到 2029 年，完成决定提出的改革任务

C. 到 2030 年，基本实现社会主义现代化

D. 到 2035 年，全面建成高水平社会主义市场经济体制，中国特色社会主义制度更加完善

【解析】进一步全面深化改革的总目标是继续完善和发展中国特色社会主义制度，推进国家治理体系和治理能力现代化。到二〇三五年，全面建成高水平社会主义市场经济体制，中国特色社会主义制度更加完善，基本实现国家治理体系和治理能力现代化，基本实现社会主义现代化，为到本世纪中叶全面建成社会主义现代化强国奠定坚实基础。要聚焦构建高水平社会主义市场经济体制，聚焦发展全过程人民民主，聚焦建设社会主义文化强国，聚焦提高人民生活品质，聚焦建设美丽中国，聚焦建设更高水平平安中国，聚焦提高党的领导水平和长期执政能力，继续把改革向前推进。到二〇二九年中华人民共和国成立八十周年时，完成本决定提出的改革任务。

【答案】BD

48. 党的二十届三中全会审议通过的《中共中央关于进一步全面深化改革、推进中国式现代化的决定》提出，建立权责清晰、财力协调、区域均衡的中央和地方财政关系。下列说法正确的有（　　）。

A. 增加地方自主财力，拓展地方税源，适当扩大地方税收管理权限

B. 推进消费税征收环节后移并稳步下划地方，完善增值税留抵退税政策和抵扣链条，优化共享税分享比例

C. 研究把城市维护建设税、教育费附加、地方教育附加合并为地方附加税，授权地方在一定幅度内确定具体适用税率

D. 规范非税收入管理，由中央实行无差别化管理

【解析】根据《中共中央关于进一步全面深化改革、推进中国式现代化的决定》，

选项D应表述为：规范非税收入管理，适当下沉部分非税收入管理权限，由地方结合实际差别化管理。

【答案】ABC

49. 党的二十届三中全会审议通过的《中共中央关于进一步全面深化改革、推进中国式现代化的决定》提出，提高党对进一步全面深化改革、推进中国式现代化的领导水平，主要举措有（　　）。

A. 坚持党中央对进一步全面深化改革的集中统一领导

B. 深化党的建设制度改革

C. 深入推进党风廉政建设和反腐败斗争

D. 以钉钉子精神抓好改革落实

【解析】见《中共中央关于进一步全面深化改革、推进中国式现代化的决定》。

【答案】ABCD

50. 党的二十届三中全会审议通过的《中共中央关于进一步全面深化改革、推进中国式现代化的决定》提出，高水平社会主义市场经济体制是中国式现代化的重要保障。具体要做到（　　）。

A. 坚持和落实“两个毫不动摇”

B. 构建全国统一大市场

C. 完善市场经济基础制度

D. 强化政府指导

【解析】见《中共中央关于进一步全面深化改革、推进中国式现代化的决定》。

【答案】ABC

三、判断题

1. 各级税务局党委纪检组在本级党委和上级党委纪检组双重领导下开展工作。（　　）

【解析】《中国共产党章程》第四十五条规定，党的地方各级纪律检查委员会和基层纪律检查委员会在同级党的委员会和上级纪律检查委员会双重领导下进行工作。

【答案】正确

2. 民主集中制是党的根本组织原则。（　　）

【解析】民主集中制是民主基础上的集中和集中指导下的民主相结合。它既是党的根本组织原则，也是群众路线在党的生活中的运用。

【答案】正确

3. 税务系统要着力构建“条主责、块为主，两结合、互为补，抓党建、带队伍”的纵合横通强党建机制制度体系，以在双重领导管理体制下，汇聚各方面力量，共抓

税务系统党建工作，提高党建工作质量。（　　）

【解析】应为：税务系统着力构建“条主责、块双重，纵合力、横联通，齐心抓、党建兴”的纵合横通强党建机制制度体系，以在双重领导管理体制下，汇聚各方面力量，共抓税务系统党建工作，提高党建工作质量。

【答案】错误

4. 执行专项任务临时组建的工作组织，存续时间一般在 1 周以上、6 个月以内，有 3 人以上正式党员的，原则上应当设立临时党组织。（　　）

【解析】根据《中共国家税务总局委员会关于印发〈进一步增强税务系统基层党组织政治功能和组织功能更好发挥教育管理监督作用的若干措施〉的通知》。

【答案】正确

5. 国家税务总局要会同省级党委和政府加强税务系统党的领导，做好党的建设、思想政治建设和干部队伍建设工作。（　　）

【解析】略。

【答案】正确

6. 贯彻落实习近平总书记关于税收工作的重要论述和重要指示批示精神是税务系统基层党组织的“第一要事”。（　　）

【解析】根据《中共国家税务总局委员会关于印发〈进一步增强税务系统基层党组织政治功能和组织功能更好发挥教育管理监督作用的若干措施〉的通知》。

【答案】正确

7. 税务局各级党委书记每年至少到联系点调研指导 1 次。（　　）

【解析】根据《中共国家税务总局委员会关于印发〈进一步增强税务系统基层党组织政治功能和组织功能更好发挥教育管理监督作用的若干措施〉的通知》。

【答案】正确

8. 党委书记抓基层党建工作述职评议考核、领导班子和领导干部年度考核、业务考核原则上每年各进行 1 次。（　　）

【解析】《关于切实发挥党建引领作用　促进党建工作与税收业务深度融合的若干措施》指出，把党建工作作为衡量领导班子和领导干部工作实绩的重要方面，党委书记抓基层党建工作述职评议考核、领导班子和领导干部年度考核、业务考核一并开展，原则上每年只进行 1 次。

【答案】错误

9. 各级税务局领导班子在研究重要问题和重点工作时，首先学习习近平总书记有关重要论述，在对标对表中找准方向、明确思路、提出措施。（　　）

【解析】属于《关于切实发挥党建引领作用　促进党建工作与税收业务深度融合的若干措施》提出的要求。

【答案】正确

10. 艰苦奋斗是共产党人的政治本色，是中国共产党和人民军队在长期革命和建设过程中形成的优良传统。（ ）

【解析】略。

【答案】正确

11. 切实开展批评和自我批评，勇于揭露和纠正工作中的缺点、错误，坚决同消极腐败现象作斗争是党员必须履行的义务。（ ）

【解析】根据《中国共产党章程》第三条规定，“纠正工作中的缺点、错误”应为“纠正违反党的原则的言行和工作中的缺点、错误”。

【答案】错误

12. 发展党员，必须把政治标准放在首位，经过党的支部，坚持全面吸收的原则。（ ）

【解析】《中国共产党章程》第五条规定，发展党员，必须把政治标准放在首位，经过党的支部，坚持个别吸收的原则。

【答案】错误

13. 党的纪律是党的各级组织和全体党员必须遵守的行为规则。（ ）

【解析】略。

【答案】正确

14. 我国正处于并将长期处于社会主义初级阶段。（ ）

【解析】略。

【答案】正确

15. 党除了工人阶级和最广大人民群众的利益，没有自己特殊的利益。（ ）

【解析】略。

【答案】正确

16. 延长预备党员预备期是党纪处分的一种。（ ）

【解析】根据《中国共产党发展党员工作细则》第三十二条规定，预备党员预备期满，党支部应当及时讨论其能否转为正式党员。认真履行党员义务、具备党员条件的，应当按期转为正式党员；需要继续考察和教育的，可以延长一次预备期，延长时间不能少于半年，最长不超过 1 年；不履行党员义务、不具备党员条件的，应当取消其预备党员资格。

党纪处分分为：警告、严重警告、撤销党内职务、留党察看、开除党籍。

【答案】错误

17. 《中国共产党章程》明确，坚持正确利益观，推动构建人类命运共同体。（ ）

【解析】“利益观”应为“义利观”。

【答案】错误

18. 坚持党的领导、人民当家作主、改革开放有机统一是社会主义政治发展的必然要求。（　　）

【解析】习近平总书记在中国共产党第十九次全国代表大会上的报告指出，坚持党的领导、人民当家作主、依法治国有机统一是社会主义政治发展的必然要求。

【答案】错误

19. 预备党员具有表决权、选举权和被选举权。（　　）

【解析】“具有”应为“没有”。

【答案】错误

20. 县级税务局党委每年至少专题研究 1 次意识形态工作。（　　）

【解析】根据国家税务总局党委《关于加强县级税务局政治机关建设的指导意见（试行）》，县级税务局党委每半年至少专题研究 1 次意识形态工作。

【答案】错误

21. 中国特色社会主义，既坚持了科学社会主义基本原则，又根据时代条件赋予其鲜明的中国特色。中国特色社会主义是社会主义，不是别的什么主义。（　　）

【解析】略。

【答案】正确

22. 中国共产党的领导是中国特色社会主义最本质的特征。（　　）

【解析】略。

【答案】正确

23. 中国特色社会主义事业总体布局是“四个全面”。（　　）

【解析】中国特色社会主义事业总体布局是“五位一体”，即：经济建设、政治建设、文化建设、社会建设、生态文明建设五位一体总体布局。

【答案】错误

24. 习近平总书记指出，改革开放是决定当代中国命运的关键一招，也是决定实现“两个一百年”奋斗目标、实现中华民族伟大复兴的关键一招。（　　）

【解析】略。

【答案】正确

25. 习近平新时代中国特色社会主义思想，科学回答了“新时代坚持和发展什么样的中国特色社会主义、怎样坚持和发展中国特色社会主义”的基本问题。（　　）

【解析】略。

【答案】正确

26. 党的一切工作必须以实现党的根本利益为最高标准。（　　）

【解析】党的一切工作必须以最广大人民根本利益为最高标准。我们要坚持把人民群众的小事当作自己的大事，从人民群众关心的事情做起，从让人民群众满意的事情做起，带领人民不断创造美好生活。

【答案】错误

27. 从党的十八大到党的二十大，是“两个一百年”奋斗目标的历史交汇期。（　　）

【解析】“十八大”应为“十九大”。

【答案】错误

28. 习近平总书记指出，全面深化改革总目标是完善和发展中国特色社会主义制度、推进国家治理体系和治理能力现代化。（　　）

【解析】略。

【答案】正确

29. 中国共产党是中国工人阶级的先锋队，同时是中国人民和中华民族的先锋队。（　　）

【解析】见《中国共产党章程》总纲。

【答案】正确

30. 第一个把《共产党宣言》翻译成中文的是李大钊。（　　）

【解析】陈望道是第一个把《共产党宣言》翻译成中文，把这一著作全文传入中国的人。

【答案】错误

31. “三湾改编”，从政治上组织上保证了党对军队的绝对领导，是我党建设新型人民军队最早的一次成功探索和实践。（　　）

【解析】1927 年 9 月 29 日至 10 月 3 日，毛泽东在江西省永新县三湾村，领导了举世闻名的“三湾改编”，从政治上组织上保证了党对军队的绝对领导，是我党建设新型人民军队最早的一次成功探索和实践，标志着毛泽东建设人民军队思想开始形成。

【答案】正确

32. 遵义会议标志着中国共产党在政治上走向成熟。（　　）

【解析】遵义会议确立了毛泽东在党和红军中的领导地位，在极其危急的情况下挽救了党，挽救了红军，挽救了中国革命。会议的一系列重大决策，是在中国共产党同共产国际中断联系的情况下，独立自主地作出的。遵义会议是党的历史上一个生死攸关的转折点，以毛泽东为核心的党中央的正确领导开始确立，标志着中国共产党在政治上走向成熟。

【答案】正确

33. 党的六大确立毛泽东思想为党的指导思想并写进了党章，这是近代中国历史和

人民革命斗争发展的必然选择。（ ）

【解析】党的七大是在中国革命面临新的重大转变的关键时期召开的一次重要的大会，是一次“团结的大会，胜利的大会”。确立毛泽东思想为党的指导思想并写进了党章，为争取抗战的胜利和新民主主义革命在全国的胜利奠定了政治上、思想上和组织上的基础。

【答案】错误

34. 抗日战争是中国人民第一次取得完全胜利的民族解放战争。（ ）

【解析】中国人民抗日战争，是中华民族历史上最伟大的卫国战争，是中国人民反抗日本帝国主义侵略的正义战争，是世界反法西斯战争的重要组成部分，也是中国近代以来抗击外敌入侵第一次取得完全胜利的民族解放战争。

【答案】正确

35. 中华人民共和国的成立，实现了从新民主主义到社会主义社会的转变。（ ）

【解析】从 1949 年中华人民共和国成立到 1956 年底社会主义改造基本完成，是我国从新民主主义到社会主义过渡的时期。这一时期，我国社会的性质是新民主主义社会。新民主主义社会不是一个独立的社会形态，而是由新民主主义到社会主义转变的过渡性的社会，是中国由半殖民地半封建社会走向社会主义的中介和桥梁。

【答案】错误

36. 中国共产党第一次全国代表大会通过了党的第一个党章。（ ）

【解析】中国共产党第二次全国代表大会通过了党的第一个党章《中国共产党章程》。

【答案】错误

37. 中国共产党建立的第一个农村革命根据地是井冈山革命根据地。（ ）

【解析】中国共产党建立的第一个农村革命根据地是井冈山革命根据地。它的建立和巩固为中国革命开辟了一条“以农村包围城市，武装夺取政权”的道路。

【答案】正确

38. 毛泽东提出今后党“要非常注意军事，须知政权是由枪杆子中取得的”重要论断是在八七会议。（ ）

【解析】在八七会议上，毛泽东提出今后党“要非常注意军事，须知政权是由枪杆子中取得的”。

【答案】正确

39. 九一八事变的发生，标志着日本帝国主义发动全面侵华战争和全国抗战的开始。（ ）

【解析】七七事变（卢沟桥事变）的发生，标志着日本帝国主义发动全面侵华战争和全国抗战的开始。

【答案】错误

40. 在组织进行谈话函询时，不如实向组织说明问题，同时向组织提供虚假情况、掩盖事实的，依照对抗组织审查行为处理。（ ）

【解析】略。

【答案】正确

41. 贯彻党中央决策部署只表态不落实，或者落实党中央决策部署不坚决，打折扣、搞变通，在政治上造成不良影响或者严重后果的，给予警告或者严重警告处分；情节严重的，给予撤销党内职务、留党察看或者开除党籍处分。（ ）

【解析】略。

【答案】正确

42. 工作中不敢斗争、不愿担当，面对重大矛盾冲突危机困难临阵退缩，造成不良影响或者严重后果的，给予警告或者严重警告处分；情节严重的，给予撤销党内职务、留党察看或者开除党籍处分。（ ）

【解析】略。

【答案】正确

43. 党的纪律处分工作应遵循党纪面前一律平等的原则，对违犯党纪的党组织和党员必须严肃、公正执行纪律，党内不允许有任何不受纪律约束的党组织和党员。

（ ）

【解析】略。

【答案】正确

44. 党员行为虽然造成损失或者后果，但不是出于故意或者过失，而是由于不可抗力等原因所引起的，不追究党纪责任。（ ）

【解析】略。

【答案】正确

45. 党员因违犯党纪受到处分，影响期满后，党组织无需取消对其的处分。

（ ）

【解析】略。

【答案】正确

46. 从轻处分，是指在《中国共产党纪律处分条例》规定的违纪行为应当受到的处分幅度以内，减轻一档给予处分。（ ）

【解析】根据《中国共产党纪律处分条例》第二十二条，从轻处分，是指在本条例规定的违纪行为应当受到的处分幅度以内，给予较轻的处分。

【答案】错误

47. 对于在党内担任两个以上职务的，党组织在作处分决定时，应当明确是撤销其一切职务还是一个或者几个职务。如果决定撤销其一个职务，必须撤销其担任的最低职务。 （ ）

【解析】如果决定撤销其一个职务，必须撤销其担任的最高职务。

【答案】错误

48. 根据《中国共产党纪律处分条例》规定，运用监督执纪“四种形态”，让严重违纪涉嫌犯罪追究刑事责任的成为极少数。 （ ）

【解析】略。

【答案】正确

49. 党员领导干部不重视家风建设，对配偶、子女及其配偶失管失教，情节严重的，给予开除党籍处分。 （ ）

【解析】情节严重的，给予撤销党内职务处分。

【答案】错误

50. 在上级检查、视察工作或者向上级汇报、报告工作时对应当报告的事项不报告或者不如实报告，造成严重损害或者严重不良影响的，对直接责任者和领导责任者给予警告或者严重警告处分；情节严重的，给予撤销党内职务或者留党察看处分。

（ ）

【解析】略。

【答案】正确

51. 党员受到留党察看处分，其党内职务可保留。 （ ）

【解析】党员受到留党察看处分，其党内职务自然撤销。

【答案】错误

52. 党纪处分决定作出后，应当在15天内向受处分党员所在党的基层组织中的全体党员及其本人宣布，是领导班子成员的还应当向所在党组织领导班子宣布，并按照干部管理权限和组织关系将处分决定材料归入受处分者档案。 （ ）

【解析】应当在一个月内。

【答案】错误

53. 中国共产党第二十届中央委员会第三次全体会议指出，进一步全面深化改革的总目标是继续完善和发展中国特色社会主义制度，推进国家治理体系和治理能力现代化。 （ ）

【解析】略。

【答案】正确

54. 中国共产党第二十届中央委员会第三次全体会议指出，高质量发展是全面建设社会主义现代化国家的重要任务。 （ ）

【解析】“重要任务”应表述为“首要任务”。

【答案】错误

55. 《中共中央关于进一步全面深化改革、推进中国式现代化的决定》提出，研究把城市维护建设税、教育费附加、地方教育附加合并为地方附加税，授权地方在一定幅度内确定具体适用税率。 ( )

【解析】略。

【答案】正确

56. 《中共中央关于进一步全面深化改革、推进中国式现代化的决定》提出，到二〇三五年，全面建成高水平社会主义市场经济体制，中国特色社会主义制度更加完善，基本实现国家治理体系和治理能力现代化，基本实现社会主义现代化。 ( )

【解析】略。

【答案】正确

57. 构建高水平社会主义市场经济体制要坚持和落实“两个毫不动摇”。 ( )

【解析】略。

【答案】正确

58. 和平合作、开放包容、互学互鉴、互利共赢的丝路精神，是共建“一带一路”最重要的力量源泉。 ( )

【解析】习近平总书记在第三届“一带一路”国际合作高峰论坛开幕式上指出，和平合作、开放包容、互学互鉴、互利共赢的丝路精神，是共建“一带一路”最重要的力量源泉。

【答案】正确

59. 中国式现代化道路最终能否走得通、行得稳，关键要看是否坚持新发展理念。 ( )

【解析】习近平总书记指出，现代化的最终目标是实现人自由而全面的发展。现代化道路最终能否走得通、行得稳，关键要看是否坚持以人民为中心。

【答案】错误

60. “十个明确”、“十四个坚持”、“十三个方面成就”概括了习近平新时代中国特色社会主义思想的主要内容。 ( )

【解析】习近平总书记在中共中央政治局第四次集体学习时的重要讲话指出，“十个明确”、“十四个坚持”、“十三个方面成就”概括了这一思想的主要内容。

【答案】正确

61. 新质生产力是创新起主导作用，摆脱传统经济增长方式、生产力发展路径，具有高科技、高效能、高质量特征，符合新发展理念的先进生产力质态。 ( )

【解析】习近平总书记在中共中央政治局第十一次集体学习时强调，新质生产力是创新起主导作用，摆脱传统经济增长方式、生产力发展路径，具有高科技、高效能、高质量特征，符合新发展理念的先进生产力质态。

【答案】正确

62. 我国加快构建的新发展格局是以国际大循环为主体、国内国际双循环相互促进的新发展格局。（　　）

【解析】党的十九届五中全会审议通过的《中共中央关于制定国民经济和社会发展第十四个五年规则和二〇三五年远景目标的建议》指出，加快构建以国内大循环为主体、国内国际双循环相互促进的新发展格局。

【答案】错误

63. 当前，我国社会主要矛盾是人民对美好生活的向往和不平衡不充分的发展之间的矛盾。（　　）

【解析】习近平总书记在党的十九大报告中指出，中国特色社会主义进入新时代，我国社会主要矛盾已经转化为人民日益增长的美好生活需要和不平衡不充分的发展之间的矛盾。

【答案】错误

64. 完善权力监督制约机制，要以群众监督为主导，促进各类监督贯通协调，让权力在阳光下运行。（　　）

【解析】党的二十大报告指出："健全党统一领导、全面覆盖、权威高效的监督体系，完善权力监督制约机制，以党内监督为主导，促进各类监督贯通协调，让权力在阳光下运行。"

【答案】错误

四、简答题

1. 深入推进新时代党的建设新的伟大工程，以党的自我革命引领社会革命，必须实现哪些基本要求？

【答案】（1）坚持和加强党中央集中统一领导。

（2）坚持不懈用习近平新时代中国特色社会主义思想凝心铸魂。

（3）完善党的自我革命制度规范体系。

（4）建设堪当民族复兴重任的高素质干部队伍。

（5）增强党组织政治功能和组织功能。

（6）坚持以严的基调强化正风肃纪。

（7）坚决打赢反腐败斗争攻坚战持久战。

2. 党的二十大报告指出，过去十年我们经历了三件大事：一是迎来中国共产党成立一百周年；二是中国特色社会主义进入新时代；三是完成脱贫攻坚、全面建成小康社会的历史任务，实现第一个百年奋斗目标。党和国家事业取得历史性成就、发生历史性变革，推动我国迈上全面建设社会主义现代化国家新征程，主要成就体现在哪些方面？

【答案】可以从以下方面进行阐述：

（1）创立了习近平新时代中国特色社会主义思想，实现了马克思主义中国化时代化新的飞跃。

（2）全面加强党的领导。

（3）对新时代党和国家事业发展作出科学完整的战略部署，提出实现中华民族伟大复兴的中国梦，以中国式现代化全面推进中华民族伟大复兴。

（4）实现了小康这个中华民族的千年梦想，打赢了人类历史上规模最大的脱贫攻坚战。

（5）提出并贯彻新发展理念，着力推进高质量发展，推动构建新发展格局，我国经济实力实现历史性跃升。

（6）以巨大的政治勇气全面深化改革。

（7）实行更加积极主动的开放战略，我国成为140多个国家和地区的主要贸易伙伴，货物贸易总额居世界第一。

（8）坚持走中国特色社会主义政治发展道路。

（9）确立和坚持马克思主义在意识形态领域指导地位的根本制度。

（10）深入贯彻以人民为中心的发展思想，人民生活全方位改善。

（11）坚持绿水青山就是金山银山的理念。

（12）贯彻总体国家安全观。

（13）确立党在新时代的强军目标。

（14）全面准确推进“一国两制”实践。

（15）全面推进中国特色大国外交，推动构建人类命运共同体。

（16）深入推进全面从严治党。

3. 如何理解新时代中国特色社会主义发展的“两个阶段”战略安排？

【答案】可以从以下方面进行阐述：

综合分析国际国内形势和我国发展条件，从2020年到21世纪中叶可以分两个阶段来安排。第一个阶段，从2020年到2035年，在全面建成小康社会的基础上，再奋斗15年，基本实现社会主义现代化。第二个阶段，从2035年到21世纪中叶，在基本实现现代化的基础上，再奋斗15年，把我国建成富强民主文明和谐美丽的社会主义现代化强国。

4. 党的二十届三中全会通过的《中共中央关于进一步全面深化改革、推进中国式现代化的决定》，深刻总结改革开放以来特别是新时代全面深化改革的宝贵经验，提出“六个坚持”的原则，为进一步全面深化改革提供了重要遵循。请简述“六个坚持”的具体内容。

【答案】（1）坚持党的全面领导，坚定维护党中央权威和集中统一领导，发挥党总揽全局、协调各方的领导核心作用，把党的领导贯穿改革各方面全过程，确保改革始终沿着正确政治方向前进；

（2）坚持以人民为中心，尊重人民主体地位和首创精神，人民有所呼、改革有所应，做到改革为了人民、改革依靠人民、改革成果由人民共享；

（3）坚持守正创新，坚持中国特色社会主义不动摇，紧跟时代步伐，顺应实践发展，突出问题导向，在新的起点上推进理论创新、实践创新、制度创新、文化创新以及其他各方面创新；

（4）坚持以制度建设为主线，加强顶层设计、总体谋划，破立并举、先立后破，筑牢根本制度，完善基本制度，创新重要制度；

（5）坚持全面依法治国，在法治轨道上深化改革、推进中国式现代化，做到改革和法治相统一，重大改革于法有据、及时把改革成果上升为法律制度；

（6）坚持系统观念，处理好经济和社会、政府和市场、效率和公平、活力和秩序、发展和安全等重大关系，增强改革系统性、整体性、协同性。

五、论述题

1. 党的二十大报告指出，“全党必须牢记，全面从严治党永远在路上，党的自我革命永远在路上”。请谈谈你对党的自我革命的认识。

【答案】可以从以下方面进行阐述：

（1）自我革命，是我们党区别于其他政党最显著的标志，是跳出治乱兴衰历史周期率的第二个答案，也是我们党不断从胜利走向新的胜利的关键所在。

（2）全面建设社会主义现代化国家、全面推进中华民族伟大复兴，关键在党。我们党作为世界上最大的马克思主义执政党，要始终赢得人民拥护、巩固长期执政地位，必须时刻保持解决大党独有难题的清醒和坚定。

（3）党的二十大报告强调全面从严治党永远在路上，党的自我革命永远在路上，决不能有松劲歇脚、疲劳厌战的情绪，必须持之以恒推进全面从严治党，深入推进新时代党的建设新的伟大工程，以党的自我革命引领社会革命。要落实新时代党的建设总要求，健全全面从严治党体系，全面推进党的自我净化、自我完善、自我革新、自我提高，使我们党坚守初心使命，始终成为中国特色社会主义事业的坚强领导核心。

2. 某电视台原主持人张某是中国共产党党员。2024 年 6 月，其在微博复制转载丑化中国共产党的形象的文章，并留言表达了对其内容的赞同，该微博阅读量达到 200 多次。请根据新修订的《中国共产党纪律处分条例》相应条款进行分析。

【答案】(1) 张某丑化中国共产党形象的行为属于违反政治纪律的行为，应根据情节轻重给予纪律处分。

(2) 新修订的《中国共产党纪律处分条例》第五十一条规定，通过网络、广播、电视、报刊、传单、书籍等，或者利用讲座、论坛、报告会、座谈会等方式丑化党和国家形象，情节较轻的，给予警告或者严重警告处分；情节较重的，给予撤销党内职务或者留党察看处分；情节严重的，给予开除党籍处分。

错题、要点整理页

第二章　年度税收重点工作

>> 本章知识框架

<table>
<tr><th>节</th><th>细目</th><th>知识点</th><th>学习进度</th></tr>
<tr><td colspan="2">2024 年我国经济工作总体部署</td><td>【知识点】2024 年我国经济工作总体部署</td><td></td></tr>
<tr><td rowspan="17">2024 年税收重点工作</td><td rowspan="2">2024 年全国税务系统重点工作任务</td><td>【知识点 1】总体工作思路</td><td></td></tr>
<tr><td>【知识点 2】主要工作任务</td><td></td></tr>
<tr><td>全国税务系统学习贯彻习近平新时代中国特色社会主义思想</td><td>【知识点】具体要求</td><td></td></tr>
<tr><td>高质量推进中国式现代化税务实践</td><td>【知识点】国家税务总局党委书记、局长胡静林在《学习时报》发表署名文章《高质量推进中国式现代化税务实践》</td><td></td></tr>
<tr><td rowspan="2">党纪学习教育</td><td>【知识点 1】目标要求</td><td></td></tr>
<tr><td>【知识点 2】《中国共产党纪律处分条例》</td><td></td></tr>
<tr><td>政治机关建设</td><td>【知识点】具体要求</td><td></td></tr>
<tr><td rowspan="3">全面从严治党</td><td>【知识点 1】总体思路</td><td></td></tr>
<tr><td>【知识点 2】主要任务</td><td></td></tr>
<tr><td>【知识点 3】警示教育</td><td></td></tr>
<tr><td rowspan="5">年度具体工作</td><td>【知识点 1】2024 年全国第 33 个税收宣传月</td><td></td></tr>
<tr><td>【知识点 2】2024 年“便民办税春风行动”</td><td></td></tr>
<tr><td>【知识点 3】全国八部门联合打击涉税违法犯罪工作重点任务</td><td></td></tr>
<tr><td>【知识点 4】2024 年助力小微经营主体发展“春雨润苗”专项行动</td><td></td></tr>
<tr><td>【知识点 5】新时代“枫桥式”税务所（分局、办税服务厅）建设</td><td></td></tr>
</table>

>> 习题演练

一、单项选择题

1. 打造效能税务的根本要求是（　　）。

A. 为国聚财、为民收税

B. 全面提升税务工作的效率和效果

C. 全面提升税务干部能力素质

D. 坚决当好党中央决策部署的执行者、行动派、实干家

【解析】根据国家税务总局党委书记、局长胡静林署名文章《高质量推进中国式现代化税务实践》，坚决当好党中央决策部署的执行者、行动派、实干家是打造效能税务的根本要求。

【答案】D

2. 根据《深入推进税务青年工作高质量发展三年行动计划（2023—2025）》，加强新入职青年干部培养，要健全完善“六个一”新入职干部教育培训机制。下列不属于“六个一”新入职干部教育培训机制的是（　　）。

A. 组织 1 次升旗仪式

B. 组织 1 次税服税徽发放佩戴仪式

C. 组织 1 次师徒结对仪式

D. 组织 1 次税法宣誓仪式

【解析】根据《深入推进税务青年工作高质量发展三年行动计划（2023—2025）》，加强新入职青年干部培养，健全完善“六个一”新入职干部教育培训机制，结合实际组织 1 次升旗仪式、1 次宪法宣誓仪式、1 次税服税徽发放佩戴仪式、1 次入职第一课、1 次师徒结对仪式、1 次职业生涯规划指导，提升青年干部对税收工作和税收事业的归属感、自豪感和使命感、责任感。

【答案】D

3. 必须把坚持（　　）作为新时代的硬道理，完整、准确、全面贯彻新发展理念，推动经济实现质的有效提升和量的合理增长。

A. 高质量发展　　B. 高速发展

C. 可持续发展　　D. 绿色低碳发展

【解析】2023 年 12 月中央经济工作会议指出，必须把坚持高质量发展作为新时代的硬道理，完整、准确、全面贯彻新发展理念，推动经济实现质的有效提升和量的合理增长。

【答案】A

4. 必须把推进（　　）作为最大的政治，在党的统一领导下，团结最广大人民，聚焦经济建设这一中心工作和高质量发展这一首要任务，把中国式现代化宏伟蓝图一步步变成美好现实。

A. 中华民族伟大复兴

B. 建设社会主义现代化强国

C. 中国式现代化

D. 经济可持续发展

【解析】2023 年 12 月中央经济工作会议指出，必须把推进中国式现代化作为最大的政治，在党的统一领导下，团结最广大人民，聚焦经济建设这一中心工作和高质量发展这一首要任务，把中国式现代化宏伟蓝图一步步变成美好现实。

【答案】A

5. 做好 2024 年经济工作，积极的财政政策要（　　）、提质增效。

A. 精准发力　　B. 不断加力

C. 保持稳定　　D. 适度加力

【解析】2023 年 12 月中央经济工作会议指出，做好 2024 年经济工作，积极的财政政策要适度加力、提质增效。

【答案】D

二、多项选择题

1. 根据《国家税务总局关于资源回收企业向自然人报废产品出售者“反向开票”有关事项的公告》（国家税务总局公告 2024 年第 5 号），从事资源回收企业需要“反向开票”的，应当向主管税务机关提交《资源回收企业“反向开票”申请表》，并提供的证书或证明文件包括（　　）。

A. 危险废物经营许可证

B. 报废机动车回收拆解企业资质认定证书

C. 商务部门再生资源回收经营者备案登记证明

D. 经营主体登记

【解析】根据《国家税务总局关于资源回收企业向自然人报废产品出售者“反向开票”有关事项的公告》（国家税务总局公告 2024 年第 5 号）第四条的规定，资源回收企业需要“反向开票”的，应当向主管税务机关提交《资源回收企业“反向开票”申请表》，并提供危险废物经营许可证或报废机动车回收拆解企业资质认定证书或商务部门再生资源回收经营者备案登记证明。

【答案】ABC

2. 打造效能税务的重要任务包括（　　）。

A. 不断提升税务部门税费征管的能力和水平

B. 不断提升税务部门便民服务的能力和水平

C. 不断提升税务部门风险防控的能力和水平

D. 不断提升税务部门干部队伍的能力和水平

【解析】根据国家税务总局党委书记、局长胡静林署名文章《高质量推进中国式现代化税务实践》，不断提升税务部门税费征管、便民服务、风险防控的能力和水平是打造效能税务的重要任务。

【答案】ABC

3. 打造效能税务的基本方法包括（　　）。

A. 持续深化依法治税

B. 持续深化高效治税

C. 持续深化从严治税

D. 持续深化以数治税

【解析】根据国家税务总局党委书记、局长胡静林署名文章《高质量推进中国式现代化税务实践》，持续深化依法治税、以数治税、从严治税是打造效能税务的基本方法。

【答案】ACD

4. 要发挥好货币政策工具总量和结构双重功能，盘活存量、提升效能，引导金融机构加大对（　　）等方面的支持力度。

A. 科技创新　　B. 绿色转型

C. 普惠小微　　D. 新兴产业

【解析】2023 年 12 月中央经济工作会议指出，发挥好货币政策工具总量和结构双重功能，盘活存量、提升效能，引导金融机构加大对科技创新、绿色转型、普惠小微、数字经济等方面的支持力度。

【答案】ABC

5. 进一步推动经济回升向好需要克服一些困难和挑战，主要包括（　　）。

A. 有效需求不足、部分行业产能过剩

B. 国内大循环存在堵点

C. 外部环境的复杂性、严峻性、不确定性上升

D. 社会预期偏弱、风险隐患仍然较多

【解析】2023 年 12 月中央经济工作会议指出，进一步推动经济回升向好需要克服一些困难和挑战，主要是有效需求不足、部分行业产能过剩、社会预期偏弱、风险隐患仍然较多，国内大循环存在堵点，外部环境的复杂性、严峻性、不确定性上升。

【答案】ABCD

6. 我国经济回升向好的表现有（　　）。

A. 现代化产业体系建设取得重要进展

B. 科技创新实现新的突破

C. 改革开放向纵深推进

D. 安全发展基础巩固夯实

E. 民生保障有力有效

【解析】2023 年，以习近平同志为核心的党中央团结带领全党全国各族人民，顶住外部压力、克服内部困难，全面深化改革开放，加大宏观调控力度，着力扩大内需、优化结构、提振信心、防范化解风险，我国经济回升向好，高质量发展扎实推进。现代化产业体系建设取得重要进展，科技创新实现新的突破，改革开放向纵深推进，安全发展基础巩固夯实，民生保障有力有效，全面建设社会主义现代化国家迈出坚实步伐。

【答案】ABCDE

7. 2024 年国家税务总局开展的“便民办税春风行动”，就进一步夯实税费服务供给基础方面提出的措施有（　　）。

A. 优化税费业务办理渠道　　B. 优化纳税缴费信用评价

C. 优化涉税专业服务管理　　D. 加强多部门联合惩戒

【解析】2024 年国家税务总局以“持续提升效能·办好为民实事”为主题，紧紧围绕推动国务院“高效办成一件事”部署在税务系统落地见效，持续开展“便民办税春风行动”，从优化税费业务办理渠道、优化纳税缴费信用评价、优化涉税专业服务管理等方面入手进一步夯实税费服务供给基础，推动税费服务水平实现整体提升。

【答案】ABC

8. 下列措施中，属于2024 年助力小微经营主体发展“春雨润苗”专项行动具体安排的有（　　）。

A. 深化征纳互动，推进通办快办

B. 增强税企沟通，推动深层交流

C. 优化自助布局，推广自主办税

D. 加强诉求分析，提升响应质效

【解析】2024 年助力小微经营主体发展“春雨润苗”专项行动具体安排包括：面向新办主体，做好开业辅导；优化自助布局，提升办理体验；深化征纳互动，推进通办快办；发掘优质主体，完善梯度培育；聚焦重点行业，落实全程服务；关注重点群体，暖心精准帮扶；增强税企沟通，推动深层交流；加强诉求分析，提升响应质效；协同下沉服务，打造共治格局；细化三方协作，增进双向体验；探索多元联动，提速矛盾化解；规范涉税服务，促进行业发展。

【答案】ABD

三、判断题

1. 着力构建严管体系，深入推进干部队伍建设，要在坚持严的基调、严的措施、严的氛围中锻造税务铁军。（ ）

【解析】根据国家税务总局党委书记、局长胡静林署名文章《高质量推进中国式现代化税务实践》，着力构建严管体系，深入推进干部队伍建设，在坚持严的基调、严的措施、严的氛围中锻造税务铁军。

【答案】正确

2. 根据《关于进一步深化税收征管改革的意见》有关要求，2025 年要基本实现发票全领域、全环节、全要素电子化，着力降低制度性交易成本。（ ）

【解析】根据《关于进一步深化税收征管改革的意见》，稳步实施发票电子化改革。2021 年建成全国统一的电子发票服务平台，24 小时在线免费为纳税人提供电子发票申领、开具、交付、查验等服务。制定出台电子发票国家标准，有序推进铁路、民航等领域发票电子化，2025 年基本实现发票全领域、全环节、全要素电子化，着力降低制度性交易成本。

【答案】正确

3. 党性、党风、党纪是有机整体，党性是根本，党风是表现，党纪是保障。

（ ）

【解析】习近平总书记在《全面从严治党探索出依靠党的自我革命跳出历史周期率的成功路径》中指出："党性、党风、党纪是有机整体，党性是根本，党风是表现，党纪是保障。"（《求是》2023 年第 3 期）

【答案】正确

4. 2024 年全国税务工作会议指出，当前和今后一个时期，全国税务系统要紧紧聚焦"以习近平新时代中国特色社会主义思想为指引，高质量推进中国式现代化税务实践"这一工作主线开展工作。（ ）

【解析】2024 年全国税务工作会议指出，当前和今后一个时期，全国税务系统要紧紧聚焦"以习近平新时代中国特色社会主义思想为指引，高质量推进中国式现代化税务实践"这一工作主线开展工作。

【答案】正确

5. 2024 年全国税务工作会议主题是《坚持以习近平新时代中国特色社会主义思想为指引　高质量推进中国式现代化税务实践》。（ ）

【解析】略。

【答案】正确

6. 2024 年全国第 33 个税收宣传月主题是“税收惠民办实事　深化改革开新局”。（　　）

【解析】税收宣传月主题：“税助发展　向新而进”。税务总局决定将第 33 个全国税收宣传月活动主题定为“税助发展　向新而进”，就是要以税收宣传月为契机，持续巩固拓展学习贯彻习近平新时代中国特色社会主义思想主题教育成果，全面贯彻落实党中央、国务院重大决策部署，高效落实结构性减税降费政策，依法组织税费收入，着力深化税收征管改革，深入推进税收法治建设，持续提升办税缴费服务效能，大力宣传税收取之于民、用之于民，进一步提高税法遵从度和依法纳税荣誉感，更好支持和服务高质量发展，培育发展新质生产力，为推进中国式现代化税务实践作出新的更大贡献。

【答案】错误

7. 2024 年“便民办税春风行动”，围绕“进一步夯实税费服务供给基础、进一步提升税费服务诉求响应、进一步强化税费服务数字赋能、进一步推进税费服务方式创新”4 个方面，集成推出系列服务举措。（　　）

【解析】2024 年“便民办税春风行动”，以习近平新时代中国特色社会主义思想为指导，树牢主动服务纳税人缴费人意识，强化科技支撑、数字赋能，着力提升税务行政效能，进一步增强税费服务的可及性、均衡性、精准性。《意见》围绕“进一步夯实税费服务供给基础”“进一步提升税费服务诉求响应”“进一步强化税费服务数字赋能”“进一步推进税费服务方式创新”4 个方面，集成推出系列服务举措。

【答案】正确

8. 根据《国家税务总局关于资源回收企业向自然人报废产品出售者“反向开票”有关事项的公告》（国家税务总局公告 2024 年第 5 号），从事资源回收的个体工商户可以实行“反向开票”。（　　）

【解析】根据《国家税务总局关于资源回收企业向自然人报废产品出售者“反向开票”有关事项的公告》（国家税务总局公告 2024 年第 5 号）第二条的规定，实行“反向开票”的资源回收企业包括单位和个体工商户。

【答案】正确

9. 全面从严治党的“严”并不是要把大家管死，使人瞻前顾后、畏首畏尾，搞成暮气沉沉、无所作为的一潭死水，而是要通过明方向、立规矩、正风气、强免疫，形成风清气正的党内政治生态。（　　）

【解析】习近平总书记在《为实现党的二十大确定的目标任务而团结奋斗》中指出：“全面从严治党和鼓励担当作为是内在统一的，不是彼此对立的。严并不是要把大家管死，使人瞻前顾后、畏首畏尾，搞成暮气沉沉、无所作为的一潭死水，而是要通过明方向、立规矩、正风气、强免疫，形成风清气正的党内政治生态，营造有利于干事创业的良好环境，进一步调动全党的积极性、主动性、创造性。”

【答案】正确

10. 中央经济工作会议指出，做好 2024 年经济工作要强化宏观政策逆周期和跨周期调节，实施宽松的财政政策和激进的货币政策，加强政策工具创新和协调配合。（　）

【解析】中央经济工作会议指出，做好 2024 年经济工作要强化宏观政策逆周期和跨周期调节，继续实施积极的财政政策和稳健的货币政策，加强政策工具创新和协调配合。

【答案】错误

11. 纳税人、扣缴义务人依法享有申请行政复议、提起行政诉讼、请求国家赔偿等权利。（　）

【解析】根据《中华人民共和国税收征收管理法》第八条规定，纳税人、扣缴义务人对税务机关所作出的决定，享有陈述权、申辩权；依法享有申请行政复议、提起行政诉讼、请求国家赔偿等权利。

【答案】正确

12. 税收是国家公共财政最主要的收入形式和来源。（　）

【解析】略。

【答案】正确

13. 必须坚持深化供给侧结构性改革和着力扩大有效需求协同发力，发挥超大规模市场和强大生产能力的优势，使国内大循环建立在外需主动力的基础上，提升国际循环质量和水平。（　）

【解析】2023 年 12 月中央经济工作会议强调，必须坚持深化供给侧结构性改革和着力扩大有效需求协同发力，发挥超大规模市场和强大生产能力的优势，使国内大循环建立在内需主动力的基础上，提升国际循环质量和水平。

【答案】错误

14. 2024 年要围绕推动高质量发展，突出重点，把握难点，扎实做好经济工作。（　）

【解析】2023 年 12 月中央经济工作会议强调，2024 年要围绕推动高质量发展，突出重点，把握关键，扎实做好经济工作。

【答案】错误

15. 为推进“便民办税春风行动”走深走实，促进民营经济发展壮大，国家税务总局与国家市场监督管理总局联合开展 2024 年助力小微经营主体发展“春雨润苗”专项行动。（　）

【解析】为推进"便民办税春风行动"走深走实，促进民营经济发展壮大，国家税务总局与中华全国工商业联合会联合开展2024年助力小微经营主体发展"春雨润苗"专项行动。

【答案】错误

16. 在进一步推进税费服务方式创新方面，国家税务总局要求持续关注纳税人缴费人精细化、场景式服务需求，创新服务方式，优化升级"跨域办""跨境办""批量办""一窗办"等集成式服务场景，推动税费服务提档升级。（　　）

【解析】见《国家税务总局关于开展2024年"便民办税春风行动"的意见》（税总纳服发〔2024〕19号）。

【答案】正确

四、简答题

1. 近期，有反映部分地区发生税务部门针对企业纳税问题"倒查30年"及要求企业补税的情况，请问对此税务部门应如何回应？

【答案】首先，说明税务部门没有组织开展全国性、行业性、集中性的税务检查，更没有倒查20年、30年的安排。近期反映的有关查税补税，有的是对企业以前年度欠税按程序进行催缴，有的是对企业存在的税收政策适用风险按程序予以提示告知，均属税务部门例行的依法依规正常履职行为。第二，说明税企双方始终休戚与共。依法组织收入是税务部门的基本职责，支持企业发展是税务部门的应尽之责，广大经营主体好，国家税收才能好。税务部门一贯坚守保经营主体就是保经济税源的理念，坚决落实税费优惠政策，严格防范和查处违规征税收费行为，积极助力各类经营主体健康规范发展。第三，说明加强税收监管也是税务部门的法定职责。表示将持续优化税务执法方式，着力推进精准监管、精确执法，重点打击偷逃抗骗税等违法犯罪行为，为守法企业营造公平竞争的税收营商环境。同时，也请广大纳税人对税务部门依法履职予以监督、理解、配合，对有关涉税争议，欢迎和支持纳税人通过法律途径积极妥当解决，切实维护自身合法权益。

2. 胡静林局长在署名文章《高质量推进中国式现代化税务实践》中指出的打造效能税务的重要任务包括什么？

【答案】胡静林局长署名文章《高质量推进中国式现代化税务实践》指出，不断提升税务部门税费征管、便民服务、风险防控的能力和水平，这是打造效能税务的重要任务。

3. 胡静林局长在署名文章《高质量推进中国式现代化税务实践》中指出的打造效

能税务的根本要求是什么？

【答案】胡静林局长署名文章《高质量推进中国式现代化税务实践》指出，坚决当好党中央决策部署的执行者、行动派、实干家，这是打造效能税务的根本要求。

4. 胡静林局长在署名文章《高质量推进中国式现代化税务实践》中指出的打造效能税务的基本方法包括哪些内容？

【答案】胡静林局长署名文章《高质量推进中国式现代化税务实践》指出，持续深化依法治税、以数治税、从严治税，这是打造效能税务的基本方法。

5. 中央经济工作会议强调的深化改革开放的重点方向是什么？

【答案】深化重点领域和关键环节改革，推进高水平对外开放。

6. 在保障和改善民生方面，中央经济工作会议提出了哪些重点？

【答案】强化就业优先政策，完善社会保障体系，保障基本民生。

7. 《国家税务总局关于开展2024年“便民办税春风行动”的意见》在优化税费业务办理渠道方面提出的措施有哪些？

【答案】全面推广上线全国统一规范电子税务局，实现税费服务智能化升级；开发电子税务局手机端，拓展“掌上办”服务，提升精准推送、智能算税、预填申报的便利化水平，更好满足办税缴费个性化需求。升级自然人电子税务局，优化网页端扣缴功能，丰富扣缴功能模块，增强实用性、便捷性，更好满足扣缴义务人使用需求；优化手机端界面布局，直观展示办理界面，增加“待办”模块，提供分类细化提示指引，便利居民个人实际操作。优化自助办税终端布局，探索利用集成式自助终端提供“24小时不打烊”服务，方便纳税人缴费人“就近办、便捷办”。

8. 《国家税务总局关于开展2024年“便民办税春风行动”的意见》在优化纳税缴费信用评价方面提出的措施有哪些？

【答案】助力新设立经营主体尽早提升信用级别，纳入纳税信用管理已满12个月但因不满一个评价年度而未参加年度评价的纳税人可申请纳税信用复评；税务机关在次月依据其近12个月的纳税信用状况，确定其信用级别，并提供查询服务，帮助新设立经营主体更快积累信用资产。纳税信用A级纳税人下一年度起评分提高1分，连续评为A级的可累积提高（起评分最高不超过100分），提升A级纳税人的容错空间。优化“银税互动”合作机制，加强部门间信用信息共享应用，提高守信小微企业、个体工商户的融资便利性。

9.《国家税务总局关于开展2024年“便民办税春风行动”的意见》在优化涉税专业服务管理方面提出的措施有哪些？

【答案】转变涉税专业服务机构监管模式，有序推广涉税专业服务集中监管，推动将区县税务机关所辖涉税专业服务机构集中到一个税源管理分局（科、所），逐步实现涉税专业服务机构“一个部门扎口管”“一批人员专业管”。构建税务代理人员识别指标，完善涉税专业服务机构及其从业人员基础信息，加强部门间数据共享，形成监管合力，促进涉税专业服务行业健康发展，更好服务纳税人缴费人。

10.《国家税务总局关于开展2024年“便民办税春风行动”的意见》在健全诉求解决机制方面提出的措施有哪些？

【答案】持续深化“民呼我为”“接诉即办”“未诉先办”，畅通纳税人缴费人诉求收集渠道，强化直联点税务机关诉求感知“触角”作用，进一步提高诉求办理效率，办成办好纳税人缴费人反映较多的热点诉求，并适时向社会公开办理情况。优化税费优惠政策精准推送，发挥工作机制作用，进一步提升宣传辅导实效，切实解决纳税人缴费人申报享受遇到的问题。优化可视答疑服务，通过数据比对等方式，实现纳税人缴费人诉求实名归集、分析，主动向纳税人缴费人推送邀请，解答热点诉求，实现“一地答疑、多地共享”“一期答疑、产品共用”。

11. 中央经济工作会议提到的推动经济运行整体好转的关键是什么？

【答案】要把实施扩大内需战略同深化供给侧结构性改革有机结合起来。

12. 在扩大内需方面，中央经济工作会议提出要增强消费能力，重点要做什么？

【答案】增加城乡居民收入，改善消费条件，创新消费场景。

错题、要点整理页

第三章 税费及相关法律基础知识

>>本章知识框架

节	细目	知识点	学习进度
税收概论	税收的概念及分类	【知识点1】税收的概念	
		【知识点2】按征税对象分类	
		【知识点3】按计税依据分类	
		【知识点4】按税收与价格关系分类	
		【知识点5】按税收管理和支配权限的归属分类	
		【知识点6】按税收负担是否易于转嫁分类	
	税制构成要素	【知识点1】纳税人	
		【知识点2】征税对象	
		【知识点3】税率	
		【知识点4】纳税环节	
		【知识点5】纳税期限	
		【知识点6】纳税地点	
		【知识点7】税收优惠	
主要税费政策与管理	增值税	【知识点1】纳税人	
		【知识点2】征税范围	
		【知识点3】税率和征收率	
		【知识点4】计税方法	
		【知识点5】小规模纳税人税收优惠	
		【知识点6】留抵税额退税制度	
		【知识点7】资源回收企业向自然人报废产品出售者“反向开票”	
		【知识点8】增值税发票	

续表

节	细目	知识点	学习进度
主要税费政策与管理	消费税	【知识点 1】纳税人与扣缴义务人	
		【知识点 2】征税范围及税目、税率	
		【知识点 3】应纳税额计算	
		【知识点 4】消费税税额的扣除	
	企业所得税	【知识点 1】纳税人	
		【知识点 2】征税对象	
		【知识点 3】税率	
		【知识点 4】应纳税所得额	
		【知识点 5】优惠税率	
		【知识点 6】小型微利企业所得税优惠政策	
	个人所得税	【知识点 1】纳税人	
		【知识点 2】扣缴义务人	
		【知识点 3】征税范围	
		【知识点 4】税率	
		【知识点 5】应纳税所得额的计算	
		【知识点 6】扣除捐赠款的计税方法	
		【知识点 7】进一步落实支持个体工商户发展个人所得税优惠政策	
	土地增值税	【知识点 1】纳税人	
		【知识点 2】征税范围	
		【知识点 3】税率	
		【知识点 4】应纳税额的计算	
		【知识点 5】建造普通标准住宅出售	
		【知识点 6】居民个人销售住房	
	车辆购置税	【知识点】车辆购置税基本政策	
	资源税	【知识点】资源税基本政策	
	印花税	【知识点】印花税基本政策	
	房产税	【知识点】房产税基本政策	
	车船税	【知识点】车船税基本政策	
	环境保护税	【知识点】环境保护税基本政策	

续表

节	细目	知识点	学习进度
主要税费政策与管理	契税	【知识点】契税基本政策	
	城镇土地使用税	【知识点】城镇土地使用税基本政策	
	耕地占用税	【知识点】耕地占用税基本政策	
	烟叶税	【知识点】烟叶税基本政策	
	城市维护建设税	【知识点】城市维护建设税基本政策	
	社会保险费	【知识点1】基本养老保险	
		【知识点2】基本医疗保险	
		【知识点3】失业保险	
		【知识点4】生育保险	
		【知识点5】工伤保险	
	非税收入	【知识点1】教育费附加和地方教育附加	
		【知识点2】文化事业建设费	
		【知识点3】废弃电器电子产品处理基金	
		【知识点4】残疾人就业保障金	
		【知识点5】2019年划转的非税收入项目	
		【知识点6】2021年划转的非税收入项目	
		【知识点7】2023年划转的非税收入项目	
深化税收征管改革		【知识点1】深化税收征管改革总体要求	
		【知识点2】全面推进税收征管数字化升级和智能化改造	
		【知识点3】不断完善税务执法制度和机制	
		【知识点4】大力推行优质高效智能税费服务	
		【知识点5】加快建设智慧税务	
		【知识点6】精准实施税务监管	
		【知识点7】持续深化拓展税收共治格局	
		【知识点8】强化税务组织保障	
纳税服务	纳税服务理念	【知识点1】纳税服务的概念	
		【知识点2】纳税服务的性质	
		【知识点3】纳税服务的目标	
		【知识点4】纳税服务与税收征管之间的关系及作用	

续表

节	细目	知识点	学习进度
纳税服务	纳税服务内容	【知识点 1】税法宣传是法定职责	
		【知识点 2】税法日常宣传内容	
		【知识点 3】纳税咨询服务的概念	
		【知识点 4】纳税咨询的形式	
		【知识点 5】办税服务制度	
		【知识点 6】纳税人权利与义务	
		【知识点 7】纳税人需求管理	
		【知识点 8】纳税人满意度调查	
		【知识点 9】涉税信息查询	
		【知识点 10】纳税服务投诉管理	
		【知识点 11】纳税人纳税信用管理	
		【知识点 12】税务机关对涉税专业服务的监管	
税收相关法律知识	税务行政法律关系与税务行政行为	【知识点 1】税务行政法律关系的概念	
		【知识点 2】税务行政法律关系的要素	
		【知识点 3】税务行政法律关系的内容	
		【知识点 4】税务行政行为的概念	
		【知识点 5】税务行政行为的分类	
		【知识点 6】税务行政行为的生效要件	
	优化税务执法方式全面推行“三项制度”	【知识点 1】税务系统全面推行“三项制度”的内容	
		【知识点 2】税务系统全面推行“三项制度”的基本原则	
		【知识点 3】税务系统全面推行“三项制度”的工作目标	
	税务行政许可	【知识点 1】行政许可的基本知识	
		【知识点 2】税务行政许可的基本规定	
		【知识点 3】税务行政许可事项	
	税务行政处罚	【知识点 1】税务行政处罚的概念及特征	
		【知识点 2】税务行政处罚的基本原则	
		【知识点 3】税务行政处罚的种类及设定	
		【知识点 4】税务行政处罚注意事项	

续表

节	细目	知识点	学习进度
税收相关法律知识	税务行政强制	【知识点1】行政强制的概念和原则	
		【知识点2】行政强制的种类和设定	
		【知识点3】行政强制注意事项	
		【知识点4】税务行政强制执行	
	涉税犯罪类型	【知识点1】危害税收征管罪总体特征	
		【知识点2】涉税犯罪主要罪名	
	危害税收征管罪	【知识点1】逃税罪立案标准	
		【知识点2】抗税罪立案标准	
		【知识点3】逃避追缴欠税罪立案标准	
		【知识点4】骗取出口退税罪立案标准	
		【知识点5】其他罪的立案标准及注意点	
	涉嫌危害税收征管犯罪案件的移送	【知识点1】移送的基本规定	
		【知识点2】移送的注意事项	
		【知识点3】移送的法律责任	
	税务行政复议	【知识点1】行政复议概述	
		【知识点2】税务行政复议受案范围规定	
		【知识点3】税务行政复议的管辖	
		【知识点4】税务行政复议的参加人	
		【知识点5】行政复议程序	
	税务行政应诉	【知识点1】行政诉讼的概念和特征	
		【知识点2】税务行政诉讼的受案范围	
		【知识点3】税务行政诉讼管辖	
		【知识点4】税务行政诉讼参加人	
		【知识点5】税务机关的出庭应诉人员	
		【知识点6】税务行政诉讼程序	
		【知识点7】税务行政诉讼的履行与执行	
	税务行政赔偿	【知识点1】税务行政赔偿概述	
		【知识点2】税务行政赔偿的构成要件	
		【知识点3】赔偿范围	
		【知识点4】受理时限	
		【知识点5】赔偿方式和标准	
	税务职务犯罪及其刑事法律责任	【知识点1】税务职务犯罪的概念	
		【知识点2】税务职务犯罪的表现形式	
		【知识点3】税务职务犯罪的预防	
		【知识点4】加强以案促改、以案促治工作	

>>习题演练

一、单项选择题

1. 根据增值税的类型划分，我国现行增值税属于（　　）。

A. 消费型增值税　　B. 生产型增值税

C. 收入型增值税　　D. 产出型增值税

【解析】我国现行增值税属于消费型增值税。

【答案】A

2. 现行增值税小规模纳税人标准统一为年应征增值税销售额（　　）万元及以下。

A. 80　　B. 500

C. 50　　D. 150

【解析】《财政部　税务总局关于统一增值税小规模纳税人标准的通知》（财税〔2018〕33号）规定，自2018年5月1日起，增值税小规模纳税人标准为年应征增值税销售额500万元及以下。

【答案】B

3. 某汽车租赁公司为增值税一般纳税人，提供汽车租赁服务。2019年9月，该公司取得的租金收入，根据现行增值税政策规定，适用税率是（　　）。

A. 13%　　B. 9%

C. 10%　　D. 6%

【解析】增值税一般纳税人提供有形动产租赁服务适用13%的税率。

【答案】A

4. 根据2022年增值税期末留抵退税政策，符合条件的小微企业2022年4月向主管税务机关申请退还增量留抵税额时，允许退还的增量留抵税额＝增量留抵税额×进项构成比例的（　　）。

A. 50%　　B. 60%

C. 70%　　D. 100%

【解析】纳税人当期允许退还的增量留抵税额，按照以下公式计算：允许退还的增量留抵税额＝增量留抵税额×进项构成比例×100%。

【答案】D

5. 增值税一般纳税人提供交通运输业服务适用的比例税率是（　　）。

A. 13%　　B. 9%

C. 6%　　D. 3%

【解析】增值税一般纳税人提供交通运输业服务适用9%的税率。

【答案】B

6. 小规模纳税人的法定征收率为（　　）。

A. 13%　　B. 9%

C. 6%　　D. 3%

【解析】小规模纳税人增值税法定征收率为3%。

【答案】D

7. 增值税一般纳税人提供基础电信服务，适用的增值税税率为（　　）。

A. 13%　　B. 9%

C. 6%　　D. 3%

【解析】一般纳税人提供基础电信服务税率为9%。

【答案】B

8. 根据现行增值税政策规定，下列项目中准予从销项税额中抵扣进项税额的是（　　）。

A. 免征增值税项目购进货物

B. 集体福利购进货物

C. 生产应税项目购进的免税农产品

D. 简易计税办法计税项目购进货物

【解析】增值税一般纳税人购进货物时，用于简易计税方法计税项目、免征增值税项目、集体福利或者个人消费，进项税额不得从销项税额中抵扣。一般纳税人购进免税农产品准予按规定抵扣。

【答案】C

9. 某超市为增值税小规模纳税人，主管税务机关核定其按月纳税。2023年4月，该超市取得食品销售收入20600元，取得水果销售收入2987元，当月进货取得增值税发票注明税款600元，该超市应纳增值税（　　）元。

A. 87　　B. 687

C. 707.61　　D. 免征增值税

【解析】自2023年1月1日至2023年12月31日，对月销售额10万元以下（含本数）的增值税小规模纳税人，免征增值税。

【答案】D

10. 增值税小规模纳税人采取的计税方式是（　　）。

A. 核定征收　　B. 查账征收

C. 简易计税方式　　D. 发货票抵扣税款

【解析】小规模纳税人销售货物或者应税劳务，实行按照销售额和征收率计算应纳税额的简易计税方式。

【答案】C

11. 增值税专用发票的基本联次不包括（　　）。

A. 存根联　　B. 发票联

C. 抵扣联　　D. 记账联

【解析】增值税专用发票由基本联次或者基本联次附加其他联次构成，基本联次为三联：发票联、抵扣联和记账联。

【答案】A

12. 下列不应包括在航空运输服务计税销售额中的是（　　）。

A. 燃油附加费　　B. 旅客违约金

C. 机场建设费　　D. 行李超重费

【解析】航空运输服务销售额不包括代收的机场建设费和代售其他航空运输企业客票而代收转付的价款。

【答案】C

13. 对增值税一般纳税人销售其自行开发生产的软件产品，按法定税率征收增值税后，对其增值税实际税负超过（　　）的部分实行即征即退政策。

A. 3%　　B. 5%

C. 6%　　D. 8%

【解析】对增值税一般纳税人销售其自行开发生产的软件产品，按法定税率征收增值税后，对其增值税实际税负超过3%的部分实行即征即退政策。

【答案】A

14. 下列选项中，属于消费税征税范围的应税消费品是（　　）。

A. 竹制一次性筷子　　B. 服装

C. 高尔夫球杆　　D. 电动汽车

【解析】小汽车属于消费税征税范围，但不包括电动汽车。高尔夫球及球具属于消费税征税范围，具体包括高尔夫球、高尔夫球杆（含杆头、杆身和握把）、高尔夫球包（袋）。而服装、竹制一次性筷子则不属于消费税征税范围。

【答案】C

15. 下列消费品中，实行从价定率与从量定额相结合征税办法征收消费税的是（　　）。

A. 啤酒　　B. 烟丝

C. 黄酒　　D. 卷烟

【解析】啤酒、黄酒实行从量定额计税，烟丝实行从价定率计税。卷烟的生产（进口）环节和批发环节，采用比例加定额复合征税。

【答案】D

16. 对超豪华小汽车，在生产（进口）环节按现行税率征收消费税基础上，在零售环节加征消费税，税率为（　　）。

A. 5%　　B. 10%

C. 15%　　D. 20%

【解析】自2016年12月1日起，"小汽车"税目下增设"超豪华小汽车"子税目。在生产（进口）环节按现行税率征收消费税基础上，在零售环节加征消费税，税率为10%。

【答案】B

17. 根据现行消费税政策，成品油纳税环节是（　　）。

A. 批发环节

B. 生产和批发环节

C. 生产（进口）环节

D. 零售环节

【解析】成品油的消费税在生产（进口）环节征收。

【答案】C

18. 纳税人自产的用于抵偿债务的应税消费品，计算消费税的计税依据为纳税人同类应税消费品的（　　）。

A. 最高销售价格　　B. 平均销售价格

C. 最低销售价格　　D. 最后销售价格

【解析】纳税人自产的应税消费品用于换取生产资料和消费资料、投资入股和抵偿债务等方面，应当按纳税人同类应税消费品的最高销售价格作为计税依据。

【答案】A

19. 按现行消费税政策，以下各项只在零售环节计征消费税的是（　　）。

A. 金银首饰　　B. 超豪华小汽车

C. 摩托车　　D. 白酒

【解析】金银首饰只在零售环节征税；超豪华小汽车在生产（进口）和零售环节双环节征税；摩托车和白酒在生产（进口）环节征税。

【答案】A

20. 企业发生的公益性捐赠支出，在年度（　　）12%以内的部分，准予在计算应纳税所得额时扣除；超过部分，准予结转以后3年内在计算应纳税所得额时扣除。

A. 营业收入　　B. 营业利润

C. 利润总额　　D. 应纳税所得额

【解析】企业发生的公益性捐赠支出，在年度利润总额12%以内的部分，准予在计算应纳税所得额时扣除；超过年度利润总额 12% 的部分，准予结转以后 3 年内在计算应纳税所得额时扣除。

【答案】C

21. 下列各项收入中，属于企业取得的免税收入的是（　　）。

A. 非营利组织接受其他单位或个人捐赠的收入

B. 购买企业债券取得的利息收入

C. 居民企业从境外分回的股息红利收入

D. 在中国境内设立机构、场所的非居民企业从居民企业取得的与该机构场所没有实际联系的投资收益

【解析】企业的免税收入包括：①国债利息收入；②符合条件的居民企业之间的股息、红利等权益性投资收益；③在中国境内设立机构、场所的非居民企业从居民企业取得的与该机构、场所有实际联系的股息、红利等权益性投资收益；④符合条件的非营利组织的收入。

【答案】A

22. 企业缴纳的下列税金中，在计算企业所得税应纳税所得额时不得扣除的是（　　）。

A. 土地增值税　　B. 资源税

C. 车船税　　D. 增值税

【解析】企业缴纳的增值税和企业所得税不得在企业所得税税前扣除。

【答案】D

23. 某中小微企业在 2022 年 9 月 1 日新购置一机器设备，单位价值 1000 万元，企业选择按最优惠的政策在企业所得税税前扣除。则 2022 年，该机器设备可在企业所得税税前扣除的折旧额为（　　）万元。

A. 1000　　B. 500

C. 25　　D. 50

【解析】中小微企业在 2022 年 1 月 1 日至 2022 年 12 月 31 日期间新购置的设备、器具，单位价值在 500 万元以上的，按照单位价值的一定比例自愿选择在企业所得税税前扣除。其中，《中华人民共和国企业所得税法实施条例》规定最低折旧年限为 3 年的设备器具，单位价值的 100% 可在当年一次性税前扣除；最低折旧年限为 4 年、5 年、10 年的，单位价值的 50% 可在当年一次性税前扣除，其余 50% 按规定在剩余年度计算折旧进行税前扣除。企业选择适用上述政策当年不足扣除形成的亏损，可在以后 5 个纳税年度结转弥补，享受其他延长亏损结转年限政策的企业可按现行规定执行。根据《中华人民共和国企业所得税法实施条例》第六十条规定，机器、机械和其他生产设备最低折旧年限为 10 年。故 2022 年，该机器设备可在企业所得税税前扣除的折旧额 =

$1000 \times 50\% = 500$（万元）。

【答案】B

24. 下列各项，属于企业所得税不征税收入的是（　　）。

A. 国债利息收入

B. 因债权人缘故确实无法支付的应付款项

C. 依法收取并纳入财政管理的行政事业性收费

D. 接受捐赠收入

【解析】本题涉及的知识点是企业所得税不征税收入与免税收入的划分。根据《中华人民共和国企业所得税法》的规定，依法收取并纳入财政管理的行政事业性收费属于不征税收入。

【答案】C

25. 自2019年1月1日至2025年12月31日，企业用于目标脱贫地区的公益性扶贫捐赠支出，在计算企业所得税应纳税所得额时适用的政策为（　　）。

A. 据实扣除

B. 不得扣除

C. 按利润总额的12%限额扣除

D. 按发生额的50%扣除

【解析】自2019年1月1日至2025年12月31日，企业通过公益性社会组织或者县级（含县级）以上人民政府及其组成部门和直属机构，用于目标脱贫地区的扶贫捐赠支出，准予在计算企业所得税应纳税所得额时据实扣除。

【答案】A

26. 某企业2010年成立，2013年度发生亏损120万元，企业在2018年获得高新技术企业资格，则该企业2013年度形成的亏损，结转弥补的最晚时间是（　　）。

A. 2016年　　B. 2018年

C. 2019年　　D. 2023年

【解析】自2018年1月1日起，当年具备高新技术企业或科技型中小企业资格的企业，其具备资格年度之前5个年度发生的尚未弥补完的亏损，准予结转以后年度弥补，最长结转年限由5年延长至10年。

【答案】D

27. 土地增值税实行的税率为（　　）。

A. 三级超额累进税率

B. 三级超率累进税率

C. 四级超额累进税率

D. 四级超率累进税率

【解析】土地增值税实行四级超率累进税率。

【答案】D

28. 在计算土地增值税时，不是按纳税人实际发生额进行扣除的是（　　）。

A. 取得土地使用权所支付的金额

B. 房地产开发成本

C. 房地产开发费用

D. 与转让房地产有关的税金

【解析】在计算扣除项目金额时，房地产开发费用不是按照纳税人实际发生额进行扣除，而是计算扣除。

【答案】C

29. 个体工商户发生的下列支出中，允许在个人所得税税前扣除的是（　　）。

A. 用于家庭的支出

B. 非广告性质赞助支出

C. 已缴纳的增值税税款

D. 生产经营过程中发生的财产转让损失

【解析】选项 A、B、C 不得税前扣除。

【答案】D

30. 下列所得，应按“综合所得”缴纳个人所得税的是（　　）。

A. 工资、薪金所得　　B. 经营所得

C. 财产租赁所得　　D. 财产转让所得

【解析】工资、薪金所得，劳务报酬所得，稿酬所得和特许权使用费所得属于综合所得，居民个人按纳税年度合并计算个人所得税。

【答案】A

31. 自 2019 年 1 月 1 日起，我国个人所得税采用的税制类型是（　　）。

A. 分类所得税制

B. 综合所得税制

C. 分类与综合相结合税制

D. 单一所得税制

【解析】个人所得税改革的主要变化之一就是建立综合与分类相结合的个人所得税税制。

【答案】C

32. 2022 年 8 月，中国公民李某取得法律援助补贴收入 20000 元，李某就该笔收入应缴纳的增值税和被预扣预缴的个人所得税总计为（　　）元。

A. 0　　B. 1400

C. 3200　　　　　　　　　　　　D. 3800

【解析】根据《财政部　税务总局关于法律援助补贴有关税收政策的公告》（财政部　税务总局公告2022年第25号）规定，自2022年1月1日起，对法律援助人员按照《中华人民共和国法律援助法》规定获得的法律援助补贴，免征增值税和个人所得税。法律援助机构向法律援助人员支付法律援助补贴时，应当为获得补贴的法律援助人员办理个人所得税劳务报酬所得免税申报。

【答案】A

33. 下列各项中，不征收环境保护税的是（　　）。

A. 光源污染　　　　　　　　　　B. 噪声污染

C. 水污染　　　　　　　　　　　D. 大气污染

【解析】应税污染物，是指《环境保护税税目税额表》《应税污染物和当量值表》规定的大气污染物、水污染物、固体废物和噪声。

【答案】A

34. 企业职工基本养老保险职工个人的缴费比例为（　　）。

A. 8%　　　　　　　　　　　　B. 6%

C. 7%　　　　　　　　　　　　D. 9%

【解析】职工缴纳基本养老保险费的比例为个人缴费工资的8%。

【答案】A

35. 国家为促进社会公益事业的发展，按照法律、法规、国务院及其财政部门的规定，特许发行彩票筹集的专项资金属于（　　）。

A. 以政府名义接受的捐赠收入

B. 罚没收入

C. 彩票公益金

D. 国有资源有偿使用收入

【解析】彩票公益金是从彩票发行收入中按规定比例提取的，专项用于社会福利、体育等社会公益事业的资金。彩票公益金是政府非税收入形式之一。

【答案】C

36. 纳税人有欠税情形而以其财产设定抵押、质押的，应当向抵押权人、质权人说明其（　　）情况。

A. 欠税　　　　　　　　　　　　B. 财产

C. 债务　　　　　　　　　　　　D. 债权

【解析】根据《中华人民共和国税收征收管理法》第四十六条的规定，纳税人有欠税情形而以其财产设定抵押、质押的，应当向抵押权人、质权人说明其欠税情况。抵押权人、质权人可以请求税务机关提供有关的欠税情况。

【答案】A

37. 税务机关应当广泛宣传税收法律、行政法规，普及纳税知识，（　　）地为纳税人提供纳税咨询服务。

A. 无偿　　B. 有偿

C. 全天候　　D. 全方位

【解析】根据《中华人民共和国税收征收管理法》第七条的规定，税务机关应当广泛宣传税收法律、行政法规，普及纳税知识，无偿地为纳税人提供纳税咨询服务。

【答案】A

38. 关于调账检查，调取当年账簿进行检查的，税务机关必须在（　　）内退还所调取的账簿资料。

A. 30 日　　B. 3 个月

C. 45 日　　D. 60 日

【解析】根据《中华人民共和国税收征收管理法实施细则》第八十六条的规定，税务机关行使《中华人民共和国税收征收管理法》第五十四条第（一）项职权时，可以在纳税人、扣缴义务人的业务场所进行；必要时，经县以上税务局（分局）局长批准，可以将纳税人、扣缴义务人以前会计年度的账簿、记账凭证、报表和其他有关资料调回税务机关检查，但是税务机关必须向纳税人、扣缴义务人开付清单，并在 3 个月内完整退还；有特殊情况的，经设区的市、自治州以上税务局局长批准，税务机关可以将纳税人、扣缴义务人当年的账簿、记账凭证、报表和其他有关资料调回检查，但是税务机关必须在 30 日内退还。

【答案】A

39. 扣缴义务人代扣、代收税款时，纳税人要求扣缴义务人开具代扣、代收税款凭证的，扣缴义务人应当（　　）。

A. 拒绝

B. 开具

C. 税额 100 元以上的应当开

D. 税额 10 元以下的不用开

【解析】根据《中华人民共和国税收征收管理法》第三十四条的规定，税务机关征收税款时，必须给纳税人开具完税凭证。扣缴义务人代扣、代收税款时，纳税人要求扣缴义务人开具代扣、代收税款凭证的，扣缴义务人应当开具。

【答案】B

40. 扣缴义务人依法履行代扣、代收税款义务时，纳税人不得拒绝。纳税人拒绝的，扣缴义务人应当（　　）。

A. 采取税收保全措施

B. 及时报告税务机关处理

C. 采取税收强制措施

D. 责令限期改正

【解析】根据《中华人民共和国税收征收管理法》第三十条的规定，扣缴义务人依法履行代扣、代收税款义务时，纳税人不得拒绝。纳税人拒绝的，扣缴义务人应当及时报告税务机关处理。

【答案】B

41. 纳税人对税务机关的处罚决定不服的，可以依法向（　　）申请行政复议，也可以依法向人民法院起诉。

A. 政府主管部门

B. 上一级主管税务机关

C. 市政府

D. 作出行政决定的税务机关

【解析】根据《中华人民共和国税收征收管理法》第八十八条的规定，当事人对税务机关的处罚决定、强制执行措施或者税收保全措施不服的，可以依法申请行政复议，也可以依法向人民法院起诉。

【答案】B

42. 纳税人未按规定的期限办理纳税申报和报送纳税资料，情节严重的，税务机关可以处（　　）的罚款。

A. 2000 元以下

B. 2000 元以上 5000 元以下

C. 2000 元以上 10000 元以下

D. 10000 元以上

【解析】根据《中华人民共和国税收征收管理法》第六十二条的规定，纳税人未按照规定的期限办理纳税申报和报送纳税资料的，或者扣缴义务人未按照规定的期限向税务机关报送代扣代缴、代收代缴税款报告表和有关资料的，由税务机关责令限期改正，可以处 2000 元以下的罚款；情节严重的，可以处 2000 元以上 10000 元以下的罚款。

【答案】C

43. 税务机关采取税收强制执行措施，须经（　　）批准。

A. 税务所长

B. 县以上税务局（分局）局长

C. 县级税务局（分局）农村分局局长

D. 省以上税务局局长

【解析】根据《中华人民共和国税收征收管理法》第四十条的规定，从事生产、经营的纳税人、扣缴义务人未按照规定的期限缴纳或者解缴税款，纳税担保人未按照规定的期限缴纳所担保的税款，由税务机关责令限期缴纳，逾期仍未缴纳的，经县以上税务局（分局）局长批准，税务机关可以采取相关强制执行措施。

【答案】B

44. 税务机关查封商品、货物或其他财产时，必须开付（　　）。

A. 凭证　　B. 收据

C. 清单　　D. 证明

【解析】根据《中华人民共和国税收征收管理法》第四十七条的规定，税务机关扣押商品、货物或者其他财产时，必须开付收据；查封商品、货物或者其他财产时，必须开付清单。

【答案】C

45. 税务机关查询从事生产、经营的纳税人、扣缴义务人在银行或者其他金融机构的存款账户，须经（　　）批准。

A. 开户银行负责人

B. 设区的市、自治州以上税务局（分局）局长

C. 县以上税务局（分局）局长

D. 银行县、市支行或者市分行负责人

【解析】根据《中华人民共和国税收征收管理法》第五十四条的规定，经县以上税务局（分局）局长批准，凭全国统一格式的检查存款账户许可证明，查询从事生产、经营的纳税人、扣缴义务人在银行或者其他金融机构的存款账户。税务机关在调查税收违法案件时，经设区的市、自治州以上税务局（分局）局长批准，可以查询案件涉嫌人员的储蓄存款。

【答案】C

46. 税务机关对骗税行为，追征所骗取的税款的期限为（　　）。

A. 2 年　　B. 5 年

C. 无限期　　D. 20 年

【解析】根据《中华人民共和国税收征收管理法》第五十二条的规定，对偷税、抗税、骗税的，税务机关追征其未缴或者少缴的税款、滞纳金或者所骗取的税款，不受该条其他款项规定期限的限制。

【答案】C

47. 税务机关应当对纳税人（　　）的情况定期予以公告。

A. 生产经营　　B. 财务状况

C. 应交税金　　D. 欠缴税款

【解析】根据《中华人民共和国税收征收管理法》第四十五条的规定，税务机关应当对纳税人欠缴税款的情况定期予以公告。

【答案】D

48. 税务机关在采取税收保全措施时（　　）不在保全措施的范围之内。

A. 高档消费品

B. 易腐烂的商品

C. 个人及其所扶养家属维持生活必需的住房和用品

D. 金银首饰

【解析】根据《中华人民共和国税收征收管理法》第三十八条的规定，个人及其所扶养家属维持生活必需的住房和用品，不在税收保全措施的范围之内。

【答案】C

49. 税务机关在调查税收违法案件时，经（　　）批准，可以查询案件涉嫌人员的储蓄存款。

A. 省、自治区、直辖市税务局局长

B. 县以上税务局（分局）局长

C. 设区的市、自治州以上税务局（分局）局长

D. 县以上税务局（分局）局长和银行县、市支行或市分行行长

【解析】根据《中华人民共和国税收征收管理法》第五十四条的规定，税务机关在调查税收违法案件时，经设区的市、自治州以上税务局（分局）局长批准，可以查询案件涉嫌人员的储蓄存款。

【答案】C

50. 下列对象不适用税收保全措施的是（　　）。

A. 企业

B. 个体工商户

C. 个人所得税扣缴义务人

D. 企业的分支机构

【解析】根据《中华人民共和国税收征收管理法》第五十五条的规定，税务机关对从事生产、经营的纳税人以前纳税期的纳税情况依法进行税务检查时，发现纳税人有逃避纳税义务行为，并有明显的转移、隐匿其应纳税的商品、货物及其他财产或者应纳税的收入的迹象的，可以按照该法规定的批准权限采取税收保全措施或者强制执行措施。

【答案】C

51. 下列检查中，超越《中华人民共和国税收征收管理法》所赋予税务机关权限的是（　　）。

A. 到车站检查纳税人托运应纳税货物的有关单据

B. 到机场检查纳税人托运应纳税商品的有关单据

C. 到邮政企业检查纳税人邮寄应纳税货物的有关凭证

D. 上路检查纳税人所运输的应纳税商品、货物

【解析】根据《中华人民共和国税收征收管理法》第五十四条的规定，税务机关有权到车站、码头、机场、邮政企业及其分支机构检查纳税人托运、邮寄应纳税商品、货物或者其他财产的有关单据、凭证和有关资料。

【答案】D

52. 下列说法正确的是（　　）。

A. 纳税担保书须经纳税人、纳税担保人签字盖章并经税务机关同意后方为有效

B. 纳税担保书只要经税务机关同意后即可有效

C. 纳税担保书须经纳税人、纳税担保人签字盖章即可有效

D. 纳税担保书须经纳税人、纳税担保人签字盖章并经税务主管官员同意后方为有效

【解析】根据《中华人民共和国税收征收管理法实施细则》第六十二条的规定，纳税担保人同意为纳税人提供纳税担保的，应当填写纳税担保书，写明担保对象、担保范围、担保期限和担保责任以及其他有关事项。担保书须经纳税人、纳税担保人签字盖章并经税务机关同意，方为有效。

【答案】A

53. 下列违法行为中，属于偷税的是（　　）。

A. 未按规定办理市场主体登记，造成未纳税的事实

B. 未按规定期限申报纳税的

C. 未按规定申报纳税，经通知申报而拒不申报，少缴税款的

D. 因计算错误，造成税款少缴的

【解析】根据《中华人民共和国税收征收管理法》第六十三条的规定，纳税人伪造、变造、隐匿、擅自销毁账簿、记账凭证，或者在账簿上多列支出或者不列、少列收入，或者经税务机关通知申报而拒不申报或者进行虚假的纳税申报，不缴或者少缴应纳税款的，是偷税。

【答案】C

54. 因纳税人、扣缴义务人计算错误等失误，未缴或者少缴税款的，税务机关在3年内可以追征税款、滞纳金，有特殊情况的，追征期可以延长到（　　）。

A. 10年　　B. 5年

C. 无限期　　D. 20年

【解析】根据《中华人民共和国税收征收管理法》第五十二条的规定，因纳税人、扣缴义务人计算错误等失误，未缴或者少缴税款的，税务机关在3年内可以追征税款、滞纳金；有特殊情况的，追征期可以延长到5年。

【答案】B

55. 因税务机关的责任，致使纳税人、扣缴义务人未缴或者少缴税款的，税务机关在3年内可以要求纳税人、扣缴义务人补缴税款，（　　）加收滞纳金。

A. 可以　　B. 不得

C. 根据实际情况　　D. 按50%

【解析】根据《中华人民共和国税收征收管理法》第五十二条的规定，因税务机关的责任，致使纳税人、扣缴义务人未缴或者少缴税款的，税务机关在3年内可以要求纳税人、扣缴义务人补缴税款，但是不得加收滞纳金。

【答案】B

56. 下列属于《关于进一步深化税收征管改革的意见》中明确的2022年要达到的主要目标的是（　　）。

A. 在税务执法规范性、税费服务便捷性、税务监管精准性上取得重要进展

B. 基本建成“无风险不打扰、有违法要追究、全过程强智控”的税务执法新体系，实现从经验式执法向科学精确执法转变

C. 基本建成“线下服务无死角、线上服务不打烊、定制服务广覆盖”的税费服务新体系，实现从无差别服务向精细化、智能化、个性化服务转变

D. 基本建成以“双随机、一公开”监管和“互联网+监管”为基本手段、以重点监管为补充、以“信用+风险”监管为基础的税务监管新体系，实现从“以票管税”向“以数治税”分类精准监管转变

【解析】《关于进一步深化税收征管改革的意见》中明确的主要目标为：到2022年，在税务执法规范性、税费服务便捷性、税务监管精准性上取得重要进展。到2023年，基本建成“无风险不打扰、有违法要追究、全过程强智控”的税务执法新体系，实现从经验式执法向科学精确执法转变；基本建成“线下服务无死角、线上服务不打烊、定制服务广覆盖”的税费服务新体系，实现从无差别服务向精细化、智能化、个性化服务转变；基本建成以“双随机、一公开”监管和“互联网+监管”为基本手段、以重点监管为补充、以“信用+风险”监管为基础的税务监管新体系，实现从“以票管税”向“以数治税”分类精准监管转变。到2025年，深化税收征管制度改革取得显著成效，基本建成功能强大的智慧税务，形成国内一流的智能化行政应用系统，全方位提高税务执法、服务、监管能力。

【答案】A

57. 下列属于《关于进一步深化税收征管改革的意见》中明确的2022年基本实现

的智慧税务建设是（　　）。

A. 法人税费信息“一户式”、自然人税费信息“一人式”智能归集

B. 税务机关信息“一局式”、税务人员信息“一员式”智能归集

C. 对税务人员履责的全过程自控考核考评、对税务决策信息和任务的自主分类推送

D. 税务执法、服务、监管与大数据智能化应用深度融合、高效联动、全面升级

【解析】《关于进一步深化税收征管改革的意见》中明确加快推进智慧税务建设。充分运用大数据、云计算、人工智能、移动互联网等现代信息技术，着力推进内外部涉税数据汇聚联通、线上线下有机贯通，驱动税务执法、服务、监管制度创新和业务变革，进一步优化组织体系和资源配置。2022 年基本实现法人税费信息“一户式”、自然人税费信息“一人式”智能归集，2023 年基本实现税务机关信息“一局式”、税务人员信息“一员式”智能归集，深入推进对纳税人缴费人行为的自动分析管理、对税务人员履责的全过程自控考核考评、对税务决策信息和任务的自主分类推送。2025 年实现税务执法、服务、监管与大数据智能化应用深度融合、高效联动、全面升级。

【答案】A

58. 违法事实确凿并有法定依据，对法人或者其他组织处以（　　）元以下的罚款或者警告的行政处罚的，可以当场作出行政处罚决定。

A. 50　　B. 100

C. 1000　　D. 3000

【解析】根据《中华人民共和国行政处罚法》第五十一条的规定，违法事实确凿并有法定依据，对法人或者其他组织处以 3000 元以下罚款或者警告的行政处罚的，可以当场作出行政处罚决定。

【答案】D

59. 从事生产、经营的纳税人、扣缴义务人有《中华人民共和国税收征收管理法》规定的税收违法行为，拒不接受税务机关处理的，税务机关可以（　　）。

A. 扣留其发票

B. 停止对其的一切纳税服务

C. 收缴其发票或者停止向其发售发票

D. 让负责人到税务机关接受处理

【解析】根据《中华人民共和国税收征收管理法》第七十二条的规定，从事生产、经营的纳税人、扣缴义务人有该法规定的税收违法行为，拒不接受税务机关处理的，税务机关可以收缴其发票或者停止向其发售发票。

【答案】C

60. 从事生产、经营的纳税人的财务、会计制度或者财务、会计处理办法和（　　），应当报送税务机关备案。

A. 会计核算软件

B. 计算机应用的型号

C. 人事管理软件

D. 计算机的说明书

【解析】根据《中华人民共和国税收征收管理法实施细则》第二十四条的规定，从事生产、经营的纳税人应当自领取税务登记证件之日起 15 日内，将其财务、会计制度或者财务、会计处理办法报送主管税务机关备案。纳税人使用计算机记账的，应当在使用前将会计电算化系统的会计核算软件、使用说明书及有关资料报送主管税务机关备案。

【答案】A

61. 从事生产、经营的纳税人应当将其在银行开立的（　　），向税务机关报告。

A. 基本存款账户　　B. 其他存款账户

C. 专用账户　　D. 全部账户

【解析】根据《中华人民共和国税收征收管理法实施细则》第十七条的规定，从事生产、经营的纳税人应当自开立基本存款账户或者其他存款账户之日起 15 日内，向主管税务机关书面报告其全部账号；发生变化的，应当自变化之日起 15 日内，向主管税务机关书面报告。

【答案】D

62. 从事生产、经营的纳税人应当自（　　）之日起 15 日内，将其财务、会计制度或者财务、会计处理办法报送主管税务机关备案。

A. 领取营业执照

B. 领取税务登记证件

C. 发生纳税义务

D. 批准成立

【解析】根据《中华人民共和国税收征收管理法实施细则》第二十四条的规定，从事生产、经营的纳税人应当自领取税务登记证件之日起 15 日内，将其财务、会计制度或者财务、会计处理办法报送主管税务机关备案。

【答案】B

63. 扣缴义务人应扣未扣的税款，税务机关应向（　　）追缴。

A. 扣缴义务人

B. 纳税人

C. 扣缴义务人或纳税人

D. 扣缴义务人和纳税人各按 50%

【解析】根据《中华人民共和国税收征收管理法》第六十九条的规定，扣缴义务人应扣未扣、应收而不收税款的，由税务机关向纳税人追缴税款，对扣缴义务人处应扣未扣、应收未收税款 50% 以上 3 倍以下的罚款。

【答案】B

64. 纳税人采取邮寄方式办理纳税申报的，以（　　）为实际申报日期。

A. 税务机关收到日期

B. 投寄日期

C. 填制纳税申报表日期

D. 寄出的邮戳日期

【解析】根据《中华人民共和国税收征收管理法》第三十一条的规定，纳税人采取邮寄方式办理纳税申报的，应当使用统一的纳税申报专用信封，并以邮政部门收据作为申报凭据。邮寄申报以寄出的邮戳日期为实际申报日期。

【答案】D

65. （　　）是国家的根本大法，是我国法的主要渊源。

A. 民法　　B. 刑法

C. 宪法　　D. 党章

【解析】宪法是我国的根本大法，具有最高的法律效力。一切法律、行政法规、地方性法规、自治条例和单行条例、规章都不得同宪法相抵触。

【答案】C

66. 税务行政相对人是税务行政法律关系要素中的（　　）。

A. 客体　　B. 主体

C. 内容　　D. 对象

【解析】税务行政相对人是在税务行政法律关系中被税务行政主体管理的一方当事人，即与税务行政主体相对应的，受行政权力作用或行政行为约束的另一方主体。

【答案】B

67. 以行政行为的对象是否特定为标准，行政行为可分为（　　）。

A. 抽象行政行为与具体行政行为

B. 内部行政行为与外部行政行为

C. 羁束行政行为与自由裁量行政行为

D. 依职权的行政行为与依申请的行政行为

【解析】以行政行为的适用与效力作用的对象范围为标准，行政行为分为内部行政行为与外部行政行为。以行政行为受法律约束的程度为标准，行政行为分为羁束行政行为与自由裁量行政行为。以行政主体是否可以主动作出行政行为为标准，行政行为分为依职权的行政行为与依申请的行政行为。以行政行为的对象是否特定为标准，行政行为分为抽象行政行为与具体行政行为。

【答案】A

68. 行政机关应当自行政处罚案件立案之日起（　　）日内作出行政处罚决定。

A. 60　　B. 90

C. 120　　D. 180

【解析】根据《中华人民共和国行政处罚法》第六十条规定，应从立案之日起90日内作行政处罚决定。

【答案】B

69. 行政机关采用公告方式送达强制执行文书时，要适用民事诉讼法满（　　）日方视为送达的期限规定。

A. 30　　B. 60

C. 90　　D. 15

【解析】根据《中华人民共和国民事诉讼法》的规定，公告满30日视为送达。

【答案】A

70. 复议机关在复议程序中收集和补充的证据，或者作出原具体行政行为的行政机关在复议程序中未向复议机关提交的证据，（　　）作为人民法院认定原具体行政行为合法的依据。

A. 可以　　B. 不能

C. 视情况　　D. 应该

【解析】根据《中华人民共和国行政诉讼法》的规定，以原行政行为本身作为人民法院认定原具体行政行为合法的依据。

【答案】B

71. （　　）是危害税收征管犯罪中唯一涉及侵犯人身权利的犯罪，是一种行为犯罪。

A. 逃税罪　　B. 逃避追缴欠税罪

C. 抗税罪　　D. 骗取出口退税罪

【解析】抗税罪是以暴力、威胁方法拒不缴纳税款的行为。抗税罪是危害税收征管罪中手段最恶劣、影响最坏的行为。它会直接危害税务人员的人身安全。

【答案】C

72. 逃税罪的立案标准是（　　）。

A. 纳税人采取欺骗、隐瞒手段进行虚假纳税申报或者不申报

B. 逃避缴纳税款数额较大并且占应纳税额10%以上

C. 同时符合选项A、B条件

D. 符合选项 A、B 条件之一

【解析】纳税人采取欺骗、隐瞒手段进行虚假纳税申报或者不申报，逃避缴纳税款数额较大并且占应纳税额 10% 以上的即构成逃税罪，有数额和比例的双重要求。

【答案】C

73. 中级人民法院对以下行政案件没有管辖权的是（　　）。

A. 对县级以上地方人民政府所作的行政行为提起诉讼的案件

B. 海关处理的案件

C. 本辖区内重大、复杂的案件

D. 涉及专利权纠纷的案件

【解析】选项 D 应由基层人民法院管辖。

【答案】D

74. 2 个以上人民法院都有管辖权的案件，可以选择其中 1 个人民法院提起诉讼的主体是（　　）。

A. 原告　　B. 被告

C. 法院　　D. 原告和被告

【解析】根据《中华人民共和国行政诉讼法》的规定，由原告选择人民法院提起诉讼。

【答案】A

75. 税收执法责任由岗位职责、工作规程、评议考核和过错责任追究四部分构成。下列说法错误的是（　　）。

A. 岗位职责是基础

B. 工作规程是关键

C. 评议考核是保障

D. 过错责任追究是表现

【解析】对过错责任人员给予行政处分，追究行政法律责任的，或者追究刑事责任的，依照其他法律、行政法规及规章的规定执行，不属于税收执法过错责任追究的范围。

【答案】D

76. 税收执法过错责任追究的实施主体是（　　）以上税务机关，其他税务机关不负责实施税收执法过错责任追究。

A. 市级　　B. 县级

C. 乡级　　D. 省级

【解析】按照规定，县级以上税务机关行使责任追究职责。

【答案】B

77. 未经税务机关依法委托征收税款，或者虽经税务机关依法委托但未按照有关法律、行政法规的规定征收税款的，情节严重的，对有关责任人员，给予（　　）处分。

A. 警告　　B. 记过

C. 撤职　　D. 开除

【解析】未经税务机关依法委托征收税款，或者虽经税务机关依法委托但未按照有关法律、行政法规的规定征收税款的，对有关责任人员，给予警告或者记过处分；情节较重的，给予记大过或者降级处分；情节严重的，给予撤职处分。

【答案】C

78. 对税务所（分局）、各级税务局的稽查局的具体行政行为不服的，向（　　）申请行政复议。

A. 所属税务局

B. 所属税务局的上级税务局

C. 原行为单位

D. 当地人民政府

【解析】按照税务行政复议规则，应向所属税务局申请行政复议。

【答案】A

79. 税收保全措施的手段，一般不包括（　　）。

A. 查封　　B. 拍卖

C. 扣押　　D. 冻结

【解析】税收保全措施的手段一般是查封、扣押和冻结，税务行政强制执行的方式是扣缴和拍卖、变卖。

【答案】B

80. 税务机关的工作人员徇私舞弊，不征或者少征应征税款，致使国家税收遭受重大损失的，处（　　）以下有期徒刑或者拘役。

A. 3 年　　B. 5 年

C. 7 年　　D. 10 年

【解析】根据《中华人民共和国刑法》第四百零四条的规定，税务机关的工作人员徇私舞弊，不征或者少征应征税款，致使国家税收遭受重大损失的，处 5 年以下有期徒刑或者拘役；造成特别重大损失的，处 5 年以上有期徒刑。

【答案】B

81. 中华人民共和国的一切权力属于（　　）。

A. 人民

B. 工人

C. 农民

D. 全国人民代表大会

【解析】根据《中华人民共和国宪法》规定，一切权力属于人民。

【答案】A

82.《中华人民共和国公务员法》《中华人民共和国行政复议法》《中华人民共和国行政处罚法》等法律制定的共同根据是（　　）。

A.《中华人民共和国宪法》

B.《中华人民共和国行政许可法》

C.《中华人民共和国民法总则》

D.《中华人民共和国刑法》

【解析】《中华人民共和国宪法》是我国最高位阶的法律，是所有法律的共同依据。

【答案】A

83.（　　）是危害税收征管罪中唯一只能由自然人构成的罪名。

A. 逃税罪　　B. 抗税罪

C. 骗取出口退税罪　　D. 虚开发票罪

【解析】抗税罪是指纳税人以暴力、威胁方法拒不缴纳税款的行为。法律规定抗税罪的主体只能是自然人，不能是单位。除抗税罪的其他罪名可以由单位构成。

【答案】B

84. 纳税人采取欺骗、隐瞒手段进行虚假纳税申报或者不申报逃避缴纳税款数额较大并且占应纳税额 10% 以上的即构成逃税罪，数额较大的标准为（　　）以上。

A. 1 万元　　B. 3 万元

C. 5 万元　　D. 10 万元

【解析】《最高人民检察院、公安部关于公安机关管辖的刑事案件立案追诉标准的规定（二）》中将"数额较大"界定为逃避缴纳税款数额超过 10 万元。

【答案】D

85. 虚开增值税专用发票或者虚开用于骗取出口退税、抵扣税款的其他发票，虚开的税款数额在 10 万元以上或者致使国家税款损失数额在（　　）以上的，应予追诉。

A. 1 万元　　B. 2 万元

C. 3 万元　　D. 5 万元

【解析】致使国家税款损失数额在 5 万元以上的应予追诉。

【答案】D

86. 下列行为不属于税务行政复议范围的是（　　）。

A. 税务机关征收税款

B. 税务机关与纳税人发生民事争议

C. 扣缴义务人代扣代缴税款

D. 税务机关不予抵扣税款

【解析】民事争议应按照民法通则的相关规定处理。

【答案】B

87. 下列关于当代中国的法律体系的说法，错误的是（　　）。

A. 以宪法为统帅

B. 以法律为主干

C. 以行政法规、地方性法规为重要组成部分

D. 各法律部门相互独立

【解析】当代中国的法律体系：是以宪法为统帅，以法律为主干，以行政法规、地方性法规为重要组成部分，由宪法及宪法相关法、民商法、行政法、经济法、社会法、刑法、程序法等多个法律部门组成的有机统一整体。

【答案】D

88. 下列属于现行税务行政许可事项的是（　　）。

A. 增值税防伪税控系统最高开票限额审批

B. 对纳税人延期缴纳税款的核准

C. 对纳税人变更纳税定额的核准

D. 对采取实际利润额预缴以外的其他企业所得税预缴方式的核定

【解析】根据税务总局《税务行政许可事项清单（2022 年版）》，编列“增值税防伪税控系统最高开票限额审批”1 项税务行政许可事项。“对纳税人延期缴纳税款的核准”“对纳税人延期申报的核准”“对纳税人变更纳税定额的核准”“对采取实际利润额预缴以外的其他企业所得税预缴方式的核定”“企业印制发票审批”等 5 个事项不再作为行政许可事项管理。

【答案】A

89. 税务机关查封商品、货物或者其他财产时，下列说法正确的是（　　）。

A. 必须开具收据和清单

B. 必须开具清单

C. 必须开具收据

D. 必须开具证明

【解析】根据《中华人民共和国税收征收管理法》规定，税务机关查封商品、货物或者其他财产时开具的是清单。

【答案】B

90. 税费征管保障工作遵循的原则，不包括（　　）。

A. 政府领导　　　　B. 财政主责

C. 部门协同　　　　D. 社会共治

【解析】税费征管保障工作遵循政府领导、税务主责、部门协同、社会共治的原则。

【答案】B

91. 发票的管理办法由（　　）规定。

A. 国务院　　B. 财政部

C. 国家税务总局　　D. 省级税务局

【解析】发票管理办法的制定机关是国务院。

【答案】A

92. 各级税务机关应每（　　），对本辖区所有执法单位或部门进行执法检查。

A. 3～5 年　　B. 2～4 年

C. 1～2 年　　D. 1～3 年

【解析】按照规定，各级税务机关每 3～5 年要开展一次全面执法检查。

【答案】A

93. 实施执法督察的税务机关应当成立执法督察组，负责具体实施执法督察。执法督察组人员不得少于（　　），并实行组长负责制。

A. 1 人　　B. 2 人

C. 3 人　　D. 5 人

【解析】按照执法责任追究管理规定，执法督察组人员不得少于 2 人。

【答案】B

94. 取消执法资格期限为（　　），被取消执法资格人员需接受适当形式的培训后方可重新取得执法资格。

A. 6 个月　　B. 1 年

C. 2 年　　D. 3 年

【解析】按照执法责任追究管理规定，取消执法资格期限为 1 年。

【答案】B

95. 中共中央办公厅、国务院办公厅《关于进一步深化税收征管改革的意见》中提出的税务监管新体系的基础是（　　）。

A. “信用 + 风险”监管

B. “双随机、一公开”监管

C. “互联网 + 监管”

D. 重点监管

【解析】按照《关于进一步深化税收征管改革的意见》，税务监管新体系的基础是“信用 + 风险”监管。

【答案】A

96. 行政机关作出的行政行为要客观、适度，遵循公平、公正原则，这体现的是（　　）。

A. 程序正当　　　　B. 合法行政

C. 合理行政　　　　D. 权责统一

【解析】题干表述的内容是行政行为要合理适度，公平公正，体现的是合理行政。

【答案】C

97. 2024年“便民办税春风行动”的主题是（　　）。

A. “智慧助发展·惠民稳增长”

B. “办好惠民事·服务现代化”

C. “持续提升效能·办好为民实事”

D. “春雨润新苗·惠民稳增长”

【解析】2024年，国家税务总局以“持续提升效能·办好为民实事”为主题，紧紧围绕“高效办成一件事”，持续开展“便民办税春风行动”。

【答案】C

98. 下列关于完善中国特色社会主义法律体系的表述正确的是（　　）。

A. 完善以法治为核心的中国特色社会主义法律体系

B. 完善以法制为核心的中国特色社会主义法律体系

C. 完善以宪法为核心的中国特色社会主义法律体系

D. 完善以党的领导为核心的中国特色社会主义法律体系

【解析】中国特色社会主义法律体系以宪法为核心。

【答案】C

99. “法定职责必须为”和“法无授权不可为”是对行政机关（　　）方面的要求。

A. 程序正当　　　　B. 合理行政

C. 权责统一　　　　D. 合法行政

【解析】题干是对合法行政的要求。

【答案】D

100. 全国税收宣传月的月份是（　　）。

A. 3月　　　　B. 4月

C. 5月　　　　D. 6月

【解析】每年的4月是全国的税收宣传月。

【答案】B

101. 新时代“枫桥式”税务所建设的根本评判标准是（　　）。

A. 坚持党的全面领导

B. 纳税人缴费人满意

C. 坚持全面依法治税

D. 源头上化解税费矛盾争议

【解析】按照要求，新时代“枫桥式”税务所建设的根本评判标准是纳税人缴费人满意。

【答案】B

102. 下列情形中属于《中华人民共和国行政处罚法》规定的可以不予处罚的是（　　）。

A. 违法行为轻微并及时改正，没有造成危害后果的

B. 当事人有证据足以证明没有主观过错的

C. 主动消除或者减轻违法行为危害后果的

D. 初次违法且危害后果轻微并及时改正的

【解析】根据《中华人民共和国行政处罚法》的规定，初次违法且危害后果轻微并及时改正的行为可以不予处罚。

【答案】D

103. 我国的宪法日是（　　）。

A. 10 月 1 日　　B. 1 月 1 日

C. 12 月 4 日　　D. 12 月 5 日

【解析】略。

【答案】C

104. 全面依法治国的根本遵循和行动指南是（　　）。

A. 习近平法治思想

B. 中国共产党的领导

C. 中国共产党章程

D. 中国特色社会主义道路

【解析】略。

【答案】A

105. 法制审核人员原则上不少于本单位从事行政处罚、行政强制、行政检查、行政征收、行政许可等执法活动的人员总数的（　　）。

A. 3%　　B. 5%

C. 8%　　D. 10%

【解析】略。

【答案】B

106. 下列关于税务行政处罚听证制度的描述，正确的是（　　）。

A. 纳税人要求听证的，应当在税务机关告知后 5 日内提出

B. 税务行政处罚的听证一律不公开举行

C. 纳税人认为听证主持人与案件有直接利害关系的，无权申请回避

D. 税务机关应当在举行听证的 7 日前下发《听证通知书》

【解析】纳税人要求听证的，一般应当在税务机关告知后 3 日内书面提出，税务行政处罚的听证一般公开举行。纳税人认为听证主持人与案件有直接利害关系的，有权申请回避。

【答案】D

107. 税务机关拟对个人甲处罚 200 元，下列说法不正确的是（　　）。

A. 执法人员必须 2 人以上

B. 处罚之前要告知陈述申辩权以及听证权

C. 要听取甲的陈述申辩

D. 制作行政处罚决定书并当场交付甲

【解析】税务机关对公民作出 2000 元以上（含本数）罚款或者对法人或者其他组织作出 1 万元以上（含本数）罚款的行政处罚之前，应当向当事人送达《税务行政处罚事项告知书》，告知当事人已经查明的违法事实、证据，行政处罚的法律依据和拟将给予的行政处罚，并告知有要求举行听证的权利。

【答案】B

108. 税务行政处罚的听证，遵循的原则不包括（　　）。

A. 合法　　B. 公平

C. 公开　　D. 及时和便民

【解析】税务行政处罚的听证，遵循合法、公正、公开、及时和便民的原则。

【答案】B

109. 行政复议机关收到行政复议申请后，应当在（　　）日内进行审查。

A. 3　　B. 5

C. 7　　D. 15

【解析】行政复议机关收到行政复议申请后，应当在 5 日内进行审查。

【答案】B

110. 行政复议机关审理涉及款额（　　）元以下行政复议案件，认为事实清楚、权利义务关系明确、争议不大的，可以适用简易程序。

A. 1000　　B. 2000

C. 3000　　D. 5000

【解析】行政复议机关审理涉及款额 3000 元以下行政复议案件，认为事实清楚、权利义务关系明确、争议不大的，可以适用简易程序。

【答案】C

111. 行政相对人申请行政复议（　　）。

A. 可以书面申请，也可以口头申请

B. 应当书面申请

C. 应当口头申请

D. 不能口头申请

【解析】申请人申请行政复议，可以书面申请，也可以口头申请。

【答案】A

112. 公民、法人或者其他组织认为具体行政行为侵犯其合法权益的，可以自知道该具体行政行为之日起（　　）内提出行政复议申请，但是法律另有规定的除外。

A. 15 日　　B. 30 日

C. 45 日　　D. 60 日

【解析】根据《中华人民共和国行政复议法》的规定，公民、法人或者其他组织认为具体行政行为侵犯其合法权益的，可以自知道该具体行政行为之日起六十日内提出行政复议申请；但是法律规定的申请期限超过六十日的除外。

【答案】D

113. 下列各项中，不属于行政复议范围的是（　　）。

A. 对税务机关的征税行为不服

B. 对税务机关作出的罚款决定不服

C. 对税务机关不依法给予举报奖励的行为不服

D. 对税务机关作出的给予其职工降职处分决定不服

【解析】当事人不服行政机关作出的行政处分或者其他人事决定时，不能提起行政复议。

【答案】D

114. 根据中共中央办公厅、国务院办公厅《关于进一步深化税收征管改革的意见》，建设智慧税务的突破口是（　　）。

A. 服务纳税人缴费人

B. 发票电子化改革

C. 税收大数据

D. 移动互联网

【解析】围绕把握新发展阶段、贯彻新发展理念、构建新发展格局，深化税收征管制度改革，着力建设以服务纳税人缴费人为中心、以发票电子化改革为突破口、以税收大数据为驱动力的具有高集成功能、高安全性能、高应用效能的智慧税务。

【答案】B

115. 下列税种的法律自2022年7月1日开始实施的是（　　）。

A. 契税　　B. 资源税

C. 印花税　　D. 城市维护建设税

【解析】《中华人民共和国资源税法》自2020年9月1日起施行，《中华人民共和国契税法》自2021年9月1日起施行，《中华人民共和国城市维护建设税法》自2021年9月1日起施行，《中华人民共和国印花税法》自2022年7月1日起施行。

【答案】C

116. 内部审计的实施主体是（　　）。

A. 国家审计机关

B. 党的纪律检查机关

C. 依法成立的社会审计组织

D. 部门、单位内部设置的审计机构或专职审计人员

【解析】内部审计的实施主体是部门、单位内部设置的审计机构或专职审计人员。

【答案】D

117. 在计算企业应纳税所得额时，可以加计扣除的支出是（　　）。

A. 研发费用　　B. 赞助支出

C. 职工教育经费　　D. 捐赠支出

【解析】企业的下列支出，可以在计算应纳税所得额时加计扣除：①开发新技术、新产品、新工艺发生的研究开发费用；②安置残疾人员及国家鼓励安置的其他就业人员所支付的工资。

【答案】A

118. 下列有关行政处罚与民事、刑事责任的说法不正确的是（　　）。

A. 违法行为对他人造成损害的，应当依法承担民事责任

B. 违法行为构成犯罪，应当依法追究刑事责任

C. 刑事责任可以以行政处罚代替刑事处罚

D. 刑事责任不得以行政处罚代替刑事处罚

【解析】公民、法人或者其他组织因违法行为受到行政处罚，其违法行为对他人造成损害的，应当依法承担民事责任。违法行为构成犯罪，应当依法追究刑事责任的，不得以行政处罚代替刑事处罚。

【答案】C

119. 对个人购买家庭唯一住房，面积为90平方米及以下的，减按（　　）的税率征收契税；面积为90平方米以上的，减按（　　）的税率征收契税。

A. 1%；1.5%　　B. 1%；2%

C. 1.5%；2%　　D. 1.5%；2.5%

【解析】对个人购买家庭唯一住房（家庭成员范围包括购房人、配偶以及未成年子女，下同），面积为90平方米及以下的，减按1%的税率征收契税；面积为90平方米以上的，减按1.5%的税率征收契税。

【答案】A

120.（　　）是国家根本法。

A. 行政法规　　B. 法律法规

C. 宪法　　D. 刑法

【解析】宪法是国家根本法，是党和人民意志的集中体现，是国家各种制度和法律法规的总依据。

【答案】C

121. 推动落实本机关重大执法决定法制审核制度的第一责任人是（　　）。

A. 行政执法机关主要负责人

B. 稽查局局长

C. 作出执法决定的直接责任人

D. 作出行政处罚决定的人员

【解析】行政执法机关主要负责人是推动落实本机关重大执法决定法制审核制度的第一责任人，对本机关作出的行政执法决定负责。

【答案】A

122. 2024年是税务部门连续第（　　）年开展"便民办税春风行动"。

A. 8　　B. 9

C. 10　　D. 11

【解析】2024年是税务部门连续第11年开展"便民办税春风行动"。

【答案】D

123. 按照《关于进一步深化税收征管改革的意见》的工作原则，坚持（　　），深化税务领域"放管服"改革，推动税务执法、服务、监管的理念和方式手段等全方位变革。

A. 依法治税　　B. 问题导向

C. 改革创新　　D. 系统观念

【解析】坚持改革创新，深化税务领域"放管服"改革，推动税务执法、服务、监管的理念和方式手段等全方位变革。

【答案】C

124. 按照《财政部税务总局关于进一步加大增值税期末留抵退税政策实施力度的公告》规定，纳税人计算允许退还的增量留抵税额的公式是（　　）。

A. 允许退还的增量留抵税额=增量留抵税额×进项构成比例×100%

B. 允许退还的增量留抵税额 = 增量留抵税额 × 进项构成比例 × 80%

C. 允许退还的存量留抵税额 = 存量留抵税额 × 进项构成比例 × 100%

D. 允许退还的存量留抵税额 = 存量留抵税额 × 进项构成比例 × 80%

【解析】纳税人应按照允许退还的增量留抵税额 = 增量留抵税额 × 进项构成比例 × 100% 公式计算允许退还的增量留抵税额。

【答案】A

125. 行政机关应当自行政处罚案件立案之日起（　　）内作出行政处罚决定。法律、法规、规章另有规定的，从其规定。

A. 30 日　　B. 50 日

C. 60 日　　D. 90 日

【解析】行政机关应当自行政处罚案件立案之日起 90 日内作出行政处罚决定。法律、法规、规章另有规定的，从其规定。

【答案】D

126. 法律、行政法规规定负有代扣代缴、代收代缴税款义务的单位和个人为（　　）。

A. 纳税人　　B. 代扣代缴义务人

C. 代收代缴义务人　　D. 扣缴义务人

【解析】法律、行政法规规定负有代扣代缴、代收代缴税款义务的单位和个人为扣缴义务人。在银行或者其他金融机构开立基本存款账户和其他存款账户，并将其全部账号向税务机关报告。

【答案】D

127. 依据《国务院关于设立 3 岁以下婴幼儿照护个人所得税专项附加扣除的通知》（国发〔2022〕8 号），纳税人照护 3 岁以下婴幼儿子女的相关支出，按照每个婴幼儿每月（　　）元的标准定额扣除，计入收入总额。

A. 1000　　B. 1500

C. 1800　　D. 2000

【解析】纳税人照护 3 岁以下婴幼儿子女的相关支出，按照每个婴幼儿每月 1000 元的标准定额扣除。计入收入总额。

【答案】A

128. 关于增值税税收分类，增值税属于（　　）。

A. 中央税　　B. 价外税

C. 直接税　　D. 财产行为税

【解析】销售额为纳税人发生应税销售行为收取的全部价款和价外费用，但是不包括收取的销项税额。

【答案】B

129. 下列选项中，属于消费税征税范围的应税消费品是（　　）。

A. 竹制一次性筷子　　B. 服装

C. 高尔夫球杆　　D. 电动汽车

【解析】高尔夫球及球具属于消费税征税范围。

【答案】C

130. 行政强制措施原则上由法律设定，且限制人身自由的行政强制措施的设定权只能为（　　）。

A. 法律　　B. 行政法规

C. 地方法规　　D. 部门规章

【解析】行政强制措施由法律设定。限制人身自由的行政强制措施，只能由法律设定。

【答案】A

131. 某个体工商户为达到不缴纳税款的目的，用暴力威胁前来催缴税款的税务干部，并导致轻微伤。对此行为，涉嫌构成（　　）。

A. 抗税罪　　B. 逃税罪

C. 故意杀人罪　　D. 故意伤害罪

【解析】涉嫌构成抗税罪。

【答案】A

132. 党政主要负责人要履行推进法治建设（　　）责任人职责。

A. 第一　　B. 第二

C. 第三　　D. 第四

【解析】党政主要负责人要履行推进法治建设第一责任人职责。

【答案】A

133. 下列情形，不属于行政机关应当依法办理有关行政许可的注销手续的是（　　）。

A. 行政许可有效期届满延续的

B. 赋予公民特定资格的行政许可，该公民死亡或者丧失行为能力的

C. 法人或者其他组织依法终止的

D. 因不可抗力导致行政许可事项无法实施的

【解析】有下列情形之一的，行政机关应当依法办理有关行政许可的注销手续：

（1）行政许可有效期届满未延续的；

（2）赋予公民特定资格的行政许可，该公民死亡或者丧失行为能力的；

（3）法人或者其他组织依法终止的；

（4）行政许可依法被撤销、撤回，或者行政许可证件依法被吊销的；

（5）因不可抗力导致行政许可事项无法实施的；

（6）法律、法规规定的应当注销行政许可的其他情形。

【答案】A

134. “税务机关征收税款时，必须给纳税人开具完税凭证。”该规定属于（　　）。

A. 授权性规范　　B. 命令性规范

C. 禁止性规范　　D. 裁量性规范

【解析】税务征收税款开具完税凭证，无需授权（规定人们有权作出一定行为或要求他人作出或不作出某种行为的规范，表现在法律条文上，往往使用“可以”、“有权”等词表述），也非禁止性规范（法律规定不得作出某种行为的规范），是命令性和强制性规范要求。

【答案】B

135. 个人之间互换自有居住用房地产，经当地税务机关核实，（　　）土地增值税。

A. 免征　　B. 减半征收

C. 全额征收　　D. 按75%征收

【解析】《财政部　国家税务总局关于土地增值税一些具体问题规定的通知》，对个人之间互换自有居住用房地产的，经当地税务机关核实，可以免征土地增值税。

【答案】A

136. 公民、法人或者其他组织不服复议决定的，可以在收到复议决定书之日起（　　）日内向人民法院提起行政诉讼。

A. 3　　B. 7

C. 10　　D. 15

【解析】公民、法人或者其他组织不服复议决定的，可以在收到复议决定书之日起十五日内向人民法院提起诉讼。复议机关逾期不作决定的，申请人可以在复议期满之日起十五日内向人民法院提起诉讼。法律另有规定的除外。

【答案】D

137. 出售企业的数据资源，下列会计处理正确的是（　　）。

A. 如数据资源确认为存货，则出售时确认为其他业务收入

B. 如数据资源未确认为资产，则出售时无须确认相关收入

C. 如数据资源确认为无形资产，则出售时确认为资产处置损益

D. 如数据资源确认为无形资产，则出售时确认为营业外收入

【解析】如数据资源作为存货，则出售时确认为主营业务收入；如数据资源未确认为资产，则出售时也应按规定确认相关收入；如数据资源作为无形资产，则出售时确认为资产处置损益而不是营业外收入。

【答案】C

138. 企业会计的确认、计量和报告应当以（　　）为基础。

A. 权责发生制　　B. 收付现实制

C. 预算执行制　　D. 收付统一制

【解析】权责发生制，是指凡是当期已经实现的收入和已经发生或应当负担的费用无论款项是否收付，都应当作为当期的收入和费用，计入利润表；凡是不属于当期的收入和费用，即使款项已在当期收付，也不应当作为当期的收入和费用。

【答案】A

139. X公司在2023年发现2022年度有一项费用未入账，金额为2万元，X公司将其计入2023年度的费用。X公司2022年度的净利润为3亿元，预计2023年度的净利润将达到3.5亿元。不考虑其他因素，X公司上述会计处理体现的会计信息质量要求是（　　）。

A. 及时性　　B. 相关性

C. 可比性　　D. 重要性

【解析】重要性原则是指企业在全面核算的前提下，对于在会计核算过程中的交易或事项应当区别其重要程度，采用不同的核算方式。当经济业务的发生对企业的财务状况和损益影响甚微时，可以用简单的方法和程序进行核算；反之，当经济业务的发生对企业的财务状况和损益影响很大时，就应当严格按照规定的会计方法和程序进行核算。本题中的情况符合会计信息质量重要性的原则。

【答案】D

140. “短期借款”账户属于负债类账户，核算企业向银行或其他金融机构等借入的期限在（　　）的各种借款。

A. 1年以下（不含1年）

B. 2年以下（含2年）

C. 2年以下（不含2年）

D. 1年以下（含1年）

【解析】短期借款的期限是1年以下（含1年）。

【答案】D

141. 投资方对被投资单位实施控制、重大影响的权益性投资，以及对其合营企业的权益性投资，指的是（　　）。

A. 交易性金融资产　　B. 长期股权投资

C. 短期股权投资　　D. 金融资产

【解析】以上表述是长期股权投资的定义。

【答案】B

142. 下列选项中，不属于行政单位财务报表的是（　　）。

A. 利润表

B. 收入支出表

C. 资产负债表

D. 财政拨款收入支出表

【解析】行政单位没有利润表。

【答案】A

143. 以下不形成资产基金的资产项目是（　　）。

A. 应收账款　　B. 存货

C. 预付账款　　D. 在建工程

【解析】资产基金科目核算行政单位的预付账款、存货、固定资产、在建工程、无形资产、政府储备物资、公共基础设施等非货币性资产在净资产中占用的金额。

【答案】A

144. 编制会计报表的基础，连接会计凭证与会计报表的中间环节是（　　）。

A. 设置和登记账簿

B. 设置会计科目

C. 编制现金流量表

D. 确定会计核算制度

【解析】会计账簿，是指由一定格式的账页组成的，以经过审核的会计凭证为依据，全面、系统、连续地记录各项经济业务的簿籍。设置和登记账簿，是编制会计报表的基础，是连接会计凭证与会计报表的中间环节。

【答案】A

145. 资产负债表是反映企业在（　　）的财务状况的会计报表。

A. 某一特定阶段　　B. 一个年度内

C. 某一特定日期　　D. 半年内

【解析】资产负债表反映的是一个时点的情况。

【答案】C

146. 企业资产负债表中的所有者权益类不单独列示以下（　　）项目。

A. 实收资本　　B. 资本公积

C. 盈余公积　　D. 已分配利润

【解析】所有者权益类不单独列示已分配利润。

【答案】D

147. 下列关于会计账簿启用规则的说法，不正确的是（　　）。

A. 各单位应当按照国家统一会计制度的规定和会计业务的需要设置会计账簿

B. 实行会计电算化的单位，用计算机打印的会计账簿必须连续编号，经审核

无误后装订成册

C. 可以用银行对账单或者其他方法代替日记账

D. 由记账人员和会计机构负责人、会计主管人员签字或者盖章

【解析】现金日记账和银行存款日记账必须采用订本式账簿，不得用银行对账单或者其他方法代替日记账。

【答案】C

148. 下列关于会计分期的说法，错误的是（　　）。

A. 会计分期是一个连续的期间

B. 会计分期是长短相同的期间

C. 会计年度通常以“1 年”为标准

D. 如果企业营业周期长于 1 年的，仍以“1 年”为标准

【解析】也可以以“长于 1 年的一个营业周期”为会计年度。

【答案】D

149. 国家统一会计制度规定，企业的会计核算以（　　）为记账本位币。

A. 人民币　　B. 美元

C. 欧元　　D. 日元

【解析】人民币是我国会计核算的本位币。

【答案】A

150. 会计信息质量要求是对企业财务报告中所提供会计信息质量的基本要求，是对会计信息使用者决策应具备的基本特征，不包括下列选项中的（　　）。

A. 可靠性　　B. 相关性

C. 直接性　　D. 可比性

【解析】基本特征包括可靠性、相关性、可理解性、可比性、实质重于形式、重要性、谨慎性和及时性八项，不包括直接性。

【答案】C

151. 一次凭证、累计凭证和汇总凭证是原始凭证按照（　　）不同进行的分类。

A. 来源　　B. 格式

C. 主体　　D. 填制手续及内容

【解析】原始凭证按照填制手续及内容不同，分为一次凭证、累计凭证和汇总凭证。

【答案】D

152. “应交税费”账户属于（　　）账户，用来核算企业按照税法等规定计算应缴纳的各种税费。

A. 负债类　　B. 资产类

C. 成本类　　D. 损益类

【解析】“应交税费”账户属于负债类账户。

【答案】A

153. “税金及附加”属于损益类账户，用来核算企业经营活动中应该缴纳的相关税费，其中不包括（　　）。

A. 房产税　　B. 消费税

C. 资源税　　D. 增值税

【解析】增值税不在此科目核算。

【答案】D

154. 利润，是企业在（　　）实现的经营成果。

A. 某一特定阶段　　B. 一定会计期间

C. 某一特定日期　　D. 1 年内

【解析】利润反映的是一定会计期间的情况。

【答案】B

155. 会计账簿不包括以下账簿中的（　　）。

A. 总账　　B. 明细账

C. 日记账　　D. 成本账

【解析】会计账簿包括总账、明细账、日记账和其他辅助性账簿。

【答案】D

156. 为了便于报表使用者比较不同时点资产负债表的数据，掌握企业财务状况的变动情况及发展趋势，企业需要提供（　　）。

A. 比较资产负债表　　B. 资产负债表

C. 利润表　　D. 现金流量表

【解析】企业需要为使用者提供的是比较资产负债表。

【答案】A

157. 下列关于现金流量表的说法，不正确的是（　　）。

A. 主要作用是决定公司短期生存能力，特别是缴付账单的能力

B. 它是反映一家公司在一定时期现金流入和现金流出动态状况的报表

C. 其组成内容与资产负债表和损益表相一致

D. 现金流量表和传统的损益表基本一样

【解析】通过现金流量表，可以概括反映经营活动、投资活动和筹资活动对企业现金流入流出的影响，对于评价企业的实现利润、财务状况及财务管理，要比传统的损益表提供更好的基础。

【答案】D

158. 下列关于所有者权益变动表的说法，不正确的是（　　）。

A. 各项目可只填列“本年金额”栏目

B. 所有者权益表变动表“上年金额”栏内各项数字，应根据上年度所有者权益变动表“本年金额”内所列数字填列

C. 上年度所有者权益变动表规定的各个项目的名称和内容同本年度不一致的，应对上年度所有者权益变动表各项目的名称和数字按照本年度的规定进行调整，填入所有者权益变动表的“上年金额”栏内

D. 所有者权益变动表“本年金额”栏内各项数字一般应根据“实收资本（或股本）”“资本公积”“盈余公积”“利润分配”“库存股”“以前年度损益调整”科目的发生额分析填列

【解析】各项目均需填列“本年金额”和“上年金额”两栏。

【答案】A

二、多项选择题

1. 增值税的适用税率包括（　　）。

A. 13%　　B. 9%

C. 6%　　D. 5%

【解析】现行增值税税率包括 13%、9%、6% 和零税率。

【答案】ABC

2. 根据现行增值税法规政策规定，纳税人销售下列服务适用 9% 税率的有（　　）。

A. 增值电信服务　　B. 交通运输服务

C. 邮政业服务　　D. 基础电信服务

【解析】纳税人销售增值电信服务，适用税率为 6%。

【答案】BCD

3. 依据增值税有关规定，下列行为属于增值税征税范围的有（　　）。

A. 婚介公司提供婚介服务

B. 房地产开发公司销售房屋

C. 饭店提供餐饮服务

D. 根据国家指令无偿提供的铁路运输服务、航空运输服务

【解析】根据国家指令无偿提供的铁路运输服务、航空运输服务，属于《营业税改征增值税试点实施办法》（财税〔2016〕36 号）附件 1 规定用于公益事业的服务，不视同销售服务，属于不征收增值税项目。

【答案】ABC

4. 关于增值税纳税期限，下列说法正确的有（　　）。

A. 纳税人可以按月纳税

B. 纳税人可以按次纳税

C. 纳税人可以按日纳税

D. 纳税人可以按数量纳税

【解析】增值税的纳税期限分别为1日、3日、5日、10日、15日、1个月或者1个季度。纳税人的具体纳税期限，由主管税务机关根据纳税人应纳税额的大小分别核定；不能按照固定期限纳税的，可以按次纳税。

【答案】ABC

5. 某增值税一般纳税人购进的下列货物中，按规定不能作为进项税额抵扣的有（　　）。

A. 外购商品用于职工集体福利

B. 外购货物用于分配给股东

C. 外购原材料用于不动产在建工程

D. 发生非正常损失的外购材料

【解析】非正常损失的在产品、产成品所耗用的购进货物、应税劳务和交通运输服务，其进项税额不得从销项税额中抵扣。外购商品用于职工集体福利不视同销售货物，购进时负担的进项税额也不得抵扣。全面推开营改增后，不动产在建工程属于增值税应税项目，其进项税额可以按规定从销项税额中抵扣。外购货物用于分配给股东，视同销售货物，其购进时负担的进项税额准予抵扣。

【答案】AD

6. 根据课税对象的具体情况，现行消费税税率采用的形式有（　　）。

A. 比例税率

B. 定额税率

C. 比例加定额复合税率

D. 超额累进税率

【解析】现行消费税税率根据课税对象的具体情况，采用了三种形式：一是比例税率；二是定额税率；三是比例加定额的复合税率。

【答案】ABC

7. 根据现行消费税政策，下列仅采用从量计征消费税的有（　　）。

A. 啤酒　　B. 黄酒

C. 高档手表　　D. 成品油

【解析】黄酒按240元/吨在生产（进口）环节征收消费税；啤酒分为甲类啤酒和乙类啤酒（按每吨出厂价≥3000元和＜3000元区分），分别以250元/吨和220元/吨在生产（进口）环节征收消费税；成品油按不同类别分别以 1.52 元/升和 1.2 元/升在生产（进口）环节征收消费税。

【答案】ABD

8. 纳税人将自产的应税消费品用于（　　）方面，应缴纳消费税。

A. 职工福利

B. 对外投资

C. 连续生产应税消费品

D. 对外捐赠

【解析】纳税人将自产的应税消费品用于连续生产应税消费品的，不再缴纳消费税；用于职工福利、对外投资和对外捐赠均属于视同销售，应缴纳消费税。

【答案】ABD

9. 下列选项中属于企业所得税纳税人的有（　　）。

A. 居民企业　　B. 非居民企业

C. 个人独资企业　　D. 合伙企业

【解析】根据《中华人民共和国企业所得税法》的规定，企业所得税纳税人分为居民企业和非居民企业。个人独资企业、合伙企业不适用该法。

【答案】AB

10. 下列固定资产中，不得计算折旧在企业所得税税前扣除的有（　　）。

A. 未投入使用的仓库

B. 以融资租赁方式租入的固定资产

C. 单独估价作为固定资产入账的土地

D. 已足额提取折旧仍继续使用的固定资产

【解析】选项 A，房屋、建筑物以外未投入使用的固定资产是不得计算折旧在税前扣除的；选项 B，以融资租赁方式租出的固定资产不得计算折旧在税前扣除。

【答案】CD

11. 下列关于企业所得税税率的说法，正确的有（　　）。

A. 企业所得税的税率为 25%

B. 符合条件小型微利企业减按 10% 征税

C. 国家需要重点扶持的高新技术企业减按 15% 征税

D. 非居民企业来源于中国境内的所得减按 20% 征税

【解析】根据《中华人民共和国企业所得税法》的规定，企业所得税的税率为 25%；非居民企业取得该法第三条第三款规定的所得，适用税率为 20%；符合条件的小型微利企业，减按 20% 的税率征收企业所得税；国家需要重点扶持的高新技术企业，减按 15% 的税率征收企业所得税。

【答案】AC

12. 下列项目可以享受企业所得税“加计扣除”优惠政策的有（　　）。

A. 开发新技术、新产品、新工艺发生的研究开发费用

B. 企业购置用于环境保护、节能节水、安全生产等专用设备的投资额

C. 创业投资企业从事国家需要重点扶持和鼓励的创业投资的投资额

D. 安置残疾人员及国家鼓励安置的其他就业人员所支付的工资

【解析】根据《中华人民共和国企业所得税法》的规定，企业的下列支出，可以在计算应纳税所得额时加计扣除：开发新技术、新产品、新工艺发生的研究开发费用；安置残疾人员及国家鼓励安置的其他就业人员所支付的工资。选项 B、C 属于投资抵免的税收优惠。

【答案】AD

13. 下列各项中，属于土地增值税征税范围的有（　　）。

A. 转让国有土地使用权

B. 出让国有土地使用权

C. 转让地上建筑物产权

D. 转让地上附着物产权

【解析】土地增值税是对转让国有土地使用权及其地上建筑物和附着物的行为征税，征税范围不包括国有土地使用权出让。

【答案】ACD

14. 个人所得税的纳税义务人包括（　　）。

A. 一人有限公司

B. 个体工商户

C. 合伙企业的自然人合伙人

D. 个人独资企业投资者

【解析】一人有限公司属于公司制法人企业，缴纳企业所得税。

【答案】BCD

15. 根据《中华人民共和国个人所得税法》的规定，适用超额累进税率计算个人所得税的所得项目有（　　）。

A. 综合所得

B. 经营所得

C. 利息、股息、红利所得

D. 财产转让所得

【解析】根据《中华人民共和国个人所得税法》第三条的规定，个人所得税的税率包括：①综合所得，适用 3% ~45% 的超额累进税率；②经营所得，适用 5% ~35%

的超额累进税率；③利息、股息、红利所得，财产租赁所得，财产转让所得和偶然所得，适用比例税率，税率为20%。

【答案】AB

16. 下列所得项目属于居民个人综合所得的有（　　）。

A. 工资、薪金所得

B. 劳务报酬所得

C. 财产租赁所得

D. 特许权使用费所得

【解析】居民个人综合所得包括工资、薪金所得；劳务报酬所得；稿酬所得；特许权使用费所得。

【答案】ABD

17. 下列可以作为居民个人所得税专项附加扣除项目的有（　　）。

A. 子女教育　　B. 继续教育

C. 婴幼儿照护　　D. 赡养老人

【解析】专项附加扣除，包括子女教育、婴幼儿照护、继续教育、大病医疗、住房贷款利息或者住房租金、赡养老人7项。

【答案】ABCD

18. 根据现行车辆购置税法，下列各项中，应缴纳车辆购置税的有（　　）。

A. 购置汽车

B. 购置有轨电车

C. 购置汽车挂车

D. 购置排气量150毫升的摩托车

【解析】排气量超过150毫升的摩托车应缴纳车辆购置税。

【答案】ABC

19. 我国某煤矿开采销售原煤，应缴纳的相关税费有（　　）。

A. 资源税

B. 消费税

C. 增值税

D. 城市维护建设税及教育费附加

【解析】原煤不属于消费税的征税范围。

【答案】ACD

20. 根据房产税相关规定，下列房产可免征房产税的有（　　）。

A. 按政府规定价格出租的公有住房

B. 公园内的照相馆用房

C. 市文工团的办公用房

D. 施工期间为基建工地服务的临时性办公用房

【解析】选项 B，公园内附设的营业单位用房应征收房产税。

【答案】ACD

21. 下列关于环境保护税征收管理的说法中，正确的有（　　）。

A. 纳税义务发生时间为排放应税污染物的当日

B. 纳税人应当按月申报缴纳

C. 不能按固定期限计算缴纳的，可以按次申报缴纳

D. 纳税人应当向企业注册登记地税务机关申报缴纳

【解析】选项 B，纳税人按月计算，按季申报纳税，不能按固定期限计算缴纳的，可以按次申报缴纳；选项 D，应向应税污染物排放地税务机关申报缴纳。

【答案】AC

22. 下列行为中，应缴纳契税的有（　　）。

A. 以获奖方式取得的土地使用权

B. 法定继承人继承土地、房屋权属

C. 以出让方式承受土地权属

D. 以实物交换土地使用权

【解析】选项 B，对于《中华人民共和国继承法》规定的法定继承人（包括配偶、子女、父母、兄弟姐妹、祖父母、外祖父母）继承土地、房屋权属，不征契税。

【答案】ACD

23. 下列关于印花税纳税人说法正确的有（　　）。

A. 采用委托贷款方式书立的借款合同纳税人，为委托人和借款人

B. 按产权转移书据税目缴纳印花税的拍卖成交确认书纳税人，为拍卖标的的产权人和买受人，不包括拍卖人

C. 在中华人民共和国境内书立购销合同的买方和卖方

D. 在中华人民共和国境内进行证券交易的出让方和受让方

【解析】书立应税凭证的纳税人，为对应税凭证有直接权利义务关系的单位和个人。采用委托贷款方式书立的借款合同纳税人，为受托人和借款人，不包括委托人，所以选项 A 错误。按买卖合同或者产权转移书据税目缴纳印花税的拍卖成交确认书纳税人，为拍卖标的的产权人和买受人，不包括拍卖人，所以选项 B 正确。在中华人民共和国境内书立应税凭证、进行证券交易的单位和个人，为印花税的纳税人，应当依法缴纳印花税。在中华人民共和国境外书立在境内使用的应税凭证的单位和个人，应当依法缴纳印花税。证券交易印花税对证券交易的出让方征收，不对受让方征收。所以选项 C 正确，选项 D 错误。

【答案】BC

24. 下列属于社会保险的有（　　）。

A. 基本养老保险　　B. 基本医疗保险

C. 生育保险　　D. 失业保险

【解析】社会保险包括基本养老保险、基本医疗保险、工伤保险、失业保险和生育保险。

【答案】ABCD

25. 在下列各项中，属于非税收入的有（　　）。

A. 政府性基金收入

B. 行政事业性收费收入

C. 社会保险费收入

D. 罚没收入

【解析】非税收入是相对于税收收入而言的，具体包括行政事业性收费收入、政府性基金收入、罚没收入、国有资源（资产）有偿使用收入、国有资本收益、彩票公益金收入、特许经营收入、中央银行收入、以政府名义接受的捐赠收入、主管部门集中收入、政府收入的利息收入、其他非税收入。

【答案】ABD

26. 《中华人民共和国税收征收管理法》第八条所称为纳税人、扣缴义务人保密的情况，是指（　　）。

A. 纳税人、扣缴义务人的商业秘密

B. 纳税人的欠税情况

C. 纳税人、扣缴义务人的税收违法行为

D. 个人隐私

【解析】根据《中华人民共和国税收征收管理法实施细则》第五条的规定，《中华人民共和国税收征收管理法》第八条所称为纳税人、扣缴义务人保密的情况，是指纳税人、扣缴义务人的商业秘密及个人隐私。纳税人、扣缴义务人的税收违法行为不属于保密范围。

【答案】AD

27. 按照《中华人民共和国税收征收管理法》规定，纳税人偷税的，税务机关应（　　）。

A. 追缴其不缴或者少缴的税款

B. 处不缴或者少缴的税款 5 倍以下的罚款

C. 加收滞纳金

D. 处不缴或者少缴的税款 50% 以上 5 倍以下的罚款

【解析】根据《中华人民共和国税收征收管理法》第六十四条的规定，纳税人、扣缴义务人编造虚假计税依据的，由税务机关责令限期改正，并处5万元以下的罚款。纳税人不进行纳税申报，不缴或者少缴应纳税款的，由税务机关追缴其不缴或者少缴的税款、滞纳金，并处不缴或者少缴的税款50%以上5倍以下的罚款。

【答案】ACD

28. 从事生产、经营的纳税人、扣缴义务人必须按照国务院财政、税务主管部门规定的保管期限保管（　　）。

A. 账簿　　B. 记账凭证

C. 完税凭证　　D. 发票存根

【解析】根据《中华人民共和国税收征收管理法》第二十四条的规定，从事生产、经营的纳税人、扣缴义务人必须按照国务院财政、税务主管部门规定的保管期限保管账簿、记账凭证、完税凭证及其他有关资料。

【答案】ABCD

29. 从事生产、经营的纳税人的（　　）应当报送税务机关备案。

A. 财务、会计制度

B. 财务、会计处理办法

C. 会计核算软件

D. 财务人员基本情况

【解析】根据《中华人民共和国税收征收管理法实施细则》第二十四条的规定，从事生产、经营的纳税人应当自领取税务登记证件之日起15日内，将其财务、会计制度或者财务、会计处理办法报送主管税务机关备案。纳税人使用计算机记账的，应当在使用前将会计电算化系统的会计核算软件、使用说明书及有关资料报送主管税务机关备案。

【答案】ABC

30. 对纳税人采取以下措施，应由县以上税务局（分局）局长批准的有（　　）。

A. 加收滞纳金

B. 查询案件涉嫌人员的储蓄存款

C. 冻结银行存款

D. 查封财产

【解析】根据《中华人民共和国税收征收管理法》第三十八条。

【答案】CD

31. 对纳税人的（　　）行为，税务机关可以无限期追征其税款、滞纳金。

A. 偷税　　B. 抗税

C. 骗税　　D. 误算

【解析】根据《中华人民共和国税收征收管理法》第五十二条的规定，对偷税、抗税、骗税的，税务机关追征其未缴或者少缴的税款、滞纳金或者所骗取的税款，不受该条其他款项规定期限的限制。

【答案】ABC

32. 根据《中华人民共和国税收征收管理法》的规定，适用于核定征收的情况包括（　　）。

A. 按规定设置账簿的个体经营户

B. 账目混乱或者成本资料、收入凭证、费用凭证残缺不全，难以查账的

C. 发生纳税义务，未按照规定的期限办理纳税申报的，经税务机关责令限期申报，逾期仍不申报的

D. 关联企业不按照独立企业之间的业务往来收取支付价款、费用，而减少其应纳税的收入或者所得额的

【解析】根据《中华人民共和国税收征收管理法》第三十五条的规定："纳税人有下列情形之一的，税务机关有权核定其应纳税额：……（四）虽设置账簿，但账目混乱或者成本资料、收入凭证、费用凭证残缺不全，难以查账的；（五）发生纳税义务，未按照规定的期限办理纳税申报，经税务机关责令限期申报，逾期仍不申报的。……"

【答案】BC

33. 关于欠税公告，下列说法正确的有（　　）。

A. 欠税公告的税务机关是县级以上各级税务机关

B. 欠税公告的场所是指办税场所或新闻媒体

C. 欠税公告实行不定期公告制度

D. 欠税公告的具体办法由国家税务总局制定

【解析】根据《欠税公告办法（试行）》（国家税务总局令第 9 号公布，国家税务总局令第 44 号修正）。

【答案】ABD

34. 关于税收保全和强制执行措施涉及的主体的范围，下列说法正确的有（　　）。

A. 税收保全措施只能对从事生产、经营的纳税人行使

B. 税收保全措施可以对纳税人、扣缴义务人、纳税担保人行使

C. 税收强制执行措施可以对纳税人、扣缴义务人、纳税担保人行使

D.《中华人民共和国税收征收管理法》第三十八条、第四十条、第四十二条所称个人所扶养家属是指与纳税人共同居住生活的配偶、直系亲属以及无生活来源并由纳税人扶养的其他亲属

【解析】根据《中华人民共和国税收征收管理法实施细则》第六十条的规定，《中华人民共和国税收征收管理法》第三十八条、第四十条、第四十二条所称个人所扶养

家属，是指与纳税人共同居住生活的配偶、直系亲属及无生活来源并由纳税人扶养的其他亲属。

【答案】ACD

35. 关于银行账号，下列说法正确的有（　　）。

A. 从事生产、经营的纳税人应当自开立基本存款账户或者其他存款账户之日起15日内，向主管税务机关以口头或书面方式报告

B. 从事生产、经营的纳税人应当自开立基本存款账户或者其他存款账户之日起15日内，向主管税务机关书面报告其全部账号

C. 从事生产经营的纳税人银行账号发生变化的，应当自变化之日起15日内，向主管税务机关书面报告

D. 纳税人的银行账号发生变化的，纳税人的开户银行应当自变化之日起15日内，向税务机关书面报告

【解析】根据《中华人民共和国税收征收管理法实施细则》第十七条的规定，从事生产、经营的纳税人应当自开立基本存款账户或者其他存款账户之日起15日内，向主管税务机关书面报告其全部账号；发生变化的，应当自变化之日起15日内，向主管税务机关书面报告。

【答案】BC

36. 纳税人、扣缴义务人对税务机关所作出的决定，依法享有（　　）和请求国家赔偿等权利。

A. 陈述权、申辩权　　B. 申请行政复议

C. 提起行政诉讼　　D. 拒绝履行决定

【解析】根据《中华人民共和国税收征收管理法》第八条的规定，纳税人、扣缴义务人对税务机关所作出的决定，享有陈述权、申辩权；依法享有申请行政复议、提起行政诉讼、请求国家赔偿等权利。

【答案】ABC

37. 纳税人、扣缴义务人有下列（　　）情形，须向税务机关报告。

A. 扣缴义务人依法履行代扣、代收税款义务时，纳税人拒绝的

B. 纳税人有合并、分立情形的

C. 欠缴税款数额较大的纳税人在处分其不动产或者大额资产之前

D. 纳税人放弃到期债权的

【解析】根据《中华人民共和国税收征收管理法》第四十八条的规定，纳税人有合并、分立情形的，应当向税务机关报告，并依法缴清税款。第四十九条规定，欠缴税款数额较大的纳税人在处分其不动产或者大额资产之前，应当向税务机关报告。

根据《中华人民共和国税收征收管理法实施细则》第九十四条的规定，纳税人拒

绝代扣、代收税款的，扣缴义务人应当向税务机关报告，由税务机关直接向纳税人追缴税款、滞纳金；纳税人拒不缴纳的，依照《中华人民共和国税收征收管理法》第六十八条的规定执行。

【答案】ABC

38. 纳税人分立时未缴清税款的，下列说法正确的有（　　）。

A. 税务机关有权向分立后的任何一个纳税人追缴全部税款

B. 税务机关只能向其中的一个追缴税款

C. 税务机关可以向分立后的所有纳税人追缴税款

D. 税务机关不能同时向分立后的所有纳税人追缴税款

【解析】根据《中华人民共和国税收征收管理法》第四十八条的规定，纳税人有合并、分立情形的，应当向税务机关报告，并依法缴清税款。纳税人合并时未缴清税款的，应当由合并后的纳税人继续履行未履行的纳税义务；纳税人分立时未缴清税款的，分立后的纳税人对未履行的纳税义务应当承担连带责任。

【答案】AC

39. 纳税人有下列（　　）情况的，税务机关不得加收滞纳金。

A. 纳税人因有特殊困难，不能按期缴纳税款的

B. 经批准延期缴纳税款的期限内

C. 因税务机关的责任，致使纳税人未缴或者少缴税款的

D. 因纳税人计算错误等失误，未缴或者少缴税款的

【解析】根据《中华人民共和国税收征收管理法实施细则》第四十二条的规定，税务机关应当自收到申请延期缴纳税款报告之日起20日内作出批准或者不予批准的决定；不予批准的，从缴纳税款期限届满之日起加收滞纳金。

根据《中华人民共和国税收征收管理法》第五十二条的规定，因税务机关的责任，致使纳税人、扣缴义务人未缴或者少缴税款的，税务机关在3年内可以要求纳税人、扣缴义务人补缴税款，但是不得加收滞纳金。

【答案】BC

40. 纳税人有下列（　　）情形的，税务机关可要求其提供纳税担保。

A. 纳税人因有特殊困难，不能按期缴纳税款的

B. 纳税人有逃避纳税义务的行为，并在限期缴纳税款的期限内有明显转移其应纳税商品的迹象

C. 欠缴税款的纳税人或者他的法定代表人需要出境的

D. 纳税人同税务机关在纳税上发生争议时，需要申请行政复议的

【解析】根据《中华人民共和国税收征收管理法》第三十八条的规定，税务机关有根据认为从事生产、经营的纳税人有逃避纳税义务行为的，可以在规定的纳税期之

前，责令限期缴纳应纳税款；在限期内发现纳税人有明显的转移、隐匿其应纳税的商品、货物及其他财产或者应纳税的收入的迹象的，税务机关可以责成纳税人提供纳税担保。

【答案】BCD

41. 税收保全措施适用于（　　）。

A. 临时从事经营的纳税人

B. 扣缴义务人

C. 从事生产、经营的纳税人

D. 纳税担保人

【解析】根据《中华人民共和国税收征收管理法》第三十八条的规定，税务机关有根据认为从事生产、经营的纳税人有逃避纳税义务行为的，可以在规定的纳税期之前，责令限期缴纳应纳税款；在限期内发现纳税人有明显的转移、隐匿其应纳税的商品、货物及其他财产或者应纳税的收入的迹象的，税务机关可以责成纳税人提供纳税担保。如果纳税人不能提供纳税担保，经县以上税务局（分局）局长批准，税务机关可以采取税收保全措施。

【答案】AC

42. 税收强制执行措施适用于（　　）。

A. 从事生产、经营的纳税人

B. 扣缴义务人

C. 纳税担保人

D. 税务行政处罚当事人

【解析】根据《中华人民共和国税收征收管理法》第四十条的规定，从事生产、经营的纳税人、扣缴义务人未按照规定的期限缴纳或者解缴税款，纳税担保人未按照规定的期限缴纳所担保的税款，由税务机关责令限期缴纳，逾期仍未缴纳的，经县以上税务局（分局）局长批准，税务机关可以采取强制执行措施。

【答案】ABCD

43. （　　）情形下，行政机关可以当场收缴罚款。

A. 当场做出 20 元以下的罚款

B. 不当场收缴事后难以执行

C. 交通不便地区当事人提出当场缴纳

D. 行政机关认为应当当场收缴

【解析】根据《中华人民共和国行政处罚法》第六十八条的规定，有下列情形之一的，执法人员可以当场收缴罚款：①依法给予 100 元以下的罚款的。②不当场收缴事后难以执行的。根据《中华人民共和国行政处罚法》第六十九条规定，在边远、水上、交通不便地区，行政机关及其执法人员依照该法第五十一条、第五十七条的规定作出罚款决定后，当事人到指定的银行或者通过电子支付系统缴纳罚款确有困难，经当事人提出，行政机关及其执法人员可以当场收缴罚款。

【答案】BC

44. 受到税务行政处罚的当事人依法享有的权利包括（　　）。

A. 陈述权

B. 申辩权

C. 申请复议或提起行政诉讼权

D. 赔偿权

【解析】根据《中华人民共和国税收征收管理法》第八条的规定，纳税人、扣缴义务人对税务机关所作出的决定，享有陈述权、申辩权；依法享有申请行政复议、提起行政诉讼、请求国家赔偿等权利。

【答案】ABCD

45. 听证应公开举行，但涉及（　　）的除外。

A. 国家秘密　　B. 商业秘密

C. 个人隐私　　D. 个人请求

【解析】听证应公开举行，但涉及国家秘密、商业秘密、个人隐私的除外。

【答案】ABC

46. 虚开发票行为包括（　　）。

A. 为他人开具与实际经营业务情况不符的发票

B. 让他人为自己开具与实际经营业务情况不符的发票

C. 介绍他人开具与实际经营业务情况不符的发票

D. 为自己开具与实际经营业务情况不符的发票

【解析】根据《中华人民共和国发票管理办法》第二十一条的规定，任何单位和个人不得有下列虚开发票行为：①为他人、为自己开具与实际经营业务情况不符的发票；②让他人为自己开具与实际经营业务情况不符的发票；③介绍他人开具与实际经营业务情况不符的发票。

【答案】ABCD

47. 纳税人满意度调查分为（　　）。

A. 全面调查　　B. 专项调查

C. 日常调查　　D. 个别调查

【解析】纳税人满意度调查分为全面调查、专项调查和日常调查。

【答案】ABC

48. 税务机关对涉税专业服务机构采取的监管措施包括（　　）。

A. 建立行政登记　　　　B. 实名制管理
C. 业务信息采集　　　　D. 信用评价

【解析】根据《涉税专业服务监管办法（试行)》（国家税务总局公告2017年第13号发布）第七条、第八条、第九条、第十一条。

【答案】ABCD

49. 根据纳税服务投诉产生的原因，纳税服务投诉大致可以分为（　　）。

A. 对服务态度的投诉
B. 对服务质效的投诉
C. 对服务制度的投诉
D. 对侵害纳税人合法权益的投诉

【解析】根据《国家税务总局关于修订〈纳税服务投诉管理办法〉的公告》（国家税务总局公告2019年第27号）第九条。

【答案】ABD

50. 法的基本特征包括（　　）。

A. 规范性　　　　B. 国家意志性
C. 国家强制性　　　　D. 普遍性

【解析】以上4个选项都是法的基本特征。

【答案】ABCD

51. 下列关于行政许可的说法，正确的有（　　）。

A. 行政许可是依申请的行政行为
B. 行政许可是要式行政行为
C. 行政许可是授益性行政行为
D. 行政许可是外部行政行为

【解析】行政许可是国家管理社会经济事务的一种有效手段，是行政机关根据公民、法人或者其他组织的申请，经依法审查，准予其从事特定活动的行为，以上说法都是行政许可的特征。

【答案】ABCD

52. 税务行政处罚的基本原则有（　　）。

A. 处罚法定原则
B. 处罚公正、公开原则
C. 处罚与教育相结合原则
D. 职能统一原则

【解析】在行政机关内部运用分权原则，要求行政机关将其内部的某些相关职能加以分离，使之分属于不同的机构或不同的工作人员掌管或行使，以便在行政机关内部建立起相互制约机制，控制权力专断，因此选项 D 错误。

【答案】ABC

53. 目前法律、法规、规章明确的税务行政处罚的种类有（　　）。

A. 警告

B. 没收非法财物、没收违法所得

C. 停止办理出口退税权

D. 吊销发票准印证

【解析】税务行政处罚的种类有：罚款；没收非法财物、没收违法所得；停止办理出口退税权以及吊销发票准印证 4 种，因此选项 A 错误。

【答案】BCD

54. 行政强制措施的种类包括（　　）。

A. 限制公民人身自由

B. 查封场所、设施或者财物

C. 冻结存款、汇款

D. 加处罚款或者滞纳金

【解析】加处罚款或者滞纳金是行政强制执行。

【答案】ABC

55. 当事人向人民法院提供证人证言的，应当符合的要求有（　　）。

A. 写明证人的姓名、年龄、性别、职业、住址等基本情况

B. 有证人的签名，不能签名的，应当以盖章等方式证明

C. 注明出具日期

D. 附有居民身份证复印件等证明证人身份的文件

【解析】4 个选项都是人民法院对提供证人证言的要求。

【答案】ABCD

56. 下列证据不能单独作为定案依据的有（　　）。

A. 与一方当事人有亲属关系或者其他密切关系的证人所作的对该当事人有利的证言

B. 未成年人的证言

C. 应当出庭作证而无正当理由不出庭作证的证人证言

D. 无法与原件、原物核对的复制件或者复制品

【解析】选项 B 应为未成年人所作的与其年龄和智力状况不相适应的证言。

【答案】ACD

57. 税务行政复议由复议机关对该具体行政行为的（　　）进行审查并作出决定。

A. 合法性　　　　B. 真实性

C. 合理性　　　　　　　　　　　　D. 正当性

【解析】税务行政复议，是指纳税人及其他当事人认为税务机关及其工作人员作出的税务具体行政行为侵犯其合法权益，依法向行政复议机关提出审查该具体行政行为的申请，由复议机关对该具体行政行为的合法性和合理性进行审查并作出决定的制度和活动。

【答案】AC

58. 税务行政复议活动中止的具体情形包括（　　）。

A. 作为申请人的公民死亡，其近亲属尚未确定是否参加行政复议的

B. 作为申请人的公民丧失参加行政复议的能力，尚未确定法定代理人参加行政复议的

C. 作为申请人的法人或者其他组织终止，尚未确定权利义务承受人的

D. 作为申请人的公民下落不明或者被宣告失踪的

【解析】4 个选项都是税务行政复议活动中止的情形。

【答案】ABCD

59. 以下关于行政诉讼被告的说法，正确的有（　　）。

A. 经复议的案件，作出原行政行为的行政机关和复议机关是共同被告

B. 复议机关在法定期限内未作出复议决定，公民、法人或者其他组织起诉原行政行为的，作出原行政行为的行政机关是被告

C. 2 个以上行政机关作出同一行政行为的，共同作出行政行为的行政机关是共同被告

D. 行政机关委托的组织所作的行政行为，委托的行政机关是被告

【解析】经复议的案件，复议机关决定维持原行政行为的，作出原行政行为的行政机关和复议机关是共同被告；复议机关改变原行政行为的，复议机关是被告。

【答案】BCD

60. 下列关于执法过错责任的说法，正确的有（　　）。

A. 因承办人的个人原因造成执法过错的，由承办人承担全部过错责任

B. 承办人为 2 人或 2 人以上的，根据过错责任大小分别承担主要责任、次要责任

C. 承办人的过错行为经过批准的，由承办人和批准人共同承担责任，批准人承担主要责任，承办人承担次要责任

D. 因承办人弄虚作假导致批准错误的，由承办人承担全部过错责任

【解析】4 个选项都符合执法责任制的规定。

【答案】ABCD

61. 以下关于强制执行费用的说法，正确的有（　　）。

A. 税务行政强制执行会产生一定数额的费用，应该先扣除相关费用后，再按照税款、滞纳金、罚款和加处罚款顺序进行清偿

B. 清偿后剩余部分应当在 3 日内退还被执行人

C. 税务机关因查封、扣押而产生的保管费用，由行政机关承担

D. 税务机关因查封、扣押而产生的保管费用，由行政相对方承担

【解析】根据《中华人民共和国行政强制法》的规定，税务机关因查封、扣押而产生的保管费用，由行政机关承担。

【答案】ABC

62. 原告或者第三人不能自行收集，但能够提供确切线索的，可以申请人民法院调取下列证据材料的情形有（　　）。

A. 由国家有关部门保存而须由人民法院调取的证据材料

B. 涉及国家利益、公共利益或者他人合法权益的事实认定的

C. 涉及国家秘密、商业秘密、个人隐私的证据材料

D. 确因客观原因不能自行收集的其他证据材料

【解析】涉及国家利益、公共利益或者他人合法权益的事实认定属于人民法院有权向有关行政机关以及其他组织、公民调取证据的情形。

【答案】ACD

63. 税务行政赔偿的构成要件包括（　　）。

A. 侵权主体是行使国家税收征管职权的税务机关及其工作人员

B. 必须是税务机关及其工作人员行使税收征管职权的行为

C. 必须有公民、法人和其他组织的合法权益受到损害的事实

D. 必须是违法行为与损害后果有因果关系

【解析】根据相关规定，4 个选项都正确。

【答案】ABCD

64. 税务机关的工作人员违反法律、行政法规的规定，在办理（　　）工作中，徇私舞弊，致使国家利益遭受重大损失的，处五年以下有期徒刑或者拘役。

A. 发售发票

B. 抵扣税款

C. 出口退税

D. 提供出口货物报关单

【解析】根据《中华人民共和国刑法》第四百零五条规定，税务机关的工作人员违反法律、行政法规的规定，在办理发售发票、抵扣税款、出口退税工作中，徇私舞弊，致使国家利益遭受重大损失的，处五年以下有期徒刑或者拘役。

【答案】ABC

65. 下列选项中，我国法的渊源的有（　　）。

A. 宪法

B. 法律

C. 规范性文件

D. 自治条例和单行条例

【解析】规范性文件不是我国法的渊源。

【答案】ABD

66. （　　）等税收基本制度只能由法律规定。

A. 税种的设立　　B. 税率的确定

C. 纳税环节的确定　　D. 税收征收管理

【解析】纳税环节的确定事项不属于税收基本制度。

【答案】ABD

67. 以下内容是我国立法的指导思想的有（　　）。

A. 坚持中国共产党的领导

B. 符合宪法的规定、原则和精神

C. 坚持和发展全过程人民民主

D. 倡导和弘扬社会主义核心价值观

【解析】以上4个选项内容都是我国立法的指导思想。

【答案】ABCD

68. 行政合理性原则的基本内容包括（　　）。

A. 行政行为的作出应当符合法律目的，具有正当性

B. 行政行为应建立在考虑相关因素的基础上

C. 行使行政权时要平等地适用法律规范，平等地对待行政相对人

D. 行政权的行使应符合自然规律与社会道德

【解析】以上都是行政合理性原则的基本内容。

【答案】ABCD

69. 税务行政主体包括（　　）。

A. 各级税务局　　B. 税务分局

C. 税务所　　D. 各级稽查局

【解析】D选项应为省以下税务局的稽查局。

【答案】ABC

70. 下列关于坚持全面依法治国，推进法治中国建设的说法，正确的有（　　）。

A. 全面依法治国是国家治理的一场深刻革命

B. 关系党执政兴国，关系人民幸福安康，关系党和国家长治久安

C. 要发挥法治固根本、稳预期、利长远的保障作用

D. 要在法治轨道上全面建设社会主义现代化国家

【解析】以上都是坚持全面依法治国，推进法治中国建设的相关内容。

【答案】ABCD

71. 有下列情形之一的，公民、法人或者其他组织可以申请行政复议（　　）。

A. 对行政机关作出的警告、罚款等行政处罚决定不服的

B. 对行政机关作出的限制人身自由等行政强制措施决定不服的

C. 认为行政机关侵犯合法的经营自主权的

D. 申请行政机关履行保护人身权利、财产权利、受教育权利的法定职责，行政机关没有依法履行的

【解析】以上都是可以申请行政复议的情形。

【答案】ABCD

72. 税务行政处罚的实施机关应具备的条件有（　　）。

A. 必须依法拥有税务行政处罚权

B. 以自己的名义作出处罚决定

C. 能够独立承担法律责任

D. 受委托组织以自己的名义进行处罚

【解析】受委托组织应以委托机关名义进行处罚。

【答案】ABC

73. 税务系统全面推行“三项制度”的基本原则包括（　　）。

A. 稳中求进　　B. 科学规范

C. 优化创新　　D. 统筹协调

【解析】以上4个选项和便利高效都是税务系统全面推行“三项制度”的基本原则。

【答案】ABCD

74. 纳税人与税务机关发生纳税争议，不能直接向法院起诉的有（　　）。

A. 应纳税额争议

B. 以拍卖扣押的纳税人货物所得扣缴税款争议

C. 冻结纳税人银行存款争议

D. 滞纳金问题争议

【解析】涉及税款的问题，应先申请行政复议，不能直接向法院起诉。

【答案】ABD

75. 持续深化拓展税收共治格局的具体举措包括（　　）。

A. 加强部门协作

B. 加强社会协同

C. 强化税收司法保障

D. 强化国际税收合作

【解析】以上4个选项都是持续深化拓展税收共治格局的具体举措。

【答案】ABCD

76.《中华人民共和国税收征收管理法》所称为纳税人、扣缴义务人保密的情况，是指（　　）。

A. 商业秘密　　B. 欠税情况

C. 税收违法行为　　D. 个人隐私

【解析】税务机关为合法利益保密，不保护非法利益。

【答案】AD

77. 行政机关送达行政处罚决定书的形式有（　　）。

A. 直接送达　　B. 委托送达

C. 邮寄送达　　D. 公告送达

【解析】委托送达不是法定的送达形式。

【答案】ACD

78. 以下说法符合税务机关收集、获取证据要求的有（　　）。

A. 调取纳税人、扣缴义务人当年的账簿、记账凭证、报表和其他有关资料的，应当经县以上税务局局长批准，并在3个月内完整退还

B. 调取纳税人、扣缴义务人以前会计年度的账簿、记账凭证、报表和其他有关资料的，应当经设区的市、自治州以上税务局局长批准，并在30日内退还

C. 退还账簿资料时，应当由被查对象核对调取账簿资料清单，并签章确认

D. 调取账簿、记账凭证、报表和其他有关资料时，应当向被查对象出具调取账簿资料通知书，并填写调取账簿资料清单交其核对后签章确认

【解析】调取纳税人、扣缴义务人以前会计年度的账簿、记账凭证、报表和其他有关资料的，应当经县以上税务局局长批准，并在3个月内完整退还；调取纳税人、扣缴义务人当年的账簿、记账凭证、报表和其他有关资料的，应当经设区的市、自治州以上税务局局长批准，并在30日内退还。

【答案】CD

79. 法律的制定程序主要包括以下（　　）环节。

A. 法律案的提出　　B. 法律案的审议

C. 法律案的表决　　D. 法律案的公布

【解析】略。

【答案】ABCD

80. 到2025年，智慧税务的建设目标任务包括（　　）。

A. 高集成功能

B. 高安全性能

C. 高应用效能

D. 覆盖党务、政务、业务

【解析】以上选项都是智慧税务的建设目标。

【答案】ABCD

81. 根据《中华人民共和国民法典》的规定，下列不属于担保物权的是（　　）。

A. 居住权　　B. 留置权

C. 地役权　　D. 土地承包经营权

【解析】留置权、抵押权等属于担保物权。

【答案】ACD

82. 下列事项不属于行政复议范围的有（　　）。

A. 国防、外交等国家行为

B. 行政法规、规章或者行政机关制定、发布的具有普遍约束力的决定、命令等规范性文件

C. 行政机关对行政机关工作人员的奖惩、任免等决定

D. 行政机关对民事纠纷作出的调解

【解析】根据《中华人民共和国行政复议法》第十二条。

【答案】ABCD

83. 行政复议期间行政行为不停止执行；但是有下列（　　）之一的，应当停止执行。

A. 被申请人认为需要停止执行

B. 行政复议机关认为需要停止执行

C. 申请人、第三人申请停止执行，行政复议机关认为其要求合理，决定停止执行

D. 法律、法规、规章规定停止执行的其他情形

【解析】根据《中华人民共和国行政复议法》第四十二条。

【答案】ABCD

84. 审理行政复议案件涉及下列（　　）情形的，行政复议机构应当提请行政复议委员会提出咨询意见。

A. 案情重大、疑难、复杂

B. 专业性、技术性较强

C.《中华人民共和国行政复议法》第二十四条第二款规定的行政复议案件

D. 行政复议机构认为有必要

【解析】根据《中华人民共和国行政复议法》第五十二条。

【答案】ABCD

85. 税收的特征包括（　　）。

A. 强制性　　B. 无偿性

C. 灵活性　　D. 固定性

【解析】税收的三个基本特征是强制性、无偿性、固定性。

【答案】ABD

86. 税务行政规章可以设定的处罚种类有（　　）。

A. 通报批评

B. 罚款

C. 没收违法所得和没收非法财物

D. 加处罚款

【解析】税务行政规章可以设定的处罚种类有通报批评、罚款。

【答案】AB

87. 党的各级纪律检查委员会的职责有（　　）。

A. 监督　　B. 执纪

C. 督察　　D. 问责

【解析】各级纪律检查委员会的职责是监督、执纪、问责。

【答案】ABD

88. 下列关于行政处罚的实施，说法正确的有（　　）。

A. 实施行政处罚，可以纠正违法行为

B. 实施行政处罚应当坚持处罚与教育相结合

C. 实施行政处罚的目的是教育公民、法人或者其他组织自觉守法

D. 实施行政处罚可以不遵循法律规定

【解析】实施行政处罚，纠正违法行为，应当坚持处罚与教育相结合，教育公民、法人或者其他组织自觉守法。

【答案】ABC

89. 烟叶税的纳税人不包括（　　）。

A. 收购烟叶的单位　　B. 销售烟叶的单位

C. 加工烟叶的单位　　D. 种植烟叶的单位

【解析】在中华人民共和国境内，依照《中华人民共和国烟草专卖法》的规定收购烟叶的单位为烟叶税的纳税人。

【答案】BCD

90. 下列关于行政处罚的说法，正确的有（　　）。

A. 行政处罚不需要遵循公正、公开的原则

B. 设定和实施行政处罚必须以事实为依据

C. 对违法行为给予行政处罚的规定必须公布

D. 未经公布的，不得作为行政处罚的依据

【解析】行政处罚遵循公正、公开的原则。设定和实施行政处罚必须以事实为依据。对违法行为给予行政处罚的规定必须公布；未经公布的，不得作为行政处罚的依据。

【答案】BCD

91. 关于公民、法人或者其他组织对行政机关所给予的处罚享有的权利，下列说法正确的有（　　）。

A. 享有陈述权

B. 享有申辩权

C. 老百姓基本没有申诉渠道

D. 对行政处罚不服的，有权依法申请行政复议或者提起行政诉讼

【解析】公民、法人或者其他组织，对行政机关所给予的行政处罚，享有陈述权、申辩权；对行政处罚不服的，有权依法申请行政复议或者提起行政诉讼。

【答案】ABD

92. 人类社会发展的事实证明，依法治理是（　　）的治理。

A. 最核心　　B. 最稳定

C. 最全面　　D. 最可靠

【解析】人类社会发展的事实证明，依法治理是最可靠、最稳定的治理。

【答案】BD

93. 下列污染物中，属于环境保护税征税对象的有（　　）。

A. 大气污染物　　B. 工业噪声污染

C. 固体废物　　D. 光污染

【解析】环境保护税的征税对象包括大气污染物、水污染物、固体废物和噪声（仅包括工业噪声）。

【答案】ABC

94. 根据《关于进一步深化税收征管改革的意见》中强化税务组织保障的要求，强化（　　）税务机构在日常性服务、涉税涉费事项办理和风险应对等方面的职责。

A. 县级　　B. 总局

C. 市级　　D. 省级

【解析】强化税务组织保障的要求，强化市县税务机构在日常性服务、涉税涉费事

项办理和风险应对等方面的职责。

【答案】AC

95. 享受3岁以下婴幼儿照护专项附加扣除的计算时间不正确的有（ ）。

A. 从婴幼儿出生的当月至年满3周岁的当月

B. 从婴幼儿出生的当月至年满3周岁的前一个月

C. 从婴幼儿出生的当月至小学入学当月

D. 从婴幼儿出生的当月至小学入学前一个月

【解析】享受3岁以下婴幼儿照护专项附加扣除的计算时间为从婴幼儿出生的当月至年满3周岁的前一个月。

【答案】ACD

96. 下列各税种中，适用《中华人民共和国税收征收管理法》的有（ ）。

A. 房产税　　B. 城镇土地使用税

C. 增值税　　D. 关税

【解析】关税及海关代征税收的征收管理，依照法律、行政法规的有关规定执行。

【答案】ABC

97. 根据《重大税务案件审理办法》，稽查局负责的事项有（ ）。

A. 举行听证

B. 拟作税务处理处罚意见

C. 提交重大税务案件证据材料

D. 作税务处理处罚意见

【解析】根据《重大税务案件审理办法》规定，稽查局负责提交重大税务案件证据材料、拟作税务处理处罚意见、举行听证。

【答案】ABC

98. 下列所得，应按“综合所得”缴纳个人所得税的有（ ）。

A. 工资、薪金所得　　B. 劳务报酬所得

C. 财产租赁所得　　D. 财产转让所得

【解析】工薪、薪金所得，劳务报酬所得，稿酬所得和特许权使用费所得属于综合所得，居民个人按纳税年度合并计算个人所得税。

【答案】AB

99. 关于法的溯及力问题，下列说法正确的有（ ）。

A. 实体从旧　　B. 程序从新

C. 从旧兼从轻　　D. 从旧兼从重

【解析】法的溯及力问题是指法生效后，对其生效前所发生的事项是否适用的问题，一般采取实体从旧、程序从新和从旧兼从轻规则。

【答案】ABC

100. 下列各项中，属于土地增值税征税范围的有（　　）。

A. 转让国有土地使用权

B. 出让国有土地使用权

C. 转让地上建筑物产权

D. 转让地上附着物产权

【解析】转让国有土地使用权、地上的建筑物及其附着物并取得收入的单位和个人，为土地增值税的纳税义务人，应当依照本条例缴纳土地增值税。

【答案】ACD

101. 下列可以作为居民个人所得税专项附加扣除项目的有（　　）。

A. 子女教育

B. 继续教育

C. 赡养老人

D. 3 岁以下婴幼儿照护

【解析】纳税人享受子女教育、继续教育、大病医疗、住房贷款利息或者住房租金、赡养老人、3 岁以下婴幼儿照护专项附加扣除的，依照本办法规定办理。

【答案】ABCD

102. 下列仅采用从量计征消费税的有（　　）。

A. 啤酒　　B. 黄酒

C. 高档手表　　D. 成品油

【解析】消费税税目表中啤酒、黄酒、成品油仅采用从量计征。卷烟、白酒采用复合计税。高档手表采用从价计征。

【答案】ABD

103. 下列采取复合计税方式征收消费税的有（　　）。

A. 卷烟　　B. 黄酒

C. 啤酒　　D. 白酒

【解析】消费税税目表中啤酒、黄酒、成品油仅采用从量计征。卷烟、白酒采用复合计税。

【答案】AD

104. 行政许可申请的方式有（　　）。

A. 口头　　B. 信函

C. 传真　　D. 电子邮件

【解析】行政许可申请可以通过信函、电报、电传、传真、电子数据交换和电子邮件等方式提出。

【答案】BCD

105. 行政机关基于公共利益的需要可以依法变更或者撤回已经生效的行政许可的情形有（　　）。

A. 行政机关工作人员滥用职权、玩忽职守作出准予行政许可决定的

B. 行政许可依据的法律、法规、规章修改或者废止的

C. 行政许可依据的客观情况发生重大变化的

D. 被许可人以欺骗、贿赂等不正当手段取得行政许可的

【解析】公民、法人或者其他组织依法取得的行政许可受法律保护，行政机关不得擅自改变已经生效的行政许可。行政许可所依据的法律、法规、规章修改或者废止，或者准予行政许可所依据的客观情况发生重大变化的，为了公共利益的需要，行政机关可以依法变更或者撤回已经生效的行政许可。由此给公民、法人或者其他组织造成财产损失的，行政机关应当依法给予补偿。

【答案】BC

106. 电子技术监控设备记录违法事实应当具备（　　）要求。

A. 真实　　B. 清晰

C. 完整　　D. 准确

【解析】电子技术监控设备记录违法事实应当真实、清晰、完整、准确。

【答案】ABCD

107. 重大税务案件审理遵循的原则有（　　）。

A. 合法　　B. 合理

C. 公平、公正　　D. 效率

【解析】重大税务案件审理应当以事实为根据、以法律为准绳，遵循合法、合理、公平、公正、效率的原则，注重法律效果和社会效果相统一。

【答案】ABCD

108. 办税服务厅实行领导值班制，并设置领导值班标识，下列不应担当值班领导的有（　　）。

A. 办税服务厅窗口人员

B. 办税服务厅导税人员

C. 县税务机关局领导

D. 设立办税服务厅的税务机关局领导和相关科（处）室负责人

【解析】办税服务厅应当实行领导值班制，值班领导由设立办税服务厅的税务机关局领导和相关科（处）室负责人轮流担当，并设置领导值班标识。

【答案】ABC

109. 生产性服务业纳税人是指提供特定行业服务取得的销售额占全部销售额的比

重超过50%的纳税人，其行业包括（　　）。

A. 邮政服务　　B. 电信服务

C. 现代服务　　D. 生活服务

【解析】根据《财政部　税务总局关于明确增值税小规模纳税人减免增值税等政策的公告》（财政部　税务总局公告2023年第1号），允许生产性服务业纳税人按照当期可抵扣进项税额加计5%抵扣应纳税额。生产性服务业纳税人，是指提供邮政服务、电信服务、现代服务、生活服务取得的销售额占全部销售额的比重超过50%的纳税人。

【答案】ABCD

110. 下列税种中属于“六税两费”的有（　　）。

A. 契税　　B. 房产税

C. 资源税　　D. 耕地占用税

【解析】根据《国家税务总局关于进一步实施小微企业“六税两费”减免政策有关征管问题的公告》（国家税务总局公告2022年第3号），“六税两费”包括资源税、城市维护建设税、房产税、城镇土地使用税、印花税（不含证券交易印花税）、耕地占用税和教育费附加、地方教育附加。

【答案】BCD

111. 窗口单位办税服务问题处理流程包括问题收集、调查核实、整改处理、监督问责、定期报告等环节，处理原则包括（　　）。

A. 属地管理　　B. 分级负责

C. 分层管理　　D. 分类处理

【解析】根据《国家税务总局关于建立窗口单位办税服务问题处理机制的通知》，窗口单位办税服务问题处理以属地管理、分级负责、分类处理为原则，处理流程包括问题收集、调查核实、整改处理、监督问责、定期报告等环节。

【答案】ABD

112. 对纳入涉税服务失信名录的涉税专业服务机构和从事涉税服务人员，税务机关采取的措施包括（　　）。

A. 予以公告并向社会信用平台推送

B. 由税务机关责令限期改正或予以约谈

C. 不予受理其所代理的涉税业务

D. 向其委托方纳税人进行风险提示

【解析】对纳入涉税服务失信名录的涉税专业服务机构和从事涉税服务人员，税务机关采取以下措施：①予以公告并向社会信用平台推送；②向其委托方纳税人、委托方纳税人主管税务机关进行风险提示；③不予受理其所代理的涉税业务。

【答案】ACD

113. 地方教育附加的计征依据是纳税人实际缴纳的（　　）。

A. 消费税税额　　B. 增值税税额

C. 所得税税额　　D. 加收的滞纳金

【解析】略。

【答案】AB

114. 税务文书受送达人是个人的，应当由本人直接签收；本人不在的，不可交给（　　）。

A. 其配偶　　B. 其未成年子女

C. 其邻居　　D. 其同事

【解析】根据《中华人民共和国税收征收管理法实施细则》规定，受送达人是公民的，应当由本人直接签收；本人不在的，交其同住成年家属签收，并应当注明与受送达人的关系。

【答案】BCD

115. 检查人员在检查过程中收集的下列证据，不能作为定案依据的有（　　）。

A. 严重违反法定程序收集的证据材料

B. 以偷拍、偷录、窃听等手段获取侵害他人合法权益的证据材料

C. 以利诱、欺诈、胁迫、暴力等不正当手段获取的证据材料

D. 附有说明材料的报表、图纸、会计账册、专业技术资料、科技文献等书证

【解析】不得以下列方式收集、获取证据材料：①严重违反法定程序收集；②以违反法律强制性规定的手段获取且侵害他人合法权益；③以利诱、欺诈、胁迫、暴力等手段获取。

【答案】ABC

116. 税收保全措施具体包括（　　）。

A. 书面通知纳税人开户银行或者其他金融机构冻结纳税人的金额相当于应纳税款的存款

B. 书面通知纳税人开户银行或者其他金融机构扣缴纳税人的金额相当于应纳税款的存款，以抵缴税款

C. 拍卖、变卖纳税人的价值相当于应纳税款的商品、货物或者其他财产，以该项所得抵缴税款

D. 扣押、查封纳税人的价值相当于应纳税款的商品、货物或者其他财产

【解析】税收保全措施具体内容：①书面通知纳税人开户银行或者其他金融机构冻结纳税人的金额相当于应纳税款的存款；②扣押、查封纳税人的价值相当于应纳税款的商品、货物或者其他财产。

【答案】AD

117. 税务机关可以采取公告送达税务文书的情形有（　　）。

A. 同一送达事项的受送达人众多的

B. 采用其他方式无法送达的

C. 直接送达有困难的

D. 受送达人或其同住成年家属、代理人、代收人拒绝接收税务文书的

【解析】根据《中华人民共和国税收征收管理法实施细则》规定，有下列情形之一的，税务机关可以公告送达税务文书，自公告之日起满30日，即视为送达：①同一送达事项的受送达人众多；②采用本章规定的其他送达方式无法送达。

【答案】AB

118. 企业通过外购方式取得可确认为无形资产的数据资源，则下列支出可以列为无形资产成本的有（　　）。

A. 购买价款和相关税费

B. 直接归属于使该项无形资产达到预定用途所发生的数据脱敏、清洗、标注、整合、分析、可视化等加工过程所发生的有关支出

C. 数据权属鉴证费用

D. 安全管理费用

【解析】企业通过外购方式取得确认为无形资产的数据资源，其成本包括购买价款、相关税费，直接归属于使该项无形资产达到预定用途所发生的数据脱敏、清洗、标注、整合、分析、可视化等加工过程所发生的有关支出，以及数据权属鉴证、质量评估、登记结算、安全管理等费用。

【答案】ABCD

119. 企业在对确认为无形资产的数据资源的使用寿命进行估计时，应当重点关注的因素有（　　）。

A. 数据资源相关业务模式的因素

B. 权利限制的因素

C. 更新频率和时效性的因素

D. 有关产品或技术迭代、同类竞品的因素

【解析】企业在对确认为无形资产的数据资源的使用寿命进行估计时，应当考虑相关规定的因素，并重点关注数据资源相关业务模式、权利限制、更新频率和时效性、有关产品或技术迭代、同类竞品等因素。

【答案】ABCD

120. 会计核算的基本前提包括（　　）。

A. 会计主体　　B. 持续经营

C. 会计分期　　D. 货币计量

【解析】会计核算的基本前提也叫会计假设，是对会计核算所处的时间、空间环境所作的合理设定。会计核算具体对象的确定、会计政策的选择、会计要素的确认、会计金额的计量都要以会计基本前提为依据。会计核算的基本前提包括会计主体、持续经营、会计分期和货币计量四项。

【答案】ABCD

121. 会计要素通过会计报表列报，资产负债表要素反映企业的财务状况，包括（　　）等要素。

A. 资产　　B. 负债

C. 所有者权益　　D. 利润

【解析】利润是利润表的要素。

【答案】ABC

122. 行政单位会计核算的目标有（　　）。

A. 向会计信息使用者提供与单位财务状况、预算执行情况等有关的会计信息

B. 反映单位各项资金活动及受托责任的履行情况

C. 帮助会计信息使用者进行管理、监督和决策

D. 提高资金使用效益

【解析】行政单位会计核算目标是向会计信息使用者提供与行政单位财务状况、预算执行情况等有关的会计信息，反映行政单位受托责任的履行情况，有助于会计信息使用者进行管理、监督和决策。

【答案】ABC

123. 下列选项属于“应付职工薪酬”科目核算内容的有（　　）。

A. 基本工资　　B. 奖金

C. 津贴补贴　　D. 社会保险费

【解析】以上都属于“应付职工薪酬”科目核算。

【答案】ABCD

124. 会计科目按其所归属的会计要素不同进行分类，包括（　　）。

A. 资产类　　B. 负债类

C. 总分类　　D. 明细分类

【解析】总分类科目和明细分类科目是会计科目按其提供信息的详细程度及其统驭关系不同进行的分类。

【答案】AB

125. 企业购入物资的采购成本包括（　　）。

A. 运杂费（包括运输费、装卸费、保险费、仓储费等）

B. 运输途中的合理损耗

C. 入库前的挑选整理费用（包括挑选整理中发生的工、费支出和必要的损耗，并减去回收的下脚废料价值）

D. 购买物资负担的税金和其他费用

【解析】4 个选项都是采购成本的内容。

【答案】ABCD

126. 留存收益包括（　　）。

A. 资本公积　　B. 盈余公积

C. 未分配利润　　D. 所有者权益

【解析】根据《中华人民共和国公司法》的规定，企业对净利润进行分配，要按照一定的顺序进行。首先弥补以前年度亏损，其次提取法定盈余公积金，再次按有关协议或决议分配投资者利润，余下的部分形成未分配利润，结转至以后年度再进行分配。企业按规定提取的盈余公积金和剩余的未分配利润统称为“留存收益”。

【答案】BC

127. 账簿按其用途不同，可分为（　　）。

A. 数量金额式账簿　　B. 序时账簿

C. 分类账簿　　D. 备查账簿

【解析】序时账簿、分类账簿和备查账簿是按用途进行的分类。

【答案】BCD

128. 必须采用订本式账簿的是（　　）。

A. 总分类账　　B. 明细账

C. 现金日记账　　D. 银行存款日记账

【解析】总分类账、现金日记账和银行存款日记账必须采用订本式账簿。

【答案】ACD

129. 资产负债表应当按照（　　）等大类别分类列报。

A. 资产　　B. 负债

C. 所有者权益　　D. 资本

【解析】资产负债表列报应当如实反映企业在资产负债表日所拥有的资源、所承担的负债以及所有者所拥有的权益，应当按照资产、负债和所有者权益三大类别分类列报。

【答案】ABC

130. 企业资产负债表中的负债类项目至少应当单独列示反映（　　）。

A. 短期借款　　B. 预收款项

C. 递延所得税　　D. 长期应付款

【解析】递延所得税属于资产项目。

【答案】ABD

131. 下列关于利润表基本科目的表述，正确的有（　　）。

A.“营业收入”项目，反映企业经营主要业务和其他业务所确认的收入总额。根据“主营业务收入”“其他业务收入”科目的发生额分析填列

B.“营业成本”项目，反映企业经营主要业务和其他业务发生的实际成本总额。根据“主营业务成本”“其他业务成本”科目的发生额分析填列

C.“税金及附加”项目，反映企业经营业务应负担的消费税、城市维护建设税、资源税、土地增值税和教育费附加等。根据“税金及附加”科目的发生额分析填列

D.“销售费用”项目，反映企业在销售商品过程中发生的包装费、广告费等费用和为销售本企业商品而专设的销售机构的职工薪酬、业务费等经营费用。根据“销售费用”科目的发生额分析填列

【解析】4 个选项都符合相关科目的规定。

【答案】ABCD

132. 以下关于会计核算特点的说法，正确的有（　　）。

A. 以货币为主要计量单位

B. 以实际发生的经济业务所取得的合法凭证为书面依据

C. 以一套科学的方法为核算手段

D. 具有全面性、连续性和系统性

【解析】4 个选项都是会计核算的特点。

【答案】ABCD

133. 会计监督职能，是指会计人员在进行会计核算的同时，对特定主体经济活动的（　　）进行审查，以达到预期的目的。

A. 合法性　　　　B. 全面性

C. 合理性　　　　D. 正当性

【解析】会计监督职能对特定主体经济活动的合法性、合理性进行审查。

【答案】AC

134. 记账凭证按内容不同，分为收款凭证、付款凭证和转账凭证。在实际工作中，规模小、业务简单的单位，也可以使用一种格式的通用记账凭证。以下表述正确的有（　　）。

A. 收款凭证是指用于记录现金和银行存款收款业务的会计凭证

B. 付款凭证是指用于记录现金和银行存款付款业务的会计凭证

C. 转账凭证是指用于记录不涉及现金和银行存款业务的会计凭证

D. 通用记账凭证是指不分收款、付款及转账业务，而将所有的经济业务统一编号，在统一格式的凭证中进行记录的会计凭证

【解析】4 个选项都符合记账凭证的特点。

【答案】ABCD

135. 下列关于活页账的说法，正确的有（　　）。

A. 活页账是在账簿登记完毕之前并不固定装订在一起，而是装在活页账夹中

B. 当账簿登记完毕之后（通常是半个会计年度结束之后）才将账页予以装订

C. 装订时要给各账页连续编号

D. 装订编号后，不得再抽换账页

【解析】通常是 1 个会计年度结束之后，才将账页予以装订。

【答案】ACD

136. 下列关于会计主体的说法，正确的有（　　）。

A. 会计主体不同于法律主体

B. 法律主体往往是会计主体

C. 会计主体不一定是法律主体

D. 一个法律主体可以有多个会计主体，一个会计主体也可以有多个法律主体

【解析】4 个选项都符合会计主体的说法。

【答案】ABCD

137. 计量属性是指企业在将符合确认条件的会计要素登记入账并列报于会计报表及其附注时，应当按照规定的计量标准和计量方法进行计量，确定其金额的基础。计量属性包括（　　）。

A. 历史成本　　　　B. 重置成本

C. 可变现净值　　　　D. 现值和公允价值

【解析】4 个选项都是计量的基本属性。

【答案】ABCD

138. 以下关于会计等式的说法，正确的有（　　）。

A. 资产 = 权益

B. 资产 = 负债 + 所有者权益

C. 收入 − 费用 = 利润

D. 资产 + 费用 = 负债 + 所有者权益 + 收入

【解析】4 个选项都是基本会计等式。

【答案】ABCD

139. 下列关于“固定资产”账户的说法，正确的有（　　）。

A. 属于资产类账户，用来核算企业固定资产的原值

B. 固定资产是指为生产商品、提供劳务、出租或经营管理而持有的

C. 使用寿命超过 12 个月的有实物形态的资产

D. 具体包括房屋、建筑物、机器、机械、运输工具以及其他与生产、经营有关的设备、器具、工具等

【解析】固定资产是使用寿命超过一个会计年度的有实物形态的资产。

【答案】ABD

140. 下列关于数据资源的列示说法正确的有（　　）。

A. 自 2024 年 1 月 1 日起，企业在编制资产负债表时，应当根据重要性原则并结合本企业的实际情况，在资产负债表中列示相关内容

B. 自 2024 年 1 月 1 日起，企业可在“存货”项目下增设“其中：数据资源”项目，反映资产负债表日确认为存货的数据资源的期末账面价值

C. 自 2024 年 1 月 1 日起，企业可在“无形资产”项目下增设“其中：数据资源”项目，反映资产负债表日确认为无形资产的数据资源的期末账面价值

D. 自 2024 年 1 月 1 日起，企业可在“开发支出”项目下增设“其中：数据资源”项目，反映资产负债表日正在进行数据资源研究开发项目满足资本化条件的支出金额

【解析】自 2024 年 1 月 1 日起，企业在编制资产负债表时，应当根据重要性原则并结合本企业的实际情况，在“存货”项目下增设“其中：数据资源”项目，反映资产负债表日确认为存货的数据资源的期末账面价值；在“无形资产”项目下增设“其中：数据资源”项目，反映资产负债表日确认为无形资产的数据资源的期末账面价值；在“开发支出”项目下增设“其中：数据资源”项目，反映资产负债表日正在进行数据资源研究开发项目满足资本化条件的支出金额。

【答案】ABCD

三、判断题

1. 自 2023 年 1 月 1 日至 2023 年 12 月 31 日，允许生产性服务业纳税人按照当期可抵扣进项税额加计 10% 抵减应纳税额。（　　）

【解析】自 2023 年 1 月 1 日至 2023 年 12 月 31 日，允许生产性服务业纳税人按照当期可抵扣进项税额加计 5% 抵减应纳税额。

【答案】错误

2. 印花税应税合同的计税依据，为合同所列的金额，不包括列明的增值税税款，如果合同列明业务适用的增值税税率，计算印花税时可以扣除根据此税率计算出的增值税税款。（　　）

【解析】印花税应税合同的计税依据，为合同所列的金额，不包括列明的增值税税款。注意，仅指合同列明的增值税税款，合同仅列明增值税税率，不可以从计税依据

中扣减。

【答案】错误

3. 某药厂为增值税一般纳税人，销售免税药品可以开具增值税专用发票。（　　）

【解析】销售货物或者应税劳务适用免税规定的，不得开具增值税专用发票。

【答案】错误

4. 个人出租住房，按照5%的增值税征收率减按1.5%计算纳税。（　　）

【解析】略。

【答案】正确

5. 金银首饰以旧换新业务，按销售方实际收取的不含增值税的全部价款征收增值税。（　　）

【解析】略。

【答案】正确

6. 单位或者个体工商户向其他单位或者个人无偿提供服务，视同销售服务。（　　）

【解析】视同销售服务，是指单位或者个体工商户向其他单位或者个人无偿提供服务，但用于公益事业或者以社会公众为对象的除外。

【答案】错误

7. 增值税一般纳税人购进用于对外捐赠的货物，取得合法扣税凭证的，可以抵扣增值税进项税额。（　　）

【解析】略。

【答案】正确

8. 现行增值税政策规定，对购进不动产发生的进项税额实行一次性抵扣的办法。（　　）

【解析】略。

【答案】正确

9. 纳税人兼营不同税率的应税消费品，应当分别核算不同税率应税消费品的销售额或销售数量，未分别核算的，从低适用税率。（　　）

【解析】纳税人兼营不同税率的应税消费品，应当分别核算不同税率应税消费品的销售额或销售数量，未分别核算的，从高适用税率。

【答案】错误

10. 消费税实行价内税，增值税实行价外税。（　　）

【解析】略。

【答案】正确

11. 纳税人将应税消费品与非应税消费品组成成套消费品销售的，无须缴纳消

费税。（　　）

【解析】纳税人将应税消费品与非应税消费品，以及适用不同税率的应税消费品组成成套消费品销售的，应根据组合产品的整体销售金额按其中应税消费品适用的最高税率征税。

【答案】错误

12. 纳税人自产的应税消费品，用于连续生产应税消费品的，于移送使用时缴纳消费税。（　　）

【解析】纳税人自产的应税消费品，用于连续生产应税消费品的，不纳税；用于其他方面的，于移送使用时纳税。

【答案】错误

13. 委托加工应税消费品收回后以不高于受托方的计税价格出售的，不再缴纳消费税。（　　）

【解析】略。

【答案】正确

14. 超豪华小汽车为每辆零售价格 120 万元（不含增值税）及以上的乘用车和中轻型商用客车，即乘用车和中轻型商用客车子税目中的超豪华小汽车。（　　）

【解析】超豪华小汽车，为每辆零售价格 130 万元（不含增值税）及以上的乘用车和中轻型商用客车，即乘用车和中轻型商用客车子税目中的超豪华小汽车。

【答案】错误

15. 委托加工应税消费品，一律以受托方为代收代缴义务人。（　　）

【解析】委托加工应税消费品，除受托方为个人外，由受托方向委托方交货时代收代缴消费税。

【答案】错误

16. 企业纳税年度发生的亏损，准予向以后年度结转，但结转年限一律不超过 5 年。（　　）

【解析】自 2018 年 1 月 1 日起，当年具备高新技术企业或科技型中小企业资格的企业，其具备资格年度之前 5 个年度发生的尚未弥补完的亏损，准予结转以后年度弥补，最长结转年限由 5 年延长至 10 年。

【答案】错误

17. 企业因违反经济合同中的相关条款而向对方支付的违约金，可以在计算应纳税所得额时扣除。（　　）

【解析】略。

【答案】正确

18. 固定资产的大修理支出可以直接在企业所得税税前扣除。（　　）

【解析】根据《中华人民共和国企业所得税法》第十三条的规定，在计算应纳税所得额时，企业发生的固定资产大修理支出可以作为长期待摊费用，按照规定摊销的，准予扣除。

【答案】错误

19. 在一个纳税年度内，居民企业取得符合条件的技术转让所得不超过500万元的部分，免征企业所得税；超过500万元的部分，减半征收企业所得税。（　）

【解析】略。

【答案】正确

20. 居民企业所得税征收方式分为查账征收和核定征收。（　）

【解析】略。

【答案】正确

21. 土地增值税由房地产销售地的税务机关负责征收。（　）

【解析】土地增值税纳税人应向房地产所在地主管税务机关办理纳税申报。

【答案】错误

22. 土地增值税的纳税人为转让土地使用权、地上的建筑物及其附着物并取得收入的单位和个人。（　）

【解析】土地增值税的纳税义务人为转让国有土地使用权、地上的建筑物及其附着物并取得收入的单位和个人。对转让集体土地使用权的行为不征收土地增值税。

【答案】错误

23. 个人之间互换自有居住用房地产，免征土地增值税。（　）

【解析】略。

【答案】正确

24. 非居民个人从中国境内取得的所得，必须缴纳个人所得税。（　）

【解析】在中国境内无住所的个人，在一个纳税年度内在中国境内居住累计不超过90日的，其来源于中国境内的所得，由境外雇主支付并且不由该雇主在中国境内的机构、场所负担的部分，免予缴纳个人所得税。

【答案】错误

25. 在2023年12月31日前，居民个人取得全年一次性奖金，可以不并入当年综合所得，单独计算纳税，也可以选择并入当年综合所得计算纳税。（　）

【解析】略。

【答案】正确

26. 车辆购置税实行一车一申报制度，因此一辆车只申报一次。（　）

【解析】根据《中华人民共和国车辆购置税法》第十四条的规定，转让后免税条件消失车辆仍需再次补税申报。

【答案】错误

27. 对单独建造的地下建筑用地，未取得地下土地使用权证的，不征收城镇土地使用税。（　　）

【解析】对单独建造的地下建筑用地，按规定征收城镇土地使用税。其中，已取得地下土地使用权证的，按土地使用权证确认的土地面积计算应征税款；未取得地下土地使用权证或地下土地使用权证上未标明土地面积的，按地下建筑垂直投影面积计算应征税款。

【答案】错误

28. 对实行增值税期末留抵退税的纳税人，允许其从城市维护建设税、教育费附加和地方教育附加的计税（征）依据中扣除退还的增值税税额。（　　）

【解析】略。

【答案】正确

29. 失业保险的征收范围包括没有雇工的个体工商户。（　　）

【解析】失业保险的征收范围包括有雇工的城镇个体工商户及其雇工。

【答案】错误

30. 银行业金融机构、金融资产管理公司中的增值税一般纳税人处置抵债不动产，可选择以取得的全部价款和价外费用扣除取得该抵债不动产时的作价为销售额，适用9%税率计算缴纳增值税。（　　）

【解析】略。

【答案】正确

31.《中华人民共和国税收征收管理法》第五十二条所称纳税人的失误，是指非主观故意的计算公式运用错误及明显的笔误。（　　）

【解析】略。

【答案】正确

32. 根据《中华人民共和国税收征收管理法》第八十六条的规定，违反税收法律、行政法规应当给予行政处罚的行为，在5年内未被发现的，不再给予行政处罚。这一期限从税务违法行为发生之日起计算；违法行为有连续或继续状态的，从行为终了之日起计算。（　　）

【解析】略。

【答案】正确

33.《中华人民共和国税收征收管理法》规定的行政处罚，罚款额在2000元以下的，可以由税务所决定。（　　）

【解析】略。

【答案】正确

34.《中华人民共和国税收征收管理法》及其实施细则所规定期限的最后1日是法定休假日的，以休假日期满的次日为期限的最后1日；在期限内有超过3日以上法定休假日的按休假日天数顺延。 （ ）

【解析】略。

【答案】正确

35.《中华人民共和国税收征收管理法》所称存款，包括独资企业投资人、企业合伙人、个体工商户的储蓄存款及股东资金账户中的股票和资金等。 （ ）

【解析】根据《中华人民共和国税收征收管理法实施细则》第七十二条的规定，《中华人民共和国税收征收管理法》所称存款，包括独资企业投资人、合伙企业合伙人、个体工商户的储蓄存款及股东资金账户中的资金等。

【答案】错误

36. 2022年6月15日，某贸易公司法人代表王某要求到美国考察，税务机关发现该公司还有欠税，税务机关可以要求其提供纳税担保，如不提供担保，又不缴清欠税的，可以通知出境管理机关阻止其出境。 （ ）

【解析】略。

【答案】正确

37. 从事生产、经营的纳税人账户发生变化的，应当自变化之日起30日内，向主管税务机关书面报告，并办理变更市场主体登记。 （ ）

【解析】根据《中华人民共和国税收征收管理法实施细则》第十七条的规定，从事生产、经营的纳税人应当自开立基本存款账户或者其他存款账户之日起15日内，向主管税务机关书面报告其全部账号；发生变化的，应当自变化之日起15日内，向主管税务机关书面报告。

【答案】错误

38. 当纳税人既有应退税款又有欠缴税款时，税务机关可以将应退税款和利息先抵扣欠缴税款；抵扣后尚有余额的，由税务机关决定抵顶纳税人下期应纳税款或退还纳税人。 （ ）

【解析】根据《中华人民共和国税收征收管理法实施细则》第七十九条的规定，当纳税人既有应退税款又有欠缴税款的，税务机关可以将应退税款和利息先抵扣欠缴税款；抵扣后有余额的，退还纳税人。

【答案】错误

39. 当税收收入任务完成之后，税务机关可以延缓征收税款。 （ ）

【解析】根据《中华人民共和国税收征收管理法》第二十八条的规定，税务机关依照法律、行政法规的规定征收税款，不得违反法律、行政法规的规定开征、停征、多征、少征、提前征收、延缓征收或者摊派税款。

【答案】错误

40. 对查封的商品、货物或者其他财产，税务机关可以指令被执行人负责保管，保管责任由税务机关承担。（ ）

【解析】根据《中华人民共和国税收征收管理法实施细则》第六十七条的规定，对查封的商品、货物或者其他财产，税务机关可以指令被执行人负责保管，保管责任由被执行人承担。

【答案】错误

41. 对法律、行政法规没有规定负有代扣、代收税款义务的单位和个人，税务机关可以根据工作需要要求其履行代扣、代收税款义务。（ ）

【解析】根据《中华人民共和国税收征收管理法》第三十条的规定，扣缴义务人依照法律、行政法规的规定履行代扣、代收税款的义务。对法律、行政法规没有规定负有代扣、代收税款义务的单位和个人，税务机关不得要求其履行代扣、代收税款义务。

【答案】错误

42. 对经责令限期缴纳税款，逾期仍不缴纳的从事生产、经营的纳税人，税务机关可依法采取强制执行措施。（ ）

【解析】略。

【答案】正确

43. 对纳税人欠缴的税款，税务机关可以在3年内追征，特殊情况的，可延长到5年。（ ）

【解析】依据《中华人民共和国税收征收管理法》第五十二条第三款的规定。

【答案】错误

44. 对税务机关依法进行的税务检查，纳税人不得拒绝，并应如实反映情况、提供有关资料，不得隐瞒。（ ）

【解析】略。

【答案】正确

45. 加收滞纳金的起止时间，为纳税人、扣缴义务人发生税款滞纳之日起至纳税人、扣缴义务人实际缴纳或者解缴税款之日止。（ ）

【解析】略。

【答案】正确

46. 减税、免税申请既可采取书面形式，也可采取口头形式。（ ）

【解析】依据《中华人民共和国税收征收管理法》第三十三条的规定。

【答案】错误

47. 经设区的市、自治州以上税务局局长批准，税务机关可以将纳税人、扣缴义务

人当年的账簿、记账凭证、报表和其他有关资料调回税务机关检查，并在3个月内退还。（　　）

【解析】根据《中华人民共和国税收征收管理法实施细则》第八十六条的规定，税务机关行使《中华人民共和国税收征收管理法》第五十四条第（一）项职权时，可以在纳税人、扣缴义务人的业务场所进行；必要时，经县以上税务局（分局）局长批准，可以将纳税人、扣缴义务人以前会计年度的账簿、记账凭证、报表和其他有关资料调回税务机关检查，但是税务机关必须向纳税人、扣缴义务人开付清单，并在3个月内完整退还；有特殊情况的，经设区的市、自治州以上税务局局长批准，税务机关可以将纳税人、扣缴义务人当年的账簿、记账凭证、报表和其他有关资料调回检查，但是税务机关必须在30日内退还。

【答案】错误

48. 经县以上税务局（分局）局长批准，凭全国统一格式的检查存款账户许可证明，税务机关可以查询税务案件涉嫌人员的储蓄存款。（　　）

【解析】根据《中华人民共和国税收征收管理法》第五十四条第（六）项的规定，经县以上税务局（分局）局长批准，凭全国统一格式的检查存款账户许可证明，查询从事生产、经营的纳税人、扣缴义务人在银行或者其他金融机构的存款账户。税务机关在调查税收违法案件时，经设区的市、自治州以上税务局（分局）局长批准，可以查询案件涉嫌人员的储蓄存款。

【答案】错误

49. 纳税信用评价结果的确定和发布遵循谁评价、谁确定、谁发布的原则。（　　）

【解析】略。

【答案】正确

50. 法律溯及力，是指新的法律生效后，对其生效前所发生的事件和行为是否适用的问题。如果适用，新法就不具有溯及力，如果不能适用，则说明新法具有溯及力。（　　）

【解析】应为如果适用，新法就具有溯及力，如果不能适用，则说明新法不具有溯及力。

【答案】错误

51. 税务行政关系的客体是指税务行政相对人。（　　）

【解析】税务行政关系的客体，是指税务行政法律关系主体的权利义务所指向的标的、目标或对象，包括物和行为两大类。

【答案】错误

52. 听证是作出税务行政许可决定的必经程序。（　　）

【解析】根据税务行政许可的相关规定，听证不是作出税务行政许可决定的必经程序。

【答案】错误

53. 对当事人的同一个违法行为，不得给予两次以上的行政处罚。（　）

【解析】对当事人的同一个违法行为，不得给予两次以上罚款的行政处罚。

【答案】错误

54. 行政强制措施，是指行政机关或者行政机关申请人民法院对不履行行政决定的公民、法人或者其他组织依法强制履行义务的行为。（　）

【解析】行政强制措施，是指行政机关在行政管理过程中，为制止违法行为、防止证据损毁、避免危害发生、控制危险扩大等情形，依法对公民的人身自由实施暂时性限制，或者对公民、法人或者其他组织的财物实施暂时性控制的行为。

【答案】错误

55. 原告提供的证据不成立的，不免除被告对被诉具体行政行为合法性的举证责任。（　）

【解析】略。

【答案】正确

56. 虚开发票罪是指虚开增值税专用发票、用于骗取出口退税、抵扣税款发票，情节严重，依法应受处罚的行为。（　）

【解析】虚开发票罪，是指虚开增值税专用发票、用于骗取出口退税、抵扣税款发票以外发票的行为。

【答案】错误

57. 公民、法人或者其他组织同被诉行政行为有利害关系但没有提起诉讼，或者同案件处理结果有利害关系的，可以作为第三人申请参加诉讼，或者由人民法院通知参加诉讼。（　）

【解析】略。

【答案】正确

58. 赔偿请求人请求税务行政赔偿的时效为3年，自税务行政人员行使职权的时点起计算。（　）

【解析】赔偿请求人请求税务行政赔偿的时效为2年，自税务行政人员行使职权时的行为被依法确认为违法之日起计算。

【答案】错误

59. 公务员定期考核的结果分为优秀、称职、基本称职和不称职四个等次。（　）

【解析】略。

【答案】正确

60. 制作录音、录像等视听资料的，应当注明制作方法、制作时间、制作人和证明

对象等内容。 （ ）

【解析】略。

【答案】正确

61. 查询从事生产、经营的纳税人、扣缴义务人存款账户，应当经县以上税务局局长批准，凭检查存款账户许可证明向相关银行或者其他金融机构查询。 （ ）

【解析】略。

【答案】正确

62. 违法行为构成犯罪但情节轻微的，行政机关可以自行裁量不将案件移送司法机关。 （ ）

【解析】违法行为构成犯罪的，行政机关必须将案件移送司法机关，依法追究刑事责任。

【答案】错误

63. 税务机关的出庭应诉人员包括负责人和委托代理人。主要负责人不能出庭的，由分管被诉行政行为承办机构的负责人出庭应诉。 （ ）

【解析】略。

【答案】正确

64. 纳税人在公安机关立案后再补缴应纳税款、缴纳滞纳金或者接受行政处罚的，不追究刑事责任。 （ ）

【解析】纳税人在公安机关立案后再补缴应纳税款、缴纳滞纳金或者接受行政处罚的，不影响刑事责任的追究。

【答案】错误

65. 税务行政法律关系的主体是税务行政主体。 （ ）

【解析】税务行政法律关系的主体包括税务行政主体和税务行政相对人。

【答案】错误

66. 对人民法院作出的责令重新作出行政行为的判决，税务机关应当在法定期限或者人民法院指定的期限内重新作出，不得以同一事实和理由作出与原行政行为基本相同的行政行为。 （ ）

【解析】除原行政行为因程序违法或者法律适用问题被人民法院判决撤销的情形外，不得以同一事实和理由作出与原行政行为基本相同的行政行为。

【答案】错误

67. 税务机关要依法自觉履行人民法院生效判决、裁定和调解，不得拒绝履行或者拖延履行，被诉行政行为承办机构负责具体执行。 （ ）

【解析】略。

【答案】正确

68. 违反税收法律、行政法规应当给予行政处罚的行为，在两年内未被发现的，不再给予行政处罚。 （ ）

【解析】违反税收法律、行政法规应当给予行政处罚的行为，在五年内未被发现的，不再给予行政处罚。

【答案】错误

69. 当事人对行政处罚决定不服申请行政复议或者提起行政诉讼的，行政处罚不停止执行，法律另有规定的除外。 （ ）

【解析】略。

【答案】正确

70. 公务员在受处分期间不得晋升职务、职级和级别，其中受记过、记大过、降级、撤职处分的，不得晋升工资档次。 （ ）

【解析】略。

【答案】正确

71. 县级税务机关应当成立税收执法责任管理与过错追究领导小组，负责税收执法责任认定、税收执法过错责任追究、税收执法质量评价的组织领导。 （ ）

【解析】各级税务机关都应当成立税收执法责任管理与过错追究领导小组。

【答案】错误

72. 税务行政复议机关收到复议申请以后，应当在7日内审查，决定是否受理。

（ ）

【解析】税务行政复议机关收到复议申请以后，应当在5日内审查，决定是否受理。

【答案】错误

73. 行政机关及其执法人员当场收缴罚款的，如不出具财政部门统一制发的罚款收缴的，当事人有权拒绝缴纳罚款。 （ ）

【解析】略。

【答案】正确

74. 税收执法责任认定就是判断税收执法程序是否合法。 （ ）

【解析】税收执法责任认定内容包括是否存在不作为情形，税收执法主体资格是否符合规定，税收执法人员是否取得执法资格，税收执法是否符合执法权限，税收执法适用依据是否正确，税收执法程序是否合法等各个方面的内容。

【答案】错误

75. 外国人、无国籍人、外国组织在中华人民共和国境内申请行政复议，同样适用《中华人民共和国行政复议法》。 （ ）

【解析】略。

【答案】正确

76. 强化以案明责，就是要严抓落实“两个责任”，把主体责任和监督责任一贯到底，层层传导到“神经末梢”，充分发挥部门职能监督作用，强化基层党组织日常监督。（　）

【解析】略。

【答案】正确

77. 单位、个人在接受经营服务时，可以不取得发票。（　）

【解析】按照规定取得发票，是各个单位、个人应该履行的义务。

【答案】错误

78. 行政复议工作坚持中国共产党的领导。（　）

【解析】根据《中华人民共和国行政复议法》第三条。

【答案】正确

79. 上级行政复议机构对下级行政复议机构的行政复议工作进行统一管理。

（　）

【解析】上级行政复议机构对下级行政复议机构的行政复议工作进行指导、监督。

【答案】错误

80. 行政复议机构中从事行政复议工作的人员，应当通过国家统一法律职业资格考试取得法律职业资格，并参加统一职前培训。（　）

【解析】行政复议机构中初次从事行政复议工作的人员，应当通过国家统一法律职业资格考试取得法律职业资格，并参加统一职前培训。

【答案】错误

81. 公民、法人或者其他组织对行政复议决定不服的，均可以依照《中华人民共和国行政诉讼法》的规定向人民法院提起行政诉讼。（　）

【解析】公民、法人或者其他组织对行政复议决定不服的，可以依照《中华人民共和国行政诉讼法》的规定向人民法院提起行政诉讼，但是法律规定行政复议决定为最终裁决的除外。

【答案】错误

82. 行政复议机关受理行政复议申请，可向申请人收取适当费用。（　）

【解析】行政复议机关受理行政复议申请，不得向申请人收取任何费用。

【答案】错误

83. 办公室是税务系统内部控制的管理部门。（　）

【解析】督察内审部门是税务系统内部控制的管理部门。

【答案】错误

84. 全面依法治国是一个系统工程，坚持依法治国、依法执政、依法行政共同推进，法治国家、法治政府、法治社会一体建设。（　）

【解析】略。

【答案】正确

85.《法治中国建设规划（2020—2025年）》是新时代推进全面依法治国的纲领性文件。（　　）

【解析】略。

【答案】正确

86. 在领取环节个人领取的个人养老金，不并入综合所得，单独按照5%的税率计算缴纳个人所得税，其缴纳的税款计入工资、薪金所得项目。（　　）

【解析】在领取环节个人领取的个人养老金，不并入综合所得，单独按照3%的税率计算缴纳个人所得税，其缴纳的税款计入工资、薪金所得项目。

【答案】错误

87. 自2022年1月1日起，对个人养老金实施递延纳税优惠政策。（　　）

【解析】略。

【答案】正确

88. 税务机关按照规定付给扣缴义务人代扣、代收手续费。（　　）

【解析】《中华人民共和国税收征收管理法》规定，税务机关按照规定付给扣缴义务人代扣、代收手续费。

【答案】正确

89. 重大税务案件应当自批准受理之日起30日内作出审理决定。（　　）

【解析】略。

【答案】正确

90. 违反税收法律、行政法规应当给予行政处罚的行为，在5年内未被发现的，不再给予行政处罚。（　　）

【解析】根据《中华人民共和国税收征收管理法》的规定。

【答案】正确

91. 法律之间对同一事项的新的一般规定与旧的特别规定不一致，不能确定如何适用时，由全国人民代表大会常务委员会裁决。（　　）

【解析】根据《中华人民共和国立法法》的规定。

【答案】正确

92. 违法事实确凿并有法定依据，对公民处以200元以下、对法人或者其他组织处以3000元以下罚款或者警告的行政处罚的，可以当场作出行政处罚决定。（　　）

【解析】根据《中华人民共和国行政处罚法》的规定。

【答案】正确

93. 不动产物权的设立、变更、转让和消灭，应当依照法律规定登记。（　　）

【解析】根据《中华人民共和国民法典》的规定。

【答案】正确

94. 对企业出资给非营利性科学技术研究开发机构、高等学校和政府性自然科学基金用于基础研究的支出，在计算应纳税所得额时可按实际发生额在税前扣除，并可按 50% 在税前加计扣除。（　　）

【解析】根据《财政部　税务总局关于企业投入基础研究税收优惠政策的公告》（财政部　税务总局公告 2022 年第 32 号）规定，对企业出资给非营利性科学技术研究开发机构、高等学校和政府性自然科学基金用于基础研究的支出，在计算应纳税所得额时可按实际发生额在税前扣除，并可按 100% 在税前加计扣除。

【答案】错误

95. 重大税务案件审理参与人员的回避，由其所在部门的负责人决定；审理委员会成员单位负责人的回避，由审理委员会主任或其授权的副主任决定。（　　）

【解析】根据《重大税务案件审理办法》的规定。

【答案】正确

96. 行政相对人，是指行政机关管理、执法和服务的对象，包括公民、法人、其他组织。（　　）

【解析】略。

【答案】正确

97. 文明执法，就是坚持以人为本、执法为民，防止粗暴执法、过度执法、机械执法，促进执法和谐，这是执法的职业素养。（　　）

【解析】略。

【答案】正确

98. 采取直接收款方式销售货物，不论货物是否发出，增值税纳税义务发生时间均为收到销售款或者取得索取销售款凭据的当天。（　　）

【解析】略。

【答案】正确

99. 采取托收承付和委托银行收款方式销售货物，增值税纳税义务发生时间为发出货物并办妥托收手续的当天。（　　）

【解析】略。

【答案】正确

100. 采取赊销和分期收款方式销售货物，增值税纳税义务发生时间为书面合同约定的收款日期的当天，无书面合同的或者书面合同没有约定收款日期的，为货物发出的当天。（　　）

【解析】略。

【答案】正确

101. 采取预收货款方式销售货物，增值税纳税义务发生时间为货物发出的当天，但生产销售生产工期超过12个月的大型机械设备、船舶、飞机等货物，为收到预收款或者书面合同约定的收款日期的当天。（　）

【解析】略。

【答案】正确

102. 委托其他纳税人代销货物，增值税纳税义务发生时间为收到代销单位的代销清单或者收到全部或者部分货款的当天。未收到代销清单及货款的，为发出代销货物满180天的当天。（　）

【解析】略。

【答案】正确

103. 销售应税劳务，增值税纳税义务发生时间为提供劳务同时收讫销售款或者取得索取销售款的凭据的当天。（　）

【解析】略。

【答案】正确

104. 税务规范性文件，是指县以上税务机关依照法定职权和规定程序制定并发布的，影响纳税人、缴费人、扣缴义务人等税务行政相对人权利、义务，在本辖区内具有普遍约束力并在一定期限内反复适用的文件。（　）

【解析】略。

【答案】正确

105. 使用“担保即提”“即购即提”方式购买的离岛免税品属于消费者个人使用的最终商品，应一次性携带离岛，不得再次销售。（　）

【解析】根据《海关总署　财政部　税务总局关于增加海南离岛免税购物“担保即提”和“即购即提”提货方式的公告》（海关总署　财政部　税务总局公告2023年第25号）的规定。

【答案】正确

106. 银行业金融机构、金融资产管理公司中的增值税一般纳税人处置抵债不动产，可选择以取得的全部价款和价外费用扣除取得该抵债不动产时的作价为销售额，适用9%税率计算缴纳增值税。（　）

【解析】根据《财政部　税务总局关于继续实施银行业金融机构、金融资产管理公司不良债权以物抵债有关税收政策的公告》（财政部　税务总局公告2023年第35号）的规定。

【答案】正确

107. 增值税小规模纳税人发生增值税应税销售行为，合计月销售额未超过10万元

（以 1 个季度为 1 个纳税期的，季度销售额未超过 30 万元）的，免征增值税。（　　）

【解析】根据《国家税务总局关于增值税小规模纳税人减免增值税等政策有关征管事项的公告》（国家税务总局公告 2023 年第 1 号）的规定。

【答案】正确

108. 对非营利性科研机构、高等学校接收企业、个人和其他组织机构基础研究资金收入，免征企业所得税。（　　）

【解析】根据《财政部　税务总局关于企业投入基础研究税收优惠政策的公告》（财政部　税务总局公告 2022 年第 32 号）的规定。

【答案】正确

109. 对当事人的同一个违法行为，不得给予两次以上罚款的行政处罚。（　　）

【解析】对当事人的同一个违法行为，不得给予两次以上罚款的行政处罚。同一个违法行为违反多个法律规范应当给予罚款处罚的，按照罚款数额高的规定处罚。

【答案】正确

110. 加快推进智慧税务建设，2025 年实现税务执法、服务、监管与大数据智能化应用深度融合、高效联动、全面升级。（　　）

【解析】根据《关于进一步深化税收征管改革的意见》的规定。

【答案】正确

111. 国家赔偿以支付赔偿金为主要方式。（　　）

【解析】根据《中华人民共和国国家赔偿法》的规定。

【答案】正确

112. 纳税人办结相关涉税事宜后，符合开具条件的，主管税务机关应当在 1 个工作日内开具《无欠税证明》。（　　）

【解析】根据《国家税务总局关于开具〈无欠税证明〉有关事项的公告》，纳税人办结相关涉税事宜后，符合开具条件的，主管税务机关应当即时开具《无欠税证明》。

【答案】错误

113. 首问责任制度是指纳税人到税务机关或通过电话等方式办理涉税事项或寻求涉税帮助时，首位接洽的税务工作人员为纳税人办理或有效指引纳税人完成办理涉税事项的制度。（　　）

【解析】根据《税务机关首问责任制度（试行）》的规定。

【答案】正确

114. 对实行告知承诺制的税务证明事项，纳税人可以自主选择是否适用告知承诺制办理。（　　）

【解析】根据《国家税务总局关于进一步实施部分税务证明事项告知承诺制的公告》（国家税务总局公告 2023 年第 2 号）的规定。

【答案】正确

115. 纳税人因特殊原因未能及时履行纳税义务的，不影响其纳税信用评价。 （ ）

【解析】因涉嫌税收违法被立案查处尚未结案的，暂不参加纳税信用评价。

【答案】错误

116. 到2025年，深化税收征管制度改革取得显著成效，基本建成功能强大的智慧税务，形成国内一流的智能化行政应用系统，全方位提高税务执法、服务、监管能力。 （ ）

【解析】略。

【答案】正确

117. 企业内部数据资源研究开发项目的支出，应当区分研究阶段支出与开发阶段支出。研究阶段的支出，应当于发生时计入当期损益。开发阶段的支出，确认为无形资产。 （ ）

【解析】企业内部数据资源研究开发项目的支出，应当区分研究阶段支出与开发阶段支出。研究阶段的支出，应当于发生时计入当期损益。开发阶段的支出，满足无形资产准则规定的有关条件的，才能确认为无形资产。

【答案】错误

118. 单式记账法是对发生的每一项经济业务都以相等的金额在两个或两个以上相互联系的账户中同时进行登记的方法。 （ ）

【解析】单式记账法是对发生的每一项经济业务只在一个账户中作单方面记录的方法。以上是复式记账法的定义。

【答案】错误

119. 借贷记账法的记账规则是“有借必有贷，借贷必相等”。 （ ）

【解析】略。

【答案】正确

120. “主营业务收入”账户属于损益类账户，用来核算企业在销售商品、提供劳务等日常活动中取得的主营业务收入。 （ ）

【解析】略。

【答案】正确

121. “所得税费用”账户属于损益类账户，用来核算企业确认的应从当期利润总额中扣除的所得税费用。期末结转后如果余额在借方，表示累计未弥补的亏损。 （ ）

【解析】期末，应将本账户借方登记的发生额从贷方转入“本年利润”账户的借方，结转后该账户无余额。

【答案】错误

122. 利润表是反映企业在某一特定时期的经营成果的会计报表，反映了企业经营业绩的主要来源和构成。 ( )

【解析】利润表反映的是一定会计期间而不是某一特定时期的情况。

【答案】错误

123. 所有者权益变动表是反映构成所有者权益的各组成部分当期的增减变动情况的报表。 ( )

【解析】略。

【答案】正确

124. 卡片账是将账户所需格式印刷在硬卡上。严格说，卡片账也是一种活页账。 ( )

【解析】略。

【答案】正确

125. 两栏式账簿是指只有明细和总额两个基本金额栏目的账簿。普通日记账和转账日记账一般采用两栏式。 ( )

【解析】两栏式账簿是只有借方和贷方两个基本金额栏目的账簿。

【答案】错误

126. 会计凭证是用来记录经济业务，明确经济责任，作为记账依据的书面证明。 ( )

【解析】略。

【答案】正确

127. 账户的基本结构分左右两方，分别记录经济业务的增加额或减少额，左方登记增加，右方登记减少。 ( )

【解析】哪一方登记增加，哪一方登记减少，取决于所记录经济业务的内容和账户的性质以及所采用的记账方法。

【答案】错误

四、简答题

1. 什么是税收保全措施?

【答案】根据《中华人民共和国税收征收管理法》第三十八条的规定，税务机关有根据认为从事生产、经营的纳税人有逃避纳税义务行为的，可以在规定的纳税期之前，责令限期缴纳应纳税款；在限期内发现纳税人有明显的转移、隐匿其应纳税的商品、货物及其他财产或者应纳税的收入的迹象的，税务机关可以责成纳税人提供纳税担保。如果纳税人不能提供纳税担保，经县以上税务局（分局）局长批准，税务机关可以采取下列税收保全措施：

（1）书面通知纳税人开户银行或者其他金融机构冻结纳税人的金额相当于应纳税款的存款；

（2）扣押、查封纳税人的价值相当于应纳税款的商品、货物或者其他财产。

纳税人在上述规定的限期内缴纳税款的，税务机关必须立即解除税收保全措施；限期期满仍未缴纳税款的，经县以上税务局（分局）局长批准，税务机关可以书面通知纳税人开户银行或者其他金融机构从其冻结的存款中扣缴税款，或者依法拍卖或者变卖所扣押、查封的商品、货物或者其他财产，以拍卖或者变卖所得抵缴税款。

个人及其所扶养家属维持生活必需的住房和用品，不在税收保全措施的范围之内。

2. 什么是税收强制执行措施？

【答案】根据《中华人民共和国税收征收管理法》第四十条的规定，从事生产、经营的纳税人、扣缴义务人未按照规定的期限缴纳或者解缴税款，纳税担保人未按照规定的期限缴纳所担保的税款，由税务机关责令限期缴纳，逾期仍未缴纳的，经县以上税务局（分局）局长批准，税务机关可以采取下列强制执行措施：

（1）书面通知其开户银行或者其他金融机构从其存款中扣缴税款；

（2）扣押、查封、依法拍卖或者变卖其价值相当于应纳税款的商品、货物或者其他财产，以拍卖或者变卖所得抵缴税款。

税务机关采取强制执行措施时，对上述所列纳税人、扣缴义务人、纳税担保人未缴纳的滞纳金同时强制执行。

个人及其所扶养家属维持生活必需的住房和用品，不在强制执行措施的范围之内。

3. 纳税人在履行纳税义务过程中，依法享有哪些权利？

【答案】纳税人在履行纳税义务过程中，依法享有下列权利：①知情权；②保密权；③税收监督权；④纳税申报方式选择权；⑤申请延期申报权；⑥申请延期缴纳税款权；⑦申请退还多缴税款权；⑧依法享受税收优惠权；⑨委托税务代理权；⑩陈述与申辩权；⑪对未出示税务检查证和税务检查通知书的拒绝检查权；⑫税收法律救济权；⑬依法要求听证的权利；⑭索取有关税收凭证的权利。

4. 纳税人在纳税过程中负有哪些义务？

【答案】依照宪法、税收法律和行政法规的规定，纳税人在纳税过程中负有以下义务：①依法进行市场主体登记的义务；②依法设置账簿、保管账簿和有关资料及依法开具、使用、取得和保管发票的义务；③财务会计制度和会计核算软件备案的义务；④按照规定安装、使用税控装置的义务；⑤按时、如实申报的义务；⑥按时缴纳税款的义务；⑦代扣、代收税款的义务；⑧接受依法检查的义务；⑨及时提供信息的义务；

⑩报告其他涉税信息的义务。

5. 我国社会主义法治的总目标是什么？

【答案】我国社会主义法治的总目标是建设中国特色社会主义法治体系，建设社会主义法治国家。在中国共产党领导下，坚持中国特色社会主义制度，贯彻中国特色社会主义法治理论，形成完备的法律规范体系、高效的法治实施体系、严密的法治监督体系、有力的法治保障体系，形成完善的党内法规体系，坚持依法治国、依法执政、依法行政共同推进，坚持法治国家、法治政府、法治社会一体建设，实现科学立法、严格执法、公正司法、全民守法，促进国家治理体系和治理能力现代化。

6. 请简述“三项制度”的内容。

【答案】“三项制度”，是指行政执法公示制度、行政执法全过程记录制度和重大执法决定法制审核制度。税务系统要求优化税务执法方式，全面推行“三项制度”。行政执法公示，是指行政机关在行政执法事前、事中和事后三个环节，依法及时主动向行政相对人和社会，公开有关行政执法信息的活动。行政执法全过程记录，是指行政机关采用文字、音像记录的形式，对税务执法的启动、调查取证、审核决定、送达执行等全部过程进行记录，并全面系统归档保存，实现执法全过程留痕和可回溯管理的活动。重大执法决定法制审核，是指行政机关作出重大执法决定前，由法制审核机构对决定的合法性进行审核的活动。

7. 行政复议期间具体行政行为不停止执行，但是在哪些情形下，可以停止执行？

【答案】被申请人认为需要停止执行的。行政复议机关认为需要停止执行的。申请人申请停止执行，行政复议机关认为其要求合理，决定停止执行的。法律规定停止执行的。

8. 简述执法过错责任追究中应当从重追究的情形。

【答案】有下列情形之一的，应当从重追究：①税收执法人员因主观故意或者不作为导致税收执法过错发生的；②导致国家税款流失并且数额较大的；③被责令限期改正逾期不改正，又无正当理由的；④税收执法过错发生后瞒报或者不采取有效措施，致使损害后果扩大的；⑤隐瞒事实真相、出具伪证、毁灭证据，或者以其他方式阻碍、干扰税收执法过错调查的；⑥因税收执法过错形成负面涉税舆情、造成恶劣社会影响的；⑦因税收执法过错导致税务机关承担国家赔偿责任的；⑧其他应当从重追究的情形。

9. 行政行为有什么情形，行政复议机关决定变更该行政行为。

【答案】(1) 事实清楚，证据确凿，适用依据正确，程序合法，但是内容不适当；

(2) 事实清楚，证据确凿，程序合法，但是未正确适用依据；

(3) 事实不清、证据不足，经行政复议机关查清事实和证据。

行政复议机关不得作出对申请人更为不利的变更决定，但是第三人提出相反请求的除外。

10. 行政复议机关审理哪些行政复议案件，认为事实清楚、权利义务关系明确、争议不大的，可以适用简易程序。

【答案】(1) 被申请行政复议的行政行为是当场作出；

(2) 被申请行政复议的行政行为是警告或者通报批评；

(3) 案件涉及款额 3000 元以下；

(4) 属于政府信息公开案件。

除前款规定以外的行政复议案件，当事人各方同意适用简易程序的，可以适用简易程序。

11. 被申请人对其作出的行政行为的合法性、适当性负有举证责任。但也存在一些情形，申请人应当提供证据。请对申请人应当提供证据的情形进行列示。

【答案】(1) 认为被申请人不履行法定职责的，提供曾经要求被申请人履行法定职责的证据，但是被申请人应当依职权主动履行法定职责或者申请人因正当理由不能提供的除外；

(2) 提出行政赔偿请求的，提供受行政行为侵害而造成损害的证据，但是因被申请人原因导致申请人无法举证的，由被申请人承担举证责任；

(3) 法律、法规规定需要申请人提供证据的其他情形。

12. 在计算产品成本时，一般把生产费用划分为哪些成本项目。

【答案】(1) 直接材料，是指构成产品实体的原材料以及有助于产品形成的主要材料和辅助材料。

(2) 燃料和动力，是指直接用于产品生产的燃料和动力。

(3) 直接人工，是指直接从事产品生产的工人的职工薪酬。

(4) 制造费用，是指企业为生产产品和提供劳务而发生的各项间接费用，包括企业生产部门（如生产车间）发生的水电费、固定资产折旧、无形资产摊销、管理人员的职工薪酬、劳动保护费、国家规定的有关环保费用、季节性和修理期间的停工损失等。

13. 请简述账簿与账户的关系。

【答案】账簿和账户是形式和内容的关系。账户存在于账簿之中，账簿中的每一账页就是账户的存在形式和载体，没有账簿，账户就无法存在；账簿序时、分类地记载经济业务，是在个别账户中完成的。因此，账簿只是一个外在形式，账户才是它的真实内容。

14. 资产负债表是反映企业在某一特定日期的财务状况的主要会计报表，请简述资产负债表的作用有哪些。

【答案】资产负债表的作用主要体现在以下 4 个方面：①通过编制资产负债表，可以反映企业资产的构成及其状况，分析企业在某一日期所拥有的经济资源及其分布情况。②通过编制资产负债表，可以反映企业某一日期的负债总额及其结构，分析企业目前与未来需要支付的债务数额。③通过编制资产负债表，可以反映企业所有者权益的情况，了解企业现有的投资者在企业资产总额中所占的份额。④通过资产负债表，可以帮助报表使用者全面了解企业的财务状况及其发展趋势，分析企业的债务偿还能力和营利能力等，从而为未来的经济决策提供参考信息。

五、论述题

1. 办税服务厅作为税务部门对外服务的窗口，既是涉税事项最集中、征纳互动最频繁、纳税人诉求最直接的场所，也是各类矛盾问题和风险隐患易发的场所，如何全面预防和妥善处置办税服务厅突发事件？

【答案】可以从以下方面进行阐述：

办税服务厅突发事件，是指突然发生、影响办税服务厅正常办税秩序，造成生命财产损失，危害公共安全，需要采取应急处置措施予以应对的事件。

（1）办税服务厅的突发事件，大致可以分为以下 3 类：

①办税秩序类。由于税收政策和管理程序调整等造成的办税服务厅滞留人员激增并影响正常办税秩序的突发事件。

②系统故障类。由于计算机软件、硬件及网络系统等升级或其他突发故障，影响工作正常运行的突发事件。

③其他类。因公共安全、自然灾害等造成办税服务厅无法正常办理涉税业务的各类突发事件。

（2）办税服务厅突发事件应坚持预防为主。

①预防和应急准备。作为面向纳税人服务的基层税务机关，特别是要从制度上预防办税服务厅突发事件的发生，及时消除风险隐患。

预防和应急准备工作包括：组织准备、编制预案、资源准备、培训演练等。

②监测和预警。各级税务机关应建立办税服务厅突发事件分析预警机制，运用信息化手段，加强突发事件风险排查，实现办税服务厅动态监控。突发事件发生时，首先发现的税务工作人员为第一知情人，办税服务厅负责人为第一处置人。第一知情人应及时向第一处置人和应急工作领导小组报告，确保应急预案及时启动。

（3）办税服务厅突发事件应对策略。提高对突发事件的反应、处置和舆情控制能力，采取有效措施，综合运用调解、行政、法律等多种手段，把不良影响和损失降到最低。

①办税秩序类突发事件的应对策略。办税秩序类突发事件包括办税拥堵和现场冲突两种。应针对不同情况进行及时处置。

A. 办税拥堵的应对策略。办税服务厅发生排队拥堵时，值班领导应及时做好现场秩序的维护和拥堵原因识别。通过增加导税人员、调整窗口功能、增设办税窗口、增辟等候休息区等方式，引导或分流办税人员，防止出现秩序混乱的情况。发生严重拥堵时，办税服务厅负责人应及时报告办税服务厅应急工作领导小组。

B. 现场冲突的应对策略。办税服务厅发生人员冲突时，值班领导应第一时间介入，引导相关人员到安静场所进行沟通。认真倾听，安抚相关人员的情绪，并对相关人员的抱怨或投诉妥善进行处理，避免冲突升级。当相关人员情绪失控时，要做好隔离和疏散工作，必要时向公安部门报案并做好现场处置。办税服务厅工作人员要加强自我保护、自我克制，避免与办税人员发生肢体冲突。税务机关要妥善处理后续事宜并进行舆情监控。

②系统故障类突发事件的应对策略。由于计算机软件、硬件，电力或网络系统等升级或突发故障等原因导致涉税业务不能正常办理时，办税服务厅负责人应第一时间上报突发事件应急领导小组，并启动应急预案。办税服务厅应配合有关技术部门尽快解决，并做好现场秩序维护和办税人员的解释疏导工作。利用显示屏、公告栏、电话、短信、微信等方式提醒纳税人合理安排办税时间。对短时间内不能解决故障的，通过手工处理或提供延时或预约服务等方式，待故障修复后及时为纳税人办理相关事宜。

③其他类突发事件的应对策略。涉及公共安全、自然灾害等其他类突发事件发生时，第一处置人应在第一时间报告相关部门及应急工作领导小组。同时在当地政府统一领导下，按照相关应急预案积极部署应对。

A. 群体性事件处置。办税服务厅发生群体性事件时，办税服务厅负责人应立即报告办税服务厅应急工作领导小组，启动应急预案，必要时及时向当地公安机关报警，并配合公安部门做好现场处置。工作人员应尽快组织办税服务厅内其他纳税人撤离现场，安排人员保护重要岗位和重要资料。

B. 其他突发事件处置。当地震发生时，办税服务厅负责人应按照《国家突发公共事件总体应急预案》和《国家地震应急预案》相关要求，指挥办税服务厅内人员紧急疏散、有序撤离、检查伤情、稳定情绪，及时向办税服务厅应急工作领导小组负责人报告。

当洪涝灾害发生时，办税服务厅负责人应按照《国家突发公共事件总体应急预案》相关要求，要迅速组织办税服务厅内人员安全转移，在有安全保障的前提下切断电源，及时向办税服务厅应急工作领导小组负责人报告。

当火灾发生时，办税服务厅负责人应及时发出火灾信息并立即向消防部门报警，同时向办税服务厅应急工作领导小组负责人报告。火灾初起，办税服务厅负责人在有安全保障的前提下切断电源，组织人员使用消防器材灭火，抢救重要涉税资料，迅速引导办税服务厅内人员有序撤离、逃生。

（4）办税服务厅突发事件事后管理。

办税服务厅突发事件发生后，应按照税务系统舆情管理相关要求和程序，依法依规做好信息发布。未经许可，任何个人不得擅自发布事件相关信息。突发事件结束后，应及时将事件相关情况报上级主管税务机关备案，并总结经验教训，加强防范，完善应急预案。

对在处置工作中预警及时、处置妥善，有效保障生命财产安全的单位和个人，应依据相关规定给予表彰和奖励。对在工作中玩忽职守、处置不当，导致事件发生或扩大，造成重大损失或恶劣影响的单位和个人，应依照相关规定，视其情节和危害程度，给予党纪政纪处分或移交司法机关处理。

2. 请结合岗位实际，谈谈税务职务犯罪如何预防？

【答案】可以从以下方面进行阐述：

（1）加大教育力度，营造预防税务职务犯罪的浓厚氛围。要始终不渝、坚持不懈地开展思想政治工作，在每个税务干部的思想上筑起反腐倡廉、恪尽职守的防火墙，让大家在思想上不想犯法。

（2）进一步健全完善各种工作制度，完善监督制约机制。必须要用制度来规范税收执法权力和行政管理权力，在税收征收、管理、稽查各个工作环节，明晰工作标准，健全和完善工作制度，从市场主体登记，一般纳税人认定，发票出售，税款缴纳，户籍巡查，税收检查、审理、执行，以及税款入库等各个方面实行规范管理；在行政事务管理方面从车辆管理，基建招标及物品采购登记等方面进一步完善并严格执行各项规章制度。

（3）查处案件，惩治腐败。查处也是一种预防，是对税务职务犯罪的特殊预防。对税务违法犯罪的查处，既惩治了腐败问题，维护了党纪国法的严肃性，又能起到警示作用，达到威慑效果。

3. 在行政复议期间，有哪些情形之一的，会导致行政复议中止？

【答案】

行政复议期间有下列情形之一的，行政复议中止：

（1）作为申请人的公民死亡，其近亲属尚未确定是否参加行政复议；

（2）作为申请人的公民丧失参加行政复议的行为能力，尚未确定法定代理人参加行政复议；

（3）作为申请人的公民下落不明；

（4）作为申请人的法人或者其他组织终止，尚未确定权利义务承受人；

（5）申请人、被申请人因不可抗力或者其他正当理由，不能参加行政复议；

（6）依照本法规定进行调解、和解，申请人和被申请人同意中止；

（7）行政复议案件涉及的法律适用问题需要有权机关作出解释或者确认；

（8）行政复议案件审理需要以其他案件的审理结果为依据，而其他案件尚未审结；

（9）有《中华人民共和国行政复议法》第五十六条或者第五十七条规定的情形；

（10）需要中止行政复议的其他情形。

行政复议中止的原因消除后，应当及时恢复行政复议案件的审理。

行政复议机关中止、恢复行政复议案件的审理，应当书面告知当事人。

六、计算分析题

1. 某家电零售企业为增值税一般纳税人（增值税税率为13%），2023年7月发生购销业务如下：

（1）本月购入彩色电视机一批，取得的防伪税控系统开具的增值税专用发票上注明价款64000元、增值税8320元；支付运输费用，取得增值税专用发票上注明价款为10000元、增值税900元。

（2）本月销售YX－1型彩色电视机40台，零售价4520元/台；另外将10台YX－1型彩色电视机奖励给先进职工（已抵扣进项税额4610元）。

（3）采取以旧换新方式销售电冰箱30台，每台旧冰箱收购价200元（未取得增值税专用发票），每台新冰箱零售价为2147元。

（4）采用分期收款方式销售冰柜10台，零售价9040元/台，合同规定当月收款50%，余款5个月后收回。

（5）上月未抵扣完的增值税进项税额为6120元（注：当期获得的增值税专用发票已经勾选认证并申报抵扣）。根据上述资料和税法规定，回答下列问题：

（1）计算该家电零售企业本月发生的销项税额为（　　）元。

A. 41120　　B. 46692

C. 33410　　D. 53920

（2）计算该家电零售企业本月发生的进项税额为（　　）元。

A. 8320　　B. 900

C. 10240　　D. 9220

（3）计算该家电零售企业当月应缴纳的增值税税额为（　　）元。

A. 32880　　B. 22680

C. 37472　　D. 36280

【解析】

（1）销项税额 = $(40\times4520+30\times2147+10\times9040\times50\%)\div(1+13\%)\times13\%=$ 33410（元）

（2）进项税额 = 8320 + 900 = 9220（元）

（3）应纳税额 = 33410 − 9220 + 4610 − 6120 = 22680（元）

本题的考核点涉及进项税额抵扣范围、视同销售销售额的确定、以旧换新销售方式下销售额的确定、分期收款销售方式下纳税义务的发生时间，以及留抵税额的税务处理。

【答案】（1）C　（2）D　（3）B

2. 某居民企业 2023 年有关经营情况如下：

（1）产品销售收入 3150 万元，其中 150 万元为综合利用资源生产符合国家产业政策规定产品的收入。

（2）从其他居民企业（非上市公司）取得直接投资的股息收入 80 万元，接受现金捐赠收入 100 万元。

（3）销售成本 1800 万元；税金及附加 95 万元；销售费用 400 万元，其中：广告费 260 万元；管理费用 400 万元，其中：符合条件的新技术研究开发费 120 万元、业务招待费 50 万元；财务费用 80 万元，其中：向投资者支付股息 20 万元，以及于 2023 年 2 月即开始加工、2024 年 6 月才可销售的产品在制造过程中的借款利息支出 5 万元（尚未销售）。

（4）计入成本、费用中的合理的实发工资 120 万元，拨缴工会经费 3.5 万元、支出职工福利费 18 万元、职工教育经费 11.6 万元。

（5）营业外支出 30 万元，包括通过公益性社会团体向目标脱贫地区的扶贫捐赠支出 10 万元。

要求：根据上述资料，回答下列问题：

（1）该企业 2023 年应税收入（不包括免税收入、减计收入）是（　　）万元。

A. 3150　　B. 3235

C. 3315　　D. 3330

（2）该企业 2023 年度利润总额是（　　）万元。

A. 375　　B. 445

C. 515　　D. 525

（3）该企业 2023 年纳税调整增加额为（　　）万元。

A. 48.55　　B. 58.55

C. 63.55　　D. 73.55

（4）该企业 2023 年纳税调整减少额为（　　）万元。

A. 60　　B. 75

C. 140　　D. 185

（5）该企业 2023 年应纳企业所得税为（　　）万元。

A. 100.89　　B. 128.39

C. 131.25　　D. 149.64

【解析】（1）应税收入 = 3150 − 150 × 10% + 100 = 3235（万元）

企业以《资源综合利用企业所得税优惠目录》规定的资源作为主要原材料生产符合国家或行业相关标准的产品取得的收入，减按 90% 计入收入总额。

（2）利润总额 = 3150 + 80 + 100 − 1800 − 95 − 400 − 400 − 80 − 30 = 525（万元）

（3）纳税调整增加额 = 34.25 + 25 + 1.2 + 1.1 + 2 = 63.55（万元）

业务招待费按照发生额的 60% 扣除，50 × 60% = 30（万元），但最高不能超过当年销售（营业）收入的 5‰，3150 × 5‰ = 15.75（万元），所以扣除限额为 15.75 万元，业务招待费调增 = 50 − 15.75 = 34.25（万元）。

企业向投资者支付的股息、红利等权益性投资收益款项不得税前扣除，调增 20 万元；企业加工产品超过 12 个月，加工期间借款利息应作为资本性支出计入有关资产的成本。所以 5 万元借款利息不能扣除，调增 5 万元。

财务费用调增 = 20 + 5 = 25（万元）

企业发生的职工福利费、拨缴的工会经费、职工教育经费支出不超过工资薪金总额的 14%、2%、8% 的部分，准予扣除。职工教育经费支出超过限额部分准予在以后纳税年度结转扣除。

职工福利费调增 = 18 − 120 × 14% = 1.2（万元）

工会经费调增 = 3.5 − 120 × 2% = 1.1（万元）

职工教育经费调增 = 11.6 − 120 × 8% = 2（万元）

（4）纳税调整减少额 = 15 + 80 + 90 = 185（万元）

综合利用资源减计收入 = 150 × 10% = 15（万元）；符合条件的居民企业之间的股息、红利等权益性投资收益为免税收入；新技术研究开发费加计扣除 = 120 × 75% = 90（万元）。

通过公益性社会团体向目标脱贫地区的扶贫捐赠支出的捐款 10 万元，可全额扣除，不用调整。

（5）2023 年度应纳税所得额 = 525 + 63.55 − 185 = 403.55（万元）

2023 年度应缴纳企业所得税 = 403.55 × 25% = 100.89（万元）

【答案】（1）B （2）D （3）C （4）D （5）A

3. 某公司是我国居民企业，企业所得税税率为 25%。2023 年资料如下：

（1）营业收入 6000 万元，其中属于符合条件的综合利用资源生产产品的收入 1000 万元。

（2）营业成本 5000 万元。

（3）销售费用 100 万元；管理费用 100 万元（其中业务招待费 24 万元）；财务费用 100 万元，其中：支付给银行的罚息 8 万元、支付其他单位借款利息 6 万元（借款本金 100 万元，合同年利率 6%、期限 1 年，银行同期贷款利率 4%）。

（4）已经计入成本费用的合理的工资支出 120 万元（均已发放），拨缴工会经费 2 万元，支出职工福利费 26.8 万元。

（5）从境外某公司取得税后利润 20 万元（已在境外所在国按 20% 的税率缴纳企业所得税）。

根据上述资料，回答下列问题：

（1）2023 年公司允许税前扣除的财务费用为（　　）万元。

A. 100　　B. 93

C. 98　　D. 95

（2）2023 年公司允许税前扣除的职工福利费为（　　）万元。

A. 26.8　　B. 12

C. 16.8　　D. 20.8

（3）2023 年公司应缴的企业所得税为（　　）万元。

A. 156.65　　B. 155.4

C. 181.65　　D. 157.9

【解析】

（1）因为该公司借款的合同利率 6% 超过银行同期贷款利率，借款利息需调增额 = 100 ×（6% − 4%）= 2（万元），而罚息 6 万元准予税前扣除，所以该公司 2023 年允许税前扣除的财务费用 = 100 − 2 = 98（万元）。

（2）公司 2023 年允许扣除的职工福利费 = 120 × 14% = 16.8（万元）

（3）公司 2023 年会计利润 = 6000 − 5000 − 100 − 100 − 100 + 20 = 720（万元）

调减应纳税所得额 = 1000 × 10% = 100（万元）

调增：业务招待费实际发生额的60% =24×60% =14.4（万元）<6000×5‰ =30（万元），应调增的金额 =24×40% =9.6（万元）；利息调增2万元；福利费调增 =26.8 -16.8 =10（万元）。合计调增 =9.6 +2 +10 =21.6（万元）。

应纳所得税额 =（720 -100 -20 +21.6）×25% +20 ÷（1 -20%）×（25% -20%）=155.4 +1.25 =156.65（万元）。

【答案】（1）C （2）C （3）A

4. 王先生为中国居民个人，于2023年1月1日全职受雇于中国境内A咨询公司，每月税前基本工资、薪金收入额为30000元，A咨询公司每月为其扣缴三险一金3500元。除此之外，王先生为独生子女，父母均健在，父亲1963年2月出生，母亲1964年10月出生；王先生夫妻共育有两个子女，儿子2014年8月出生，上小学三年级，女儿2021年1月出生，每天送托儿所，支付入托费用6000元/年，双方约定，涉及子女的专项附加扣除均由王先生按扣除标准的100%扣除。2023年王先生没有其他扣除项目，相关扣除资料已全部向A咨询公司提交。

根据上述资料，请计算：

（1）2023年1月A咨询公司为王先生应扣缴的个人所得税税额。

（2）2023年2月A咨询公司为王先生应扣缴的个人所得税税额。

【答案】个人所得税预扣率表见表3 -1。

表3 -1　个人所得税预扣率表一（居民个人工资、薪金所得预扣预缴适用）

级数	累计预扣预缴应纳税所得额	预扣率（%）	速算扣除数
1	不超过36000元的部分	3	0
2	超过36000元至144000元的部分	10	2520
3	超过144000元至300000元的部分	20	16920
4	超过300000元至420000元的部分	25	31920
5	超过420000元至660000元的部分	30	52920
6	超过660000元至960000元的部分	35	85920
7	超过960000元的部分	45	181920

王先生可享受的专项附加扣除：

赡养老人的计算时间为被赡养人年满60周岁的当月至赡养义务终止的年末。所以赡养老人的专项附加扣除从2023年2月开始，自2023年1月1日起，扣除标准由每月2000元提高到3000元。

子女教育不包括学龄前（3周岁）的，因此王先生只能享受一个子女教育扣除，标准为每月 2000 元，可以从 2023 年 1 月开始享受。

3 岁以下婴幼儿，自 2022 年 1 月 1 日起实施 3 岁以下婴幼儿照护个人所得税专项附加扣除政策。纳税人照护 3 岁以下婴幼儿子女的相关支出，按照每个婴幼儿每月 2000 元的标准定额扣除。因此，王先生还可以享受一个婴幼儿照护个人所得税专项附加扣除，标准为每月 2000 元，可以从 2023 年 1 月开始。

（1）王先生 2023 年 1 月累计预扣预缴应纳税所得额 = 累计工资薪金收入 − 累计减除费用 − 累计专项扣除 − 累计专项附加扣除 = 30000 − 5000 − 3500 − 4000 = 17500（元）

王先生 2023 年 1 月应预扣预缴税额 =（累计预扣预缴应纳税所得额 × 预扣率 − 速算扣除数）− 累计已预扣预缴税额 =（17500 × 3% − 0）− 0 = 525（元）

（2）王先生 2023 年 2 月累计预扣预缴应纳税所得额 = 累计工资薪金收入 − 累计减除费用 − 累计专项扣除 − 累计专项附加扣除 = 30000 × 2 − 5000 × 2 − 3500 × 2 −（4000 × 2 + 3000）= 32000（元）

王先生 2023 年 2 月应预扣预缴税额 =（累计预扣预缴应纳税所得额 × 预扣率 − 速算扣除数）− 累计已预扣预缴税额 =（32000 × 3% − 0）− 525 = 435（元）

5. 甲有限责任公司 2023 年发生下列经济业务：

（1）2023 年 1 月，经股东会议决议吸收一名新股东，新股东投资 1000 万元，其中银行存款 500 万元，一幢办公楼作价 500 万元，新增公司总注册资本 600 万元。

（2）2023 年 2 月 1 日，因经营需要，企业向银行贷款 1000 万元，借期 6 个月，年利率 12%，按月付息，次月 7 日前支付利息。

（3）2023 年 2 月 15 日，购入原材料不含税 1500 万元，直接验收入库，增值税税率为 13%，按合同约定支付了 50% 的款项，剩余款项在一个月后支付。

请根据上述材料，做出正确的会计处理。

【答案】

（1）2023 年 1 月，吸收新股东，增资时：

借：银行存款	5000000	
固定资产	5000000	
贷：实收资本		6000000
资本公积——资本溢价		4000000

（2）2023 年 2 月 1 日，因经营需要，借入贷款时：

借：银行存款	10000000	
贷：长期借款（或短期借款）		10000000

（3）自 2023 年 3 月开始每月归还利息时：

借：财务费用	100000	

贷：银行存款　　100000

（4）2023 年 2 月 15 日，购入原材料时：

借：原材料　　15000000

应交税费——应交增值税（进项税额）　　1950000

贷：银行存款　　8475000

应付账款　　8475000

（5）2023 年 3 月支付剩余货款时：

借：应付账款　　8475000

贷：银行存款　　847500

错题、要点整理页

第四章　智慧税务

>>本章知识框架

节	细目	知识点	学习进度
智慧税务的由来	《“互联网+税务”行动计划》	【知识点】“互联网+税务”行动计划	
	《关于进一步深化税收征管改革的意见》	【知识点1】深化税收征管改革总体要求	
		【知识点2】全面推进税收征管数字化升级和智能化改造	
		【知识点3】不断完善税务执法制度和机制	
		【知识点4】大力推行优质高效智能税费服务	
		【知识点5】加快建设智慧税务	
		【知识点6】精准实施税务监管	
		【知识点7】持续深化拓展税收共治格局	
		【知识点8】强化税务组织保障	
智慧税务的内涵	税收大数据为驱动力	【知识点1】大数据的概念	
		【知识点2】大数据时代的分析观念	
		【知识点3】税收大数据的构成	
	高集成功能	【知识点1】功能集成	
		【知识点2】纳税人端	
		【知识点3】税务人端	
		【知识点4】决策人端	
	高安全性能	【知识点1】网络安全	
		【知识点2】应用安全	
		【知识点3】物理安全	
		【知识点4】数据安全管理	

续表

节	细目	知识点	学习进度
智慧税务的内涵	高应用效能	【知识点 1】应用效能一体化	
		【知识点 2】算量、算法、算力	
		【知识点 3】技术功能、制度效能、组织机能	
		【知识点 4】税务、财务、业务	
		【知识点 5】治税、治队、治理	
	智慧税务的“四梁八柱”	【知识点 1】“四梁八柱”定位	
		【知识点 2】“四梁八柱”内涵	
智慧税务的应用	系统使用	【知识点 1】系统概述	
		【知识点 2】统一身份管理平台的使用	
	全面数字化电子发票	【知识点 1】全面数字化电子发票的概念	
		【知识点 2】数电票的特点	
		【知识点 3】电子发票服务平台	
	电子税务局	【知识点 1】电子税务局的优点	
		【知识点 2】电子税务局的使用	
	自然人税收管理系统（ITS）	【知识点 1】自然人税收管理系统（ITS）概述	
		【知识点 2】自然人税收管理系统（ITS）功能组件	
		【知识点 3】自然人税收管理系统（ITS）常规功能的使用	
		【知识点 4】自然人税收管理系统（ITS）扣缴功能的使用	

>> 习题演练

一、单项选择题

1. 智慧税务的概念首次提出是在（　　）。

A. 2014 年　　B. 2015 年

C. 2016 年　　D. 2018 年

【解析】2015 年，“互联网 + 税务”行动计划中首次提出了智慧税务概念。

【答案】B

2. 智慧税务第一次出现的规划纲要是（　　）。

A. “十三五”规划和2025年远景目标纲要

B. “十三五”规划和2030年远景目标纲要

C. “十四五”规划和2035年远景目标纲要

D. “十四五”规划和2030年远景目标纲要

【解析】略。

【答案】C

3. 2021年3月中共中央办公厅、国务院办公厅印发的《关于进一步深化税收征管改革的意见》提出建设智慧税务的突破口是（　　）。

A. 全国财税体制改革　　B. 发票电子化改革

C. 总省市三级网络　　D. 发票全链条改革

【解析】略。

【答案】B

4. 智慧税务的驱动力是（　　）。

A. 税收大数据　　B. 税收云平台

C. 发票电子化　　D. 金税四期

【解析】着力建设以服务纳税人缴费人为中心、以发票电子化改革为突破口、以税收大数据为驱动力的具有高集成功能、高安全性能、高应用效能的智慧税务。

【答案】A

5. 按照智慧税务规划，基本实现法人税费信息“一户式”、自然人税费信息“一人式”智能归集是在（　　）。

A. 2021年　　B. 2022年

C. 2023年　　D. 2024年

【解析】2022年基本实现法人税费信息“一户式”、自然人税费信息“一人式”智能归集。

【答案】B

6. 按照智慧税务规划，基本实现税务机关信息“一局式”、税务人员信息“一员式”智能归集是在（　　）。

A. 2021年　　B. 2022年

C. 2023年　　D. 2024年

【解析】2023年基本实现税务机关信息“一局式”、税务人员信息“一员式”智能归集。

【答案】C

7. 大数据研究的方向是发现事物之间的（　　）。

A. 因果关系　　B. 相关关系

C. 逻辑关系　　D. 历史关系

【解析】略。

【答案】B

8. 税收大数据中增长最快的是（　　）。

A. 税收内部数据　　B. 第三方数据

C. 互联网数据　　D. 公开发布数据

【解析】略。

【答案】C

9. 智慧税务的税务人端，是面向税务干部使用的内部系统，其主体是（　　）。

A. 新电局　　B. 慧办平台

C. 云平台　　D. 金税工程

【解析】在税务人端，也就是以慧办平台为主体的面向税务干部使用的内部系统，包括移动办公、远程协同等各类方式和渠道。

【答案】B

10. 从数字化征管信息系统建设角度考量，智慧税务以税收大数据为算量，税收大数据的特征包括规模大、类型多以及（　　）。

A. 颗粒度粗　　B. 颗粒度细

C. 响应度高　　D. 响应度低

【解析】从数字化征管信息系统建设角度考量，智慧税务以规模大、类型多、颗粒度细的税收大数据为算量，学习借鉴国际先进经验，力争创造先进的算法标准，持续加强算力建设。

【答案】B

11. 金税四期的核心是（　　）。

A. 以票控税　　B. 以数控税

C. 以法控税　　D. 以岗控税

【解析】金税四期的核心是“以数控税”。

【答案】B

12. 数电票会被自动赋予唯一的编码，其编码规则的长度是（　　）。

A. 12 位　　B. 8 位

C. 20 位　　D. 18 位

【解析】赋码制：电票平台开具的发票会自动赋予一张唯一的编码，全电发票采取 20 位编码规则，和以前 12 位发票代码和 8 位发票号码加以区别。

【答案】C

13. 数电票授信制自动为纳税人赋予发票开具金额总额度并动态调整，这套机制依托动态的授信体系，其基础是（　　）。

A. “数字＋风险”　　B. “信用＋风险”

C. “授信＋风险”　　D. “规模＋风险”

【解析】数电票授信制依托动态“信用＋风险”的体系，结合纳税人生产经营、开票和申报行为，自动为纳税人赋予发票开具金额总额度并动态调整。

【答案】B

14. 智慧税务集成的功能平台应用不包括（　　）。

A. 纳税人端　　B. 税务人端

C. 应用人端　　D. 决策人端

【解析】智慧税务的建设体系目标是形成以纳税人端、税务人端和决策人端为主体的智能应用平台体系。

【答案】C

15. 推进全面数字化电子发票对优化营商环境的作用不包括（　　）。

A. 依托云计算、大数据、人工智能技术，电子发票服务平台为市场主体交易双方提供7×24小时全国统一、规范可靠、安全便捷的数字化电子发票服务

B. 构建发票管理与内部督查审计监督实时互通互动机制，为数字化人事管理、督查内审和绩效考核奠定基础

C. 全程留痕、不可抵赖、不可篡改，让制贩假发票、假票入账等扰乱市场秩序者无处藏身

D. 通过实时采集发票数据、验证开票行为，可有效防范和打击虚开骗税、偷逃税款等违法行为，维护社会公平

【解析】构建发票管理与内部督查审计监督实时互通互动机制，为数字化人事管理、督查内审和绩效考核奠定基础，是推动全电发票后对税务机关内部管理的作用，不是对优化营商环境的作用。

【答案】B

二、多项选择题

1. “互联网＋税务”行动计划中提出的智慧税务生态系统特征有（　　）。

A. 全天候　　B. 全方位

C. 全覆盖　　D. 全流程

【解析】“互联网＋税务”行动计划着力打造全天候、全方位、全覆盖、全流程、全联通的智慧税务生态系统。

【答案】ABCD

2. 大数据的特征通常用4V来概括，具体包括（　　）。

A. 容量（Volume）

B. 快速（Velocity）

C. 多样性（Variety）

D. 价值密度高（Value）

【解析】略。

【答案】BC

3. 智慧税务的特征包括（　　）。

A. 高集成功能　　B. 高安全性能

C. 高应用效能　　D. 高使用便利

【解析】着力建设以服务纳税人缴费人为中心、以发票电子化改革为突破口、以税收大数据为驱动力的具有高集成功能、高安全性能、高应用效能的智慧税务。

【答案】ABC

4. 智慧税务充分运用现代信息技术，着力推进内外部涉税数据汇聚联通、线上线下有机贯通，具体而言，现代信息技术包括（　　）。

A. 大数据　　B. 云计算

C. 人工智能　　D. 移动互联网

【解析】智慧税务目标在于充分运用大数据、云计算、人工智能、移动互联网等现代信息技术，着力推进内外部涉税数据汇聚联通、线上线下有机贯通。

【答案】ABCD

5. 自然人税收管理系统（ITS）客户端实名注册方式包括（　　）。

A. 税务大厅注册码注册

B. 人脸识别认证注册

C. 身份证号码认证注册

D. 手机号码认证注册

【解析】自然人需要实名注册和登录，实名注册可以采用税务大厅注册码注册和人脸识别认证注册两种方式。

【答案】AB

6. 电子税务局的注册方式有（　　）。

A. CA证书注册

B. 在线注册

C. 到所在地税务机关的办税大厅注册

D. 短信注册

【解析】电子税务局的注册方式有两种：一种是在线注册；另一种是到所在地税务机关的办税大厅注册。

【答案】BC

7. 自然人税收管理系统（ITS）包括（　　）。

A. 网页端　　B. 手机端

C. 扣缴客户端　　D. 税务大厅端

【解析】自然人税收管理系统（ITS）包括税务大厅端、扣缴客户端、手机端和网页端。

【答案】ABCD

8. 大数据里非结构化数据类型包括（　　）。

A. 文本　　B. 图片

C. 视频　　D. 表格数据

【解析】大数据包括结构化数据（如数据库中的表格数据）、半结构化数据（如XML、JSON 等）和非结构化数据（如文本、图片、视频等）。

【答案】ABC

9. 从数字化征管信息系统建设角度考量，智慧税务将构建一个“智慧人”，及时感知执法、服务、监管各个领域的业务需求并灵敏地自动作出反应，一体集成算量、智能算法、强大算力为一体的（　　）。

A. 超级算量　　B. 智能算法

C. 强大算力　　D. 超级算力

【解析】从数字化征管信息系统建设角度考量，智慧税务将构建一个“智慧人”，集超级算量、智能算法、强大算力为一体的，及时感知执法、服务、监管各个领域的业务需求并灵敏地自动作出反应。

【答案】ABC

10. 从数字化征管内部运行方式角度来考量，智慧税务可以实现制度规范、业务流程等方面的融合升级和优化重构，具体是通过发挥要素的驱动作用，这些要素包括（　　）。

A. 现代信息技术　　B. 税收大数据

C. 现代人力资源　　D. 现代税收制度

【解析】从数字化征管内部运行方式角度来考量，智慧税务通过发挥现代信息技术和税收大数据的驱动作用，不仅可以实现制度规范、业务流程等方面的融合升级和优化重构，而且能够推动税务组织体系的横向集约化、纵向扁平化。

【答案】AB

11. 电子发票服务平台对发票的开具提供的模式有（　　）。

A. 页面输入　　B. 扫描二维码

C. 自动归集　　D. 统一赋码

【解析】电子发票服务平台对发票的开具提供页面输入和扫描二维码两种模式。

【答案】AB

12. 从数字化征管服务纳税人缴费人的角度来考量，智慧税务将实现征纳双方的融合，融合的方面具体包括（　　）。

A. 税务　　B. 财务

C. 服务　　D. 业务

【解析】从数字化征管服务纳税人缴费人的角度来考量，智慧税务将实现征纳双方税务、财务、业务的融合。

【答案】ABD

13. 自然人税收管理系统（ITS）客户端中，完善个人信息模块包括（　　）。

A. 个人信息　　B. 任职受雇信息

C. 银行卡　　D. 家庭成员信息

【解析】完善个人信息模块包括个人信息、任职受雇信息、家庭成员信息、银行卡、安全中心。

【答案】ABCD

14. 金税四期的实施将大幅提升税收征管的水平，推动企业和纳税人更加规范地遵守税法，促进税收治理的现代化，具体而言税收征管将变得更加（　　）。

A. 智能化　　B. 集成化

C. 精细化　　D. 协同化

【解析】金税四期的实施将大幅提升税收征管的智能化、集成化、精细化、协同化水平，推动企业和纳税人更加规范地遵守税法，促进税收治理的现代化。

【答案】ABCD

15. 电子税务局常用登录方式有（　　）。

A. CA 数字证书登录　　B. 手机号码登录

C. 短信登录　　D. 证件号码登录

【解析】电子税务局常用登录方式有 CA 数字证书登录、手机号码登录、短信登录、证件号码登录等。

【答案】ABCD

16. 加快推进智慧税务建设，可以利用的现代信息技术有（　　）。

A. 大数据　　B. 云计算

C. 人工智能　　D. 移动互联网

【解析】智慧税务建设中，要充分利用大数据、云计算、人工智能、移动互联网等现代信息技术。

【答案】ABCD

三、判断题

1. “互联网 + 税务”行动计划中计划在2025年初步实现智慧税务。 ( )

【解析】该行动计划的目标是至2020年，“互联网 + 税务”应用全面深化，各类创新有序发展，管理体制基本完备，分析决策数据丰富，治税能力不断提升，智慧税务初步形成。

【答案】错误

2. “十四五”规划和2035年远景目标纲要中提出要优化税制结构，健全直接税体系，适当提高直接税比重。深化税收征管制度改革，建设数字税务，推动税收征管现代化。 ( )

【解析】深化税收征管制度改革，建设智慧税务，推动税收征管现代化。

【答案】错误

3. 大数据里的半结构化数据是指文本等非传统格式的数据。 ( )

【解析】大数据包括结构化数据（如数据库中的表格数据）、半结构化数据（如XML、JSON等）和非结构化数据（如文本、图片、视频等）。

【答案】错误

4. 大数据分析是主要依托多来源的样本数据。 ( )

【解析】大数据需要尽量多的全量数据开展分析。

【答案】错误

5. 税务部门对在履行职责中知悉的个人隐私、商业秘密等数据应当依法予以保密。 ( )

【解析】见《中华人民共和国数据安全法》。

【答案】正确

6. 税收内部数据包含所有税务部门日常运行过程中，采集或者生产出来的数据。这是税收大数据的主要来源。 ( )

【解析】略。

【答案】正确

7. 税务内网电脑如果要通过无线设备连接到其他网络查看资料，必须先将内网断开，结束时要清除所有查看的资料信息。 ( )

【解析】税务专网与互联网物理隔离，不得将税务专网计算机终端随意接入互联网。

【答案】错误

8. 智慧税务“四梁八柱”的建设，是税务现代化建设的重要组成部分，是从以票治税到以数治税的转变迈向成熟阶段的标志。（ ）

【解析】略。

【答案】正确

9. 全电发票是与纸质发票具有同等法律效力的全新发票。（ ）

【解析】略。

【答案】正确

10. 数电票去介质后，纳税人可以在线预先领取税控专用设备，直接通过电子税务局内嵌的电子发票服务平台，基于实名身份开票。（ ）

【解析】数电票去介质，纳税人不再需要预先领取税控专用设备，可以直接通过电子税务局内嵌的电子发票服务平台，基于实名身份开票。

【答案】错误

四、简答题

1. 简述大数据里的数据类型。

【答案】大数据里的数据类型具体包括结构化数据（如数据库中的表格数据）、半结构化数据（如 XML、JSON 等）和非结构化数据（如文本、图片、视频等）。

2. 简述数电票的特点。

【答案】数电票的六大特点：去介质、去版式、标签化、要素化、赋码制、授信制。

去介质：纳税人不再需要预先领取税控专用设备，可以直接通过电子税务局内嵌的电子发票服务平台，基于实名身份开票。

去版式：“全电”发票以电子形式交付，破除 PDF、OFD 等特定版式要求。

标签化：通过标签实现对电子发票功能、状态、用途的具体分类。

要素化：发票要素，包括最基本的纳税人名称、商品名称及代码、单价、金额、税额等。

赋码制：电票平台开具的发票会自动赋予一张唯一的编码，全电发票采取 20 位编码规则。

授信制：依托动态“信用＋风险”的体系，结合纳税人生产经营、开票和申报行为，自动为纳税人赋予发票开具金额总额度并动态调整。

3. 电子税务局和传统实体税务局相比有什么特点？

【答案】电子税务局的特点主要包括：

（1）提高办税效率，降低征纳双方的成本。电子税务局突破了实体税务局时间、空间的限制，纳税人可以足不出户，享受7×24小时不间断的纳税服务。用影像资料、电子数据替代了过去的纸质资料，降低了征纳双方的成本。

（2）推动了税务公开，更好促进依法治税。纳税人可以通过电子税务局发起办税流程，随时了解事项办理情况。办税流程和办税事项通过电子税务局实现了透明化和公开化。

（3）有利于税务部门决策的科学化、民主化。电子税务局使用互联网技术和数据库技术，使税务部门获取信息资源的能力比实体税务局得到了很大的提高，可以获取更多的数据信息用于决策，并且为税务部门加强与公众的交流提供了极为顺畅、便捷的通道。

（4）有利于纳税知识的宣传普及。传统的实体税务局通常采用发放纸质的税务资料、举办各类税务知识培训班和面对面进行宣传咨询等方式，传播的受众较小，使用的成本也比较高。电子税务局通过链接门户网站的信息公开、新闻动态、政策文件、纳税服务、互动交流等模块，方便纳税人获取相关咨询和信息。

五、案例分析题

某市税务局的信息化条线干部小王，参加了省局智慧税务工作推进会议，会议上要求各地市结合全省智慧税务建设要求，形成本地区智慧税务建设方案。小王回来后向分管领导进行了汇报，领导决定由小王牵头尽快形成一个建设方案，请论述智慧税务建设方案中包含的主要工作任务。

【答案】（1）智慧税务建设规划。立足本地实际，确定近期远期目标，重点围绕大数据应用、信息化建设、人才建设等方面，统筹智慧税务规划、推进计划管理、问题沟通处置管理等。

（2）推进业务办理、风险防控、管理决策以及质量监控等流程和配套岗位的数字化改造，加快应用自动填表、精准推送、机器审核等集约化智能化处理方式，提升优化业务体验；实施流程内嵌的实时预警提示、业务阻断等风险防控机制，逐步建立起信用评价、监控预警、风险处置的全流程数字化监管体系；围绕管理决策重点包含的政策效应分析、经济运行、效能分析、征管状况分析等特定主题，自动按需生成包含各类图表报告，提升管理决策科学化水平；统筹质量监控考评，优化质量评价指标，形成智能评价、精准定位、持续跟踪、回归改进的质量监控体系。

（3）完善大数据基础管理机制，实行数据全生命周期管理，对数据的产生、更新、废弃等全流程进行管理。集约化、智能化、自动化地持续开展数据质量管理；建设符合高流量、高并发、高容错、高响应的数据使用需求的基础数据平台系统；配套常态化更新维护大数据清洗、加工的运维流程。

（4）推进现代信息技术应用。充分发挥技术创新作用，关注并不断尝试国内外先进、成熟信息技术，及时发现和引入可以在税务领域使用的新技术、新工具。

（5）加强智慧税务人才培养和激励。集合地区业务、技术骨干人员，特别是复合型人才，加强技术培训和实战化演练，配套建设实施激励措施，形成业务精、技术强、能攻坚的稳定工作团队，从而保障智慧税务建设持续优化提升。

错题、要点整理页

第五章 政务管理

>> 本章知识框架

节	细目	知识点	学习进度
公文处理	公文处理基础知识	【知识点 1】税务机关常用公文种类	
		【知识点 2】正确选用文种	
		【知识点 3】公文的组成	
		【知识点 4】公文的密级	
		【知识点 5】公文的紧急程度	
		【知识点 6】公文的标题	
		【知识点 7】主送机关和抄送机关	
	公文写作	【知识点 1】公文拟制	
		【知识点 2】发文办理	
		【知识点 3】收文办理	
		【知识点 4】公文归档	
绩效管理	绩效考核	【知识点 1】实施税务绩效管理的主要目标	
		【知识点 2】实施税务绩效管理的基本原则	
		【知识点 3】税务绩效管理的总体布局	
		【知识点 4】税务绩效管理的主要流程	
保密工作	国家秘密管理	【知识点 1】国家秘密范围和密级	
		【知识点 2】保密期限	
		【知识点 3】国家秘密标志形式	
	定密管理	【知识点】税务工作国家秘密定密管理	

续表

节	细目	知识点	学习进度
保密工作	涉密人员管理	【知识点 1】涉密人员管理	
		【知识点 2】保密要害部门部位管理	
	涉密载体管理	【知识点 1】国家秘密载体管理	
		【知识点 2】网络保密管理	
应急管理	突发事件应对和处置	【知识点 1】突发事件定义及其分类分级	
		【知识点 2】突发事件的预防预警	
		【知识点 3】突发事件的先期处置	
		【知识点 4】突发事件的应急响应	
		【知识点 5】突发事件的后续管理	
涉税舆情管理	涉税舆情分析研判	【知识点 1】舆情监测的重要性	
		【知识点 2】舆情监测的举措	
		【知识点 3】网络舆情研判	
	涉税舆情引导与管理	【知识点】涉税舆情引导与管理的举措	
会议管理	会议分类	【知识点 1】按会议范围分类	
		【知识点 2】按会议内容分类	
		【知识点 3】按会议形式分类	
	会议管理要点	【知识点 1】会议筹备	
		【知识点 2】会议控制	
		【知识点 3】会议协调	
		【知识点 4】会议精神落实	
		【知识点 5】会议应急管理	
	会议座次安排	【知识点 1】主席台的座次安排	
		【知识点 2】签字仪式的座次安排	
		【知识点 3】会谈式会议的座次安排	
政务信息	税收信息工作概述	【知识点 1】税收信息的分类	
		【知识点 2】税收信息的意义	
	税收信息管理流程	【知识点 1】税收信息流程	
		【知识点 2】信息收集	

续表

节	细目	知识点	学习进度
政务信息	税收信息管理流程	【知识点3】信息筛选	
		【知识点4】信息整理	
	税收信息写作技能	【知识点1】税收信息写作基本原则	
		【知识点2】税收信息选题技巧	
		【知识点3】税收信息修改方法	
政务公开	政府信息公开相关规定	【知识点1】政府信息公开的概念	
		【知识点2】政府信息公开的主管部门	
		【知识点3】政府信息公开工作机构的具体职能	
		【知识点4】政府信息公开的原则	
		【知识点5】政府信息公开的特殊情况	
		【知识点6】政府信息的公开审查机制	
	行政执法公示制度	【知识点1】行政执法公示概念	
		【知识点2】行政执法公示途径	
		【知识点3】不宜公开的信息处理方式	
		【知识点4】强化事前公开	
		【知识点5】规范事中公示	
		【知识点6】加强事后公开	
解决形式主义突出问题为基层减负	党中央有关决策部署	【知识点】中共中央办公厅印发《关于解决形式主义突出问题为基层减负的通知》	
	国家税务总局党委有关具体措施	【知识点】切实解决税务系统形式主义突出问题为基层减负的措施	
重大事项请示报告工作	税务系统重大事项请示报告工作制度规定	【知识点1】重大事项请示报告工作的责任分工	
		【知识点2】重大事项请示报告工作实行清单管理	
		【知识点3】规范重大事项请示报告报送程序	
		【知识点4】各级税务局党委要对请示报告严格把关	
		【知识点5】强化重大事项请示报告工作监督检查	

>>习题演练

一、单项选择题

1. 公文结构层次序数标注正确的是（　　）。

A. 一、（一）1.（1）

B. 一、（一）、1、（1）

C. 一、（一）1、（1）

D. 一、（一）、1.（1）

【解析】公文中的结构层次序数，第一层为“一、”，第二层为“（一）”，第三层为“1.”，第四层为“（1）”。

【答案】A

2. 引用公文应当（　　）。

A. 先引发文字号，后引标题

B. 先引标题，后引发文字号

C. 只引发文字号

D. 只引标题

【解析】引用公文应先引标题，后引发文字号，发文字号在公文的标题后用圆括号注明。

【答案】B

3. 税务机关机构设置变动适用的发文字号是（　　）。

A. ×税发〔公元年份〕×号

B. ×税函〔公元年份〕×号

C. ×税任〔公元年份〕×号

D. ×税办发〔公元年份〕×号

【解析】×税发〔公元年份〕×号适用于机构的设置、变动。

【答案】A

4. 为维护政令一致，凡下行公文（　　）。

A. 都要向上级机关请示

B. 都要和有关机关协商

C. 内容涉及其他机关职权范围，行文前应协商一致

D. 都应与有关部门联合发文

【解析】涉及其他部门职权范围内的事务，未协商一致的，不得向下行文；擅自行

文的，上级税务机关应当责令其纠正或者撤销。

【答案】C

5. 由机关领导对拟发文稿批注核准发出的意见，并签署姓名及日期的活动，是发文处理中的（　　）。

A. 会商　　　　B. 审核

C. 注发　　　　D. 签发

【解析】公文应当经本机关负责人审批签发。签发人签发公文，应当签署意见、姓名和完整日期。

【答案】D

6. 批复是答复下级请示的文件，其性质属于（　　）。

A. 被动发文　　　　B. 主动发文

C. 是对报告的批件　　　　D. 平行文

【解析】批复是被动发文，下行文。适用于答复下级机关请示事项。

【答案】A

7. 转发公文的标题一般为（　　）。

A. 本机关名称+关于转发+被转发文件的标题+被转发文件的发文字号+的通知

B. 本机关名称+关于转发+被转发文件的发文字号+的通知

C. 本机关名称+关于转发+被转发文件的标题+的通知

D. 本机关名称+关于被转发文件的标题+的通知

【解析】转发公文标题一般为：本机关名称+关于转发+被转发文件的标题+的通知；多层转发的根据主要事由自拟标题，但标题中应含“转发”字样；不得以被转发文件的发文字号作为标题。

【答案】C

8. 为维护正常领导关系，具有隶属关系或业务指导关系的机关之间应主要采取的行文方式是（　　）。

A. 逐级行文　　　　B. 多级行文

C. 越级行文　　　　D. 直接行文

【解析】各级税务机关一般不得越级行文。

【答案】A

9. 下列文件中不属于公文文种的是（　　）。

A. 纪要　　　　B. 通报

C. 评论　　　　D. 议案

【解析】评论不是公文文种。

【答案】C

10. 联合行文时，作者应是（　　）。

A. 同级机关

B. 同一系统的机关

C. 三个以上的机关

D. 行政主管机关与业务指导机关

【解析】各级税务机关可以与同级党政各部门、下一级党委政府、相应的军队机关、同级人民团体和具有行政职能的事业单位联合行文。

【答案】A

11. 适用于发布、传达要求下级机关执行和有关单位周知或者执行的事项，批转、转发公文的文种是（　　）。

A. 通报　　B. 通告

C. 通知　　D. 公告

【解析】通报适用于表彰先进，批评错误，传达重要精神和告知重要情况。通告适用于在一定范围内公布应当遵守或者周知的事务性事项。通知适用于发布、传达要求下级机关执行和有关单位周知或者执行的事项，批转、转发公文。公告适用于向国内外宣布重要事项或者法定事项。

【答案】C

12. 公文的密级分为绝密、机密和秘密 3 个等级。其中不确定具体保密期限的，绝密的保密期限一般为（　　）。

A. 永久　　B. 30 年

C. 50 年　　D. 80 年

【解析】公文的密级分为绝密、机密和秘密 3 个等级。尽可能根据公文的内容规定为“长期”或确定保密的最佳期限，如“秘密★6 个月”“机密★5 年”“绝密★长期”。不确定具体保密期限的，保密期限一般为绝密 30 年，机密 20 年，秘密 10 年。

【答案】B

13. 发文字号正确的是（　　）。

A. ×税发〔2023〕01 号

B. ×税发〔2023〕第 1 号

C. ×税发〔2023〕第 01 号

D. ×税发〔2023〕1 号

【解析】发文字号由发文机关代字、年份、发文顺序号组成，编排在发文机关标志下空二行位置，居中排布。年份、发文顺序号用阿拉伯数字标注；年份应标全称，用六角括号“〔〕”标注；发文顺序号不加“第”字，不编虚位（即 1 不编为 01），在阿拉伯数字后加“号”字。

【答案】D

14. 办公室小王在对待发公文复核时发现文稿中有几处观点错误，应该（　　）。

A. 自行修改后再印发

B. 按程序复审

C. 直接交打印室印刷

D. 向领导报告追究相关人员责任

【解析】经复核需要对文稿进行实质性修改的，应当提请签发人复审并签名。

【答案】B

15. 保密标志形式正确的是（　　）。

A. 6 个月★秘密

B. ★秘密 6 个月

C. 秘密 6 个月★

D. 秘密★6 个月

【解析】国家秘密事项的密级一经确定，须在秘密载体上做出明显的标志。国家秘密的标识符为“★”，具体标志的形式为从左至右：密级—标志—保密期限。比如：“绝密★30 年”，表示该件是绝密级，保密期限是 30 年。

【答案】D

16. 国家秘密的保密期限，除另有规定外，机密一般不超过（　　）年。

A. 50　　B. 40

C. 30　　D. 20

【解析】国家秘密的保密期限，除另有规定外，绝密级不超过 30 年，机密级不超过 20 年，秘密级不超过 10 年。

【答案】D

17. 核心涉密人员脱密期限为（　　）年。

A. 1　　B. 3

C. 5　　D. 7

【解析】涉密人员脱密期限为：一般涉密人员 1 年，重点涉密人员 2 年，核心涉密人员 3 年。

【答案】B

18. 下列关于税务机关档案管理的说法不正确的是（　　）。

A. 各级税务机关要建立健全档案资源体系、档案利用体系和档案安全体系

B. 分管领导要定期听取档案主管部门工作汇报，定期督促检查

C. 为档案工作顺利开展提供人力、财力、物力等方面保障

D. 独立依法监督指导本系统、机关和所属单位的档案工作

【解析】支持档案主管部门依法监督指导本系统、机关和所属单位的档案工作，推动档案工作发展同税收事业发展相协调。因此，选择选项D。

【答案】D

19. 印信保管实行保管人和办公室（厅）主任负责制。印信管理的直接责任人是（　　）。

A. 办公室（厅）主任

B. 印信保管人员

C. 单位党委书记

D. 单位行政首长

【解析】印信保管人员是印信管理的直接责任人，要求具有高度的政治责任感、严格的保密观念，政治可靠、作风正派、严守制度、不徇私情。

【答案】B

20. 局领导专题会议的议题由（　　）确定，会议组织工作由会议主题涉及的主办单位负责。

A. 局长

B. 办公厅（室）负责

C. 分管局领导

D. 局党委

【解析】局领导专题会议的议题由分管局领导确定，会议组织工作由会议主题涉及的主办单位负责。

【答案】C

21. 下列关于尊位表述正确的是（　　）。

A. 客方尊位比主方尊位更重要一些

B. 大多数情况下，一场公务活动的尊位只有一对主客尊位

C. 我国传统的做法是“以右为尊”，而国际通行的做法是“以左为贵”

D. 港澳台同胞出席的大部分场合也都使用“以左为贵”的排位法

【解析】通常情况下，主方尊位又比客方尊位更重要一些。我国传统的做法是“以左为贵”，而国际通行的做法是“以右为尊”。港澳台同胞出席的大部分场合也都使用“以右为尊”的排位法。

【答案】B

22. 各级税务机关对于所管辖的出现重大群体访、重复访、越级访、疑难复杂、涉及面广、时间跨度大、容易升级激化的情况，应当（　　）。

A. 及时向本机关保卫部门和公安机关通报，共同做好安全防范

B. 有关工作部门与信访工作机构共同接谈处理

C. 实行领导包案，包案领导亲自研究分析

D. 税务机关主要领导带队，及时到上级税务机关进行劝返

【解析】实行领导包案，包案领导亲自研究分析、化解疏导、协调落实，确定责任部门、承办人员、解决方案、办结时间、办结标准，一包到底，直至案结事了、息诉罢访。

【答案】C

23. 信访人对税务机关作出的信访事项处理意见不服，在规定期限内请求原办理机关的上一级税务机关复查的，复查部门调查核实后，起草书面复查意见，经政策法规部门审核，分管本部门的领导审批，由信访工作机构报机关主要领导签字，加盖信访专用章后，在收到复查请求之日起（　　）日内答复信访人。

A. 40　　B. 20

C. 60　　D. 30

【解析】在收到复查请求之日起30日内答复信访人。

【答案】D

24. （　　）人以下的集体访，一般由信访工作机构与有关工作部门共同接谈处理。

A. 6　　B. 5

C. 4　　D. 3

【解析】5人以下的集体访，一般由信访工作机构与有关工作部门共同接谈处理。

【答案】B

25. 目前，网络舆情的主要特点有突发性、偏差性和（　　）。

A. 间接性　　B. 直接性

C. 准确性　　D. 规范性

【解析】网络舆情的主要特点有突发性、偏差性和直接性。

【答案】B

26. 税务系统特别重大（Ⅰ级）、重大（Ⅱ级）突发事件发生后，省税务机关最迟在（　　）内报告税务总局，并报告省级政府，不得谎报、瞒报、漏报和迟报。

A. 30分钟　　B. 1小时

C. 2小时　　D. 3小时

【解析】税务系统特别重大（Ⅰ级）、重大（Ⅱ级）突发事件发生后，省税务机关最迟在3小时内报告税务总局（即同时向税务总局应急工作领导小组办公室和相应的专项应急工作组报告），并报告省级政府，不得谎报、瞒报、漏报和迟报。

【答案】D

27. 涉税突发事件总结报告应对突发事件的起因、过程、处置、后续工作、经验教

训等进行总结。事发地税务机关要在突发事件处置结束后（ ）个工作日报送总结报告。

A. 5　　B. 10

C. 15　　D. 30

【解析】总结报告应对突发事件的起因、过程、处置、后续工作、经验教训等进行总结。事发地税务机关要在突发事件处置结束后10个工作日报送总结报告。

【答案】B

28. 经审定立项的事项，督查部门应及时将“督办通知单”转交有关承办单位办理。这属于（ ）。

A. 立项　　B. 分办

C. 承办　　D. 督办

【解析】题干环节属于分办。

【答案】B

29. 行政机关收到政府信息公开申请，能够当场答复的，应当当场予以答复。行政机关不能当场答复的，应当自收到申请之日起（ ）个工作日内予以答复；需要延长答复期限的，应当经政府信息公开工作机构负责人同意并告知申请人，延长的期限最长不得超过（ ）个工作日。

A. 20，10　　B. 7，10

C. 20，20　　D. 10，20

【解析】行政机关收到政府信息公开申请，能够当场答复的，应当当场予以答复。行政机关不能当场答复的，应当自收到申请之日起20个工作日内予以答复；需要延长答复期限的，应当经政府信息公开工作机构负责人同意并告知申请人，延长的期限最长不得超过20个工作日。

【答案】C

30. 下列关于政府信息公开说法不正确的是（ ）。

A. 行政机关应当建立健全政府信息公开审查机制，明确审查的程序和责任

B. 行政机关应当依照《中华人民共和国保守国家秘密法》以及其他法律、法规和国家有关规定对拟公开的政府信息进行审查

C. 行政机关不能确定政府信息是否可以公开的，应当遵循谨慎性原则暂不予公开或报有关主管部门或者保密行政管理部门确定

D. 行政机关应当建立健全政府信息管理动态调整机制，对本行政机关不予公开的政府信息进行定期评估审查，对因情势变化可以公开的政府信息应当公开

【解析】选项C，行政机关不能确定政府信息是否可以公开的，应当依照法律、法

规和国家有关规定报有关主管部门或者保密行政管理部门确定。

【答案】C

31. 2024年5月初，某市税务局上报税收宣传月经验材料，省税务局认为该材料对全省税务系统其他单位深入开展税收宣传月活动具有参考借鉴意义，决定发送至各市税务局。其应采用的公文处理形式是（　　）。

A. 印发　　B. 转发

C. 批转　　D. 批复

【解析】根据《全国税务机关公文处理办法》规定，公文批转是上级机关对下级机关报来的对全面工作有借鉴、指导作用或参考价值的文件，加注批示后以通知的形式发往受文单位时，标题中使用"批转"一词，是对下级机关公文批复、转发的一种特有公文处理形式。根据题意，省税务局应采用的公文处理形式是批转。

【答案】C

32. 根据《全国税务机关公文处理办法》规定，下列机构中，可以依据授权代表本机关对外正式行文的是（　　）。

A. ××省税务局机关党委

B. ××市税务局组织人事科

C. ××县税务局机关服务中心

D. ××市税务局办公室

【解析】根据《全国税务机关公文处理办法》规定，各级税务机关的内设机构除办公厅（室）和法律规定具有独立执法权的机构外不得对外正式行文。

【答案】D

33. 税务工作涉及地方经济社会发展诸多方面，有时需要与其他单位联合行文。下列单位中不能与某地级市税务局联合行文的是（　　）。

A. 该市下辖某县政府

B. 该市某预备役团

C. 该市某区直机关工委

D. 该市市委组织部

【解析】根据《全国税务机关公文处理办法》规定，各级税务机关可以与同级党政各部门、下一级党委政府、相应的军队机关、同级人民团体和具有行政职能的事业单位联合行文。该市某区直机关工委与该市税务局不属同级。

【答案】C

34. 标题是对公文主要内容的概括和对行文目的揭示。下列最适合作为公文标题的是（　　）。

A. 国家税务总局通报表扬首批全国税务领军人才培养对象第一次考核优秀学

员的决定

B. 国家税务总局关于通报表扬首批全国税务领军人才培养对象第一次考核优秀学员的决定

C. 国家税务总局作出通报表扬首批全国税务领军人才培养对象第一次考核优秀学员的决定

D. 关于通报表扬首批全国税务领军人才培养对象第一次考核优秀学员的决定

【解析】根据《全国税务机关公文处理办法》规定，完整的公文标题由发文机关名称 + 关于 + 事由 + 文种组成。A、C 项缺少“关于”，D 项缺少公文发文机关名称。

【答案】B

35. 2024 年 8 月 20 日，某市税务局办公室文书起草了一份关于加强机关内部管理的正式文件，8 月 25 日办公室主任对文件进行了修改，8 月 26 日主管副局长签署同意，8 月 28 日局长签署同意，办公室于 9 月 1 日正式印发该文件。此文件的成文日期为（　　）。

A. 8 月 20 日　　B. 8 月 26 日

C. 8 月 28 日　　D. 9 月 1 日

【解析】根据《全国税务机关公文处理办法》规定，成文日期署会议通过或者发文机关负责人签发日期。该文件的成文日期应为该局主要负责人签署日期。

【答案】C

36. 2024 年 3 月，某企业认为甲县税务局作出的行政处罚行为侵犯其合法权益，依法向甲县税务局的上一级机关乙市税务局申请行政复议。经审查，乙市税务局拟撤销该具体行政行为。在下发相关文件时，乙市税务局应采用文种是（　　）。

A. 意见　　B. 批复

C. 通知　　D. 决定

【解析】根据《全国税务机关公文处理办法》规定，决定适用于对重要事项作出决策和部署，奖惩有关单位和人员，变更或者撤销下级机关不适当的决定事项。根据题意，乙市税务局应采用的文种是决定。

【答案】D

37. 2024 年 5 月，某县税务局党委纪检组干部王某因在案件侦办工作中表现突出，县局党委决定发文对其进行表彰。应使用的文种是（　　）。

A. 通告　　B. 通报

C. 通知　　D. 公告

【解析】根据《全国税务机关公文处理办法》规定，表彰应使用的文种是通报。

【答案】B

38. 下列行为中，不存在泄露税务工作秘密风险的是（　　）。

A. 办公室小方为加强对外宣传，将内部文件提供给媒体报道

B. 办公室小刘每天登录税务工作专网查阅和使用内部文件

C. 小李为方便工作交流，将内部文件拍照发至微信群进行通知阅读

D. 某省税务局将税务总局未标注密级的内部文件在门户网站上公开发布

【解析】根据《中华人民共和国保守国家秘密法》规定，禁止在互联网及其他公共信息网络或者未采取保密措施的有线和无线通信中传递国家秘密。禁止在私人交往和通信中涉及国家秘密。

【答案】B

39. 2024 年 8 月，某市税务局党委秘书李某想要向办公室机要员小张借阅一份非知悉范围内的涉密文件。对此，小张恰当的做法是（　　）。

A. 向李某讲明保密规定，不能借阅

B. 允许李某在保密室阅读，但不能借出

C. 允许李某在保密室阅读，不能摘录

D. 领导秘书不好得罪，要求对方阅完即还

【解析】根据《中华人民共和国保守国家秘密法》规定，明知领导秘书不在知悉范围内，不应顾忌其为秘书身份，不好得罪，而违规将会议材料交给对方。

【答案】A

40. 在组织召开涉及国家秘密内容的会议时，正确的做法是（　　）。

A. 用微信发送会议通知

B. 使用无线话筒

C. 会后及时清点回收会议资料

D. 参会人员手机关闭

【解析】涉密会议不能使用微信发布涉密会议通知，会场不能使用无线话筒，禁止携带手机进入会场。会后应及时清点回收会议资料。

【答案】C

二、多项选择题

1. 按照国家税务总局关于办理群众来信有关规定，下列属于群众来信的有（　　）。

A. 信函　　　　B. 贺卡

C. 微博留言　　　　D. 汇款单

【解析】根据国家税务总局关于办理群众来信和接待群众来访工作要求，群众来信主要包括信函、贺卡、明信片、汇款单、包裹等。

【答案】ABD

2. 涉密公文应当根据有关规定进行标注。应标注的项目包括（　　）。

A. 密级　　B. 份号

C. 保密期限　　D. 解密时间

【解析】根据国家税务总局关于公文处理有关要求，涉密公文应当标注份号。份号一般用6位3号阿拉伯数字，顶格编排在版心左上角第一行。涉密公文应当根据涉密程度分别标注“绝密”“机密”“秘密”和保密期限。

【答案】ABC

3. 某市税务局各内设机构中，无权对外正式行文的有（　　）。

A. 办公室　　B. 政策法规科

C. 组织人事科　　D. 纳税服务科

【解析】根据《党政机关公文处理工作条例》规定，部门内设机构除办公厅（室）外不得对外正式行文。

【答案】BCD

4. 对收到公文的处理过程即为收文办理。下列属于收文办理程序的有（　　）。

A. 签收　　B. 审核

C. 登记　　D. 答复

【解析】根据国家税务总局关于公文处理有关要求，收文办理指对收到公文的处理过程，包括签收、审核、登记、拟办、批办、承办、传阅、催办、答复等程序。

【答案】ABCD

5. 下列属于发文办理程序的有（　　）。

A. 传阅　　B. 复核

C. 编号　　D. 校对

【解析】根据国家税务总局关于公文处理有关要求，发文办理指以本机关名义制发公文的过程，包括复核、编号、校对、印制、用印、登记、封发等程序。

【答案】BCD

6. 正式公文发出前，税务机关办公厅（室）应对所发公文进行登记。登记的项目包括（　　）。

A. 文号　　B. 标题

C. 页码　　D. 日期

【解析】根据国家税务总局关于公文处理有关要求，公文印成发出前，办公厅（室）应当对所发公文的份数、序号及发往单位、日期、文号、标题、密级、附件和封发情况等进行登记。

【答案】ABD

7. 涉密文件的传递和传输应严格遵守有关规定。下列选项中符合涉密公文传递和传输要求的有（　　）。

A. 通过机要交通传递

B. 通过邮政机要通信传递

C. 通过邮政特快专递传递

D. 通过密码电报传递

【解析】根据国家税务总局关于公文处理有关要求，涉密公文应当通过机要交通、邮政机要通信、城市机要文件交换站或者收发件机关机要收发人员进行传递，通过密码电报或者符合国家保密规定的计算机信息系统进行传输。

【答案】ABD

8. 下列文种中，与请示的行文方向不同的有（　　）。

A. 通知　　B. 通报

C. 通告　　D. 报告

【解析】根据国家税务总局关于公文处理有关要求，请示，适用于向上级机关请求指示、批准。请示一般分为政策性请示、问题性请示和事务性请示。请示属上行文。公告，适用于向国内外宣布重要事项或者法定事项。税务机关应当依照有关法律、法规、规章向国内外公布税务规范性文件和其他重要税收事项。公告应当公开发布，无主送、抄送。通告，适用于在一定范围内公布应当遵守或者周知的事务性事项。通告面向社会并具有一定的约束力，可采用张贴或媒体刊播的形式公布，无主送、抄送。通知，适用于发布、传达要求下级机关执行和有关单位周知或者执行的事项，批转、转发公文。通知一般分为指示性通知、发布和转发性通知、事务性通知和知照性通知。通知主要是上级机关对下级机关行文时使用，属下行文；向有关单位知照某些事项时（如告知机构变更和召开会议等），也可作平行文使用。通报，适用于表彰先进，批评错误，传达重要精神和告知重要情况。通报属下行文。报告，适用于向上级机关汇报工作、反映情况，回复上级机关询问。报告属上行文。

【答案】ABC

9. 下列单位或个人的工作行为中，违反保密规定的有（　　）。

A. 某市税务局干部张某将在微信群中收到的不予公开的文件转发至“税务一家亲”微信群中

B. 办公室机要员李某将待发放的涉密文件放在车上过夜

C. 召开涉及国家秘密内容的会议时，为保证会议质量，主办单位允许参会人员使用无线话筒

D. 将涉密载体通过邮政快递等渠道运输

【解析】根据《中华人民共和国保守国家秘密法》规定，机关、单位应当加强对涉密信息系统的管理，不得将涉密计算机、涉密存储设备接入互联网及其他公共信息

网络；不得非法获取、持有国家秘密载体；不得通过普通邮政、快递等无保密措施的渠道传递国家秘密载体。

【答案】ABCD

10. 根据《中华人民共和国保守国家秘密法》有关规定，某市税务局下列涉密信息系统管理行为中，违反有关规定的有（　　）。

A. 使用涉密计算机处理国家秘密信息

B. 将涉密计算机接入互联网

C. 擅自卸载涉密信息系统安全技术程序

D. 未采取防护措施便将涉密信息系统与互联网之间进行信息交换

【解析】根据《中华人民共和国保守国家秘密法》第二十四条规定，机关、单位应当加强对涉密信息系统的管理，任何组织和个人不得有下列行为：①将涉密计算机、涉密存储设备接入互联网及其他公共信息网络；②在未采取防护措施的情况下，在涉密信息系统与互联网及其他公共信息网络之间进行信息交换；③使用非涉密计算机、非涉密存储设备存储、处理国家秘密信息；④擅自卸载、修改涉密信息系统的安全技术程序、管理程序；⑤将未经安全技术处理的退出使用的涉密计算机、涉密存储设备赠送、出售、丢弃或者改作其他用途。

【答案】BCD

11. 通报适用于（　　）。

A. 表彰先进　　B. 批评错误

C. 传达重要精神　　D. 告知重要情况

【解析】通报适用于表彰先进，批评错误，传达重要精神和告知重要情况。

【答案】ABCD

12. 税收新闻发布工作中，新闻发言人的主要职责包括（　　）。

A. 协调、指导税收新闻发布筹备、实施工作

B. 审核新闻发布建议、新闻发布稿和新闻答问口径

C. 主持新闻发布会

D. 代表单位对外发布税收新闻、声明和有关重要信息

【解析】新闻发言人的主要职责包括：协调、指导税收新闻发布筹备、实施工作；审核新闻发布建议、新闻发布稿和新闻答问口径；主持新闻发布会；代表单位对外发布税收新闻、声明和有关重要信息。

【答案】ABCD

13. 政府信息依申请公开的处理流程包括（　　）。

A. 申请　　B. 受理

C. 办理　　D. 答复

【解析】税务机关对公民、法人或其他组织依法向税务机关提交的政府信息公开申请进行分析、判断和处理，并根据具体情况和相关政策在规定时限内作出回复。处理流程分为申请、受理、自行办理/转办等环节。办理包括信息处理、审查、答复、转办等。

【答案】ABCD

14. 泄密事件报告的主要内容有（　　）。

A. 被泄露国家秘密事项的内容、密级、数量及其载体形式

B. 泄密事件的发现经过

C. 泄密责任人的基本情况

D. 泄密事件造成或可能造成的危害

【解析】泄密事件报告的主要内容包括被泄露国家秘密事项的内容、密级、数量及其载体形式；泄密事件的发现经过；泄密责任人的基本情况；泄密事件造成或可能造成的危害；已进行或拟采取的补救措施及查处情况。

【答案】ABCD

15. 各级税务机关应建立健全文件材料的归档制度。需要归档的文件材料范围包括（　　）。

A. 反映本机关主要职能活动和基本历史面貌的，对本机关工作、国家建设和历史研究具有利用价值的文件材料

B. 机关工作活动中形成的在维护国家、集体和公民权益等方面具有凭证价值的文件材料

C. 下级机关文件材料中，供参阅的简报、情况反映，抄送或越级抄送的文件材料

D. 本机关需要贯彻执行的上级机关、同级机关的文件材料，下级机关报送的重要文件材料

【解析】下级机关文件材料中，供参阅的简报、情况反映，抄送或越级抄送的文件材料属于不需要归档的文件材料范围。

【答案】ABD

16. 突发事件应对工作原则有（　　）。

A. 以人为本，减少危害

B. 属地为主，分级负责

C. 依法规范，统一指挥

D. 注重预防，科学处置

【解析】突发事件应对工作原则：以人为本，减少危害。属地为主，分级负责。依法规范，统一指挥。注重预防，科学处置。

【答案】ABCD

17. 下列表述属于加强税务系统应急管理的意义的有（　　）。

A. 关系服务经济社会发展全局和保护人民群众生命财产安全的大事

B. 是各级税务机关坚持“为国聚财、为民收税”工作宗旨的重要体现

C. 是税务系统加强社会管理、化解社会矛盾、应对事故灾害的形势所需

D. 防止突发事件发生及减少突发事件造成的危害

【解析】加强税务系统应急管理工作，是关系服务经济社会发展全局和保护人民群众生命财产安全的大事，是各级税务机关坚持“为国聚财、为民收税”工作宗旨的重要体现，是税务系统加强社会管理、化解社会矛盾、应对事故灾害的形势所需。并不能防止或减少突发事件发生。

【答案】ABC

18. 涉税突发事件的书面报告包括（　　）。

A. 初次报告　　B. 再次报告

C. 阶段报告　　D. 总结报告

【解析】书面报告分初次报告、阶段报告和总结报告。

【答案】ACD

19. 关于督查督办的工作时限，下列说法正确的有（　　）。

A. 督办事项必须有明确的时限要求，承办单位必须按时限要求办结。对需要由多个单位共同完成的督办事项，总的时限要求由督办部门确定，协办时限要求由主办单位确定

B. 党中央、国务院文件需要落实的事项，由督办部门商承办单位合理确定办理时限，并报督办部门领导审定

C. 党中央、国务院领导同志批示交办的事项，国家税务总局党委会议、局务会议、局长办公会议、局领导专题会议议定需要落实的事项，中央企业事业单位来文，各地税务机关的请示性文件，税务总局领导调研时基层税务机关反映的问题，重要信访案件和群众反映的热点、难点问题等，须在30日内完成

D. 没有按时完成督办事项，在督办时限后办理延期申请手续的，按逾期未办结处理

【解析】根据税务系统督查督办相关规定，选项A、B、C、D均正确。

【答案】ABCD

20. 督查督办工作的常用方法有（　　）。

A. 实地督查　　B. 案头督查

C. 暗访督查　　D. 交叉督查

【解析】实地督查、案头督查、暗访督查、交叉督查、“二次督查”都是督查督办工作的常用方法。

【答案】ABCD

21. 为确保督查发现的问题整改落实到位，要对被督查单位组织开展“二次督查”。“二次督查”的主要内容包括（　　）。

A. 整改通知中指出问题的整改落实情况

B. 整改落实长效机制建设情况

C. 发现的重大问题和重大线索

D. 尚未整改落实的问题及原因

【解析】为确保督查发现的问题整改落实到位，对部分单位组织开展“二次督查”。督查主要内容包括：①整改通知中指出问题的整改落实情况；②整改落实长效机制建设情况；③尚未整改落实的问题及原因；④需要了解的其他情况。

【答案】ABD

22. 制作涉密载体应当标明（　　）。

A. 密级　　B. 发放范围

C. 制作数量　　D. 编排顺序号

【解析】制作涉密载体应当标明密级和保密期限，注明发放范围、制作数量、编排顺序号。

【答案】ABCD

23. 涉密信息系统应当指定专门人员管理和维护，严格设定用户权限，按照（　　）的原则，控制涉密信息知悉范围。

A. 最高密级防护　　B. 最严密级防护

C. 最小授权管理　　D. 最大授权管理

【解析】涉密信息系统应当指定专门人员管理和维护，严格设定用户权限，按照最高密级防护和最小授权管理的原则，控制涉密信息知悉范围。

【答案】AC

24. 下列属于税收新闻发布主要方式的有（　　）。

A. 新闻发布会

B. 以税务干部个人名义发布新闻

C. 国家税务总局网站

D. 以新闻发言人的名义发布新闻、声明、谈话

【解析】税收新闻发布的主要方式：①新闻发布会；②新闻通报会（包括记者招待会等）；③以新闻发言人的名义发布新闻、声明、谈话；④组织新闻记者集体采访或单独采访；⑤国家税务总局网站；⑥其他形式或渠道的新闻发布。

【答案】ACD

25. 政府信息公开的原则包括（　　）。

A. 坚持以公开为常态、不公开为例外

B. 遵循公正、公平、合法、便民的原则

C. 行政机关应当及时、准确地公开政府信息

D. 各级人民政府应当积极推进政府信息公开工作，逐步增加政府信息公开的内容

【解析】行政机关公开政府信息，应当坚持以公开为常态、不公开为例外，遵循公正、公平、合法、便民的原则。

【答案】AB

26. 关于应急管理，下列说法正确的有（　　）。

A. 各级税务机关要建立应对突发事件的预防、预警、处置、信息报告、信息发布、恢复重建等运行机制，提高应急预防、处置和指挥水平

B. 各级税务机关应积极参与当地政府组织的应急预警工作，加强本部门的情况监测，最大限度地发现突发事件的苗头、征兆

C. 突发事件发生后，事发地税务机关若可紧密依靠当地政府及有关部门采取措施控制事态发展，保护突发事件现场涉密资料、重要物资的安全，收集并保存相关证据，组织开展应急救援工作，则无需向上级税务机关报告

D. 对税务总局要求上报的突发事件，应在接到通知后立即上报

【解析】选项C的正确说法是：突发事件发生后，事发地税务机关应紧密依靠当地政府及有关部门采取措施控制事态发展，保护突发事件现场涉密资料、重要物资的安全，收集并保存相关证据，组织开展应急救援工作，并及时向上级税务机关报告。

【答案】ABD

27. 关于印信的保管，下列说法正确的有（　　）。

A. 单位的内设机构、直属单位的印章，由单位行政首长授权的部门明确专人保管

B. 各级税务机关（部门）的印章和介绍信由办公室（厅）明确专人保管

C. 冠以单位字头的专用印章，由单位行政首长授权的部门明确专人保管

D. 各级税务机关（部门）及内设机构、直属单位的印章和介绍信由办公室（厅）统一保管

【解析】各级税务机关（部门）的印章和介绍信由办公室（厅）明确专人保管；冠以单位字头的专用印章，由单位行政首长授权的部门明确专人保管；单位的内设机构、直属单位的印章，由各内设机构、直属单位明确专人保管。

【答案】BC

28. 会议决议是会议目标的具体体现。下列对于会议决议要求说法正确的有（　　）。

A. 要有一个准确的会议记录，并根据需要，形成会议纪要

B. 会议的各项决议要有具体执行人员及完成期限

C. 任何情况不得停止或擅自更改已决定事项的执行

D. 建立会议事后跟踪督促制度，使会议的每项决议都有根据、有检查

【解析】选项C，一般在组织上未改变决定之前，不得停止或擅自更改已决定事项的执行。

【答案】ABD

29. 会议座次安排时，尊位应该具有的特征包括（　　）。

A. 主方尊位又比客方尊位更重要一些

B. 尊位应该居于中心意义的位置

C. 尊位应该具有视野上的最佳位置

D. 尊位应具有行动上的最便利条件

【解析】尊位应该具有以下三个特征：尊位应该居于中心意义的位置；尊位应该具有视野上的最佳位置；尊位应具有行动上的最便利条件。

【答案】BCD

30. 关于行政机关依申请提供政府信息是否收取费用的问题，下列说法正确的有（　　）。

A. 行政机关依申请提供政府信息，一律不收取费用

B. 行政机关依申请提供政府信息，均需收取费用

C. 行政机关依申请提供政府信息，不收取费用。但是，申请人申请公开政府信息的数量、频次明显超过合理范围的，行政机关可以收取信息处理费

D. 行政机关收取信息处理费的具体办法由国务院价格主管部门会同国务院财政部门、全国政府信息公开工作主管部门制定

【解析】行政机关依申请提供政府信息，不收取费用。但是，申请人申请公开政府信息的数量、频次明显超过合理范围的，行政机关可以收取信息处理费。行政机关收取信息处理费的具体办法由国务院价格主管部门会同国务院财政部门、全国政府信息公开工作主管部门制定。

【答案】CD

31. 下列公文中，信息公开选项应选择“不予公开”的有（　　）。

A.《国家税务总局××省税务局关于国家税务总局××市税务局维修办公用房的批复》

B.《国家税务总局××市税务局关于贯彻落实全省税务工作会议精神的报告》

C.《国家税务总局××市税务局关于电子税务局上线的通告》

D.《国家税务总局××市税务局办公室关于征求绩效管理指标体系意见的函》

【解析】根据《税务公文处理使用手册》，报上级机关的请示、报告，向有关部门征求意见和答复有关部门意见的文件，涉及国家秘密、工作秘密、商业秘密和个人隐私的文件应不予公开。C 项为通告，信息公开选项应选择主动公开。

【答案】ABD

32. 下列关于报告的叙述中，不正确的有（　　）。

A. 报告不能用于答复上级机关的询问

B. 报告具有单向性，用于下级机关向上级机关单项行文

C. 就某项工作中的错误向上级机关检讨，可以用报告

D. 报告属上行文，有时为表示重视和尊重，也可作为平行文主送给同级单位

【解析】根据《全国税务机关公文处理办法》的规定，报告适用于向上级机关汇报工作、反映情况，回复上级机关询问，用于下级机关向上级机关单项行文。报告根据内容分为综合性报告和专题性报告。报告属上行文，不能作为平行文主送给同级单位。

【答案】AD

33. 关于公文的撤销和废止，以下说法错误的有（　　）。

A. 公文发出后，其撤销和废止由上级机关或者权力机关根据职权范围和有关法律法规决定，发文机关无权进行撤销和废止

B. 公文被撤销的，视为自被撤销之日起无效

C. 公文被废止的，视为自始无效

D. 公文被撤销的，视为自始无效

【解析】按照《全国税务机关公文处理办法》规定，公文的撤销和废止由发文机关、上级机关或者权力机关根据职权范围和有关法律法规决定。公文被撤销的，视为自始无效；公文被废止的，视为自废止之日起失效。

【答案】ABC

34. 税务公文行文应当确有必要，讲求实效，注重针对性和可操作性。下列可以不发正式公文的有（　　）。

A. 某省税务局局长在 2024 年度全省税务工作会议上的讲话

B. 某市税务局召开机关后勤管理座谈会的通知

C. 某市税务局第 33 个税收宣传月活动实施方案

D. 某区税务局 2024 年党建工作要点

【解析】依据《全国税务机关公文处理办法》规定，行文应当确有必要，讲求实效，注重针对性和可操作性。法律、法规中已有明确规定的，不再制发文件；现行文件规定仍然适用的，不再重复发文；已标注公开发布的文件，不再翻印；机关负责人

的讲话，不以正式公文形式下发；对使用电话、内部网站等途径可以办理的事项，不发正式公文。选项 A、B 可不发正式公文。

【答案】AB

35. 用语准确是公文的基本要求，起草公文时一定要注意用语不产生歧义。以下公文用语带有歧义的包括（　　）。

A. 省税务干部学校新建三座一千平方米的教学楼

B. 此案涉及四个课题组成员

C. 本项目有三个工作人员，分别到广州、上海、南宁税务部门调研

D. 贵单位接到通知后，请迅即办理

【解析】选项 A 产生歧义，不能确认是一座一千平方米还是三座总共一千平方米；选项 B 有歧义，不能确认是本案涉及四个课题组的全部成员还是一个课题组的四个人员；选项 C 有歧义，不能确认是三个人一起去三个地方还是每个人去各自不同的地方；选项 D 不存在歧义。

【答案】ABC

36. 根据《党政机关公文格式》规定，下列关于公文标题排布的说法，恰当的有（　　）。

A. 公文标题布局应以美观为主，形式不拘

B. 公文标题布局方式可以是上下短中间长的菱形

C. 公文标题布局方式可以采用正梯形、倒梯形

D. 公文标题应尽可能控制在 1 行之内，必要时可以简化内容

【解析】根据《党政机关公文格式》，公文标题一般用 2 号小标宋体字，编排于红色分隔线下空二行位置，分一行或多行居中排布；回行时，要做到词意完整，排列对称，长短适宜，间距恰当，标题排列应当使用梯形或菱形。

【答案】BC

37. 2024 年 7 月，某省税务局拟举办一次涉密会议活动，该局主办部门应当事先确定的要素有（　　）。

A. 密级

B. 参加人员范围

C. 活动涉及的涉密文件资料

D. 接送车辆

【解析】根据《国家税务局系统保密工作规则》，举办涉密会议活动，主办部门应当事先确定密级、参加人员范围、活动涉及的涉密文件资料。

【答案】ABC

38. 以下信访情形，需由来访人员所在地税务机关主要领导带队到上级税务机关进

行劝返有（　　）。

A. 5人以下的信访

B. 可能引发集体上访、群体性事件或者恶性突发事件的信访事项

C. 经上级税务机关多次催办仍未得到解决的

D. 到税务机关长期滞留、缠访、闹访的

【解析】根据《税务局系统信访工作规定》，5人以上的集体访，来访人员提出的信访事项可能引发集体上访、群体性事件或者恶性突发事件的，经上级税务机关多次催办仍未得到解决的，到税务机关长期滞留、缠访、闹访的，到税务机关上访时有过激言行的，应由来访人员所在地的税务机关主要领导带队，及时到上级税务机关进行劝返。

【答案】BCD

39. 根据国家税务总局党委重大事项请示报告的有关制度要求，报告的方式包括（　　）。

A. 正式报告　　B. 信息

C. 简报　　D. 会议

【解析】报告的方式包括书面和口头。其中，书面方式包括正式报告、信息和简报，口头方式包括通话、当面和会议。

【答案】ABCD

40. 下列会议不属于税务系统四类会议的有（　　）。

A. 全国税务工作会议

B. 国家税务总局及其内设机构召开的专业性会议

C. 各省、自治区、直辖市和计划单列市税务局召开的每年一次的年度工作会议

D. 国家税务总局内设机构召开的研讨会

【解析】选项A属于二类会议，选项B、C属于三类会议，选项D为四类会议。

【答案】ABC

三、判断题

1. 领导干部阅处密件时，要严格遵守文件管理规定，在知悉、办理相关事项后，应当当天及时归还秘密载体。如有需继续研究处理的，再次履行办阅手续另行借阅。

（　　）

【解析】根据《中华人民共和国保守国家秘密法》规定，领导干部阅处密件时，要严格遵守文件管理规定，在知悉、办理相关事项后，应当当天及时归还秘密载体。如有需要继续研究处理的，再次履行办阅手续另行借阅。

【答案】正确

2. 税务机关人员可以根据工作需要卸载涉密计算机上的安全保密防护软件或设备。（　）

【解析】根据税务系统保密工作相关规定，税务机关人员在使用信息设备时不得擅自卸载涉密计算机上的安全保密防护软件或设备。

【答案】错误

3. 任何情况下，基层税务机关上报的“请示”和“报告”，一律不能直接报送领导个人。（　）

【解析】根据《全国税务机关公文处理办法》，向上级机关行文，应当遵循以下规则：原则上主送一个上级机关，根据需要同时抄送相关上级机关和同级机关，不抄送下级机关。除上级机关负责人直接交办事项外，不得以本机关名义向上级机关负责人报送公文，不得以本机关负责人名义向上级机关报送公文。故答案为错误。

【答案】错误

4. 公文标题中除法律、法规、规章、规范性文件加书名号外，一般不用标点符号。（　）

【解析】根据《全国税务机关公务处理办法》，标题由发文机关、发文事由和文种组成，应当准确简要地概括公文的主要内容并标明公文种类。公文标题中除法律、法规、规章和规范性文件名称加书名号外，一般不用标点符号。

【答案】正确

5. 意见可以作为上行文、下行文，但不能作为平行文。（　）

【解析】意见可以用于上行文、下行文和平行文。

【答案】错误

6. 请示必须在事前，应当一文一事，但在紧急情况下，可在报告非请示性公文中夹带请示事项。（　）

【解析】请示必须在事前，应当一文一事，不得在报告非请示性公文中夹带请示事项。

【答案】错误

7. 函属于平行文，知照性通知也可以是平行文，意见也可以作为平行文使用。（　）

【解析】函、通知、意见均可作平行文使用。

【答案】正确

8. 某市税务局按照省局要求报送了《国家税务总局××市税务局关于2022年度经费支出情况的报告》，同时在报告中请示了关于维修市局办公大楼所需经费支出50万元的事项。（　）

【解析】请示应当一文一事，不得在报告等非请示性公文中夹带请示事项。

【答案】错误

9. 某市税务局人事教育科起草了一份需要与系统党建工作科会签的公文，人事教育科应与系统党建工作科取得一致意见后行文。（　）

【解析】根据《全国税务机关公文处理办法》规定，凡需会签的公文，主办部门应当与会办部门取得一致意见后行文。

【答案】正确

10. 秘密级国家秘密是一般的国家秘密，泄露会使国家安全和利益遭受损害。（　）

【解析】根据《中华人民共和国保守国家秘密法》第十条规定，绝密级国家秘密是最重要的国家秘密，泄露会使国家安全和利益遭受特别严重的损害；机密级国家秘密是重要的国家秘密，泄露会使国家安全和利益遭受严重的损害；秘密级国家秘密是一般的国家秘密，泄露会使国家安全和利益遭受损害。

【答案】正确

11. 函适用于相互隶属机关之间商洽工作、询问和答复问题、请求批准和答复审批事项。（　）

【解析】函适用于不相隶属机关之间商洽工作、询问和答复问题、请求批准和答复审批事项。

【答案】错误

12. 对没有隶属关系的平级单位或其他单位来文请求批准有关事项，不能使用“批复”，只能采用“函”。（　）

【解析】对没有隶属关系的平级单位或其他单位来文请求批准有关事项，不能使用“批复”，应当采用“通知”或“函”。

【答案】错误

13. 《中华人民共和国档案法》规定，个人可以保存应当归档的公文。（　）

【解析】公文办理完毕后，应当根据《中华人民共和国档案法》及档案管理有关规定，及时将公文定稿、正本和有关材料交本部门文秘人员整理、归档。个人不得保存应当归档的公文。

【答案】错误

14. 绝密级公文不可以复制、汇编。（　）

【解析】绝密级公文一般不得复制、汇编，确有工作需要的，应当经发文机关或者其上级机关批准。

【答案】错误

15. 用于在一定范围内公布应当遵守或周知的事项的公文是通知。（　）

【解析】用于在一定范围内公布应当遵守或周知的事项的公文是通告。

【答案】错误

16. 公文附件是指公文印发传达范围以及在正文中不宜说明的其他事项。（　　）

【解析】公文附注是指公文印发传达范围以及在正文中不宜说明的其他事项。

【答案】错误

17. 各级税务机关负责人是本机关保密工作第一责任人。（　　）

【解析】各级税务机关主要领导是本机关保密工作第一责任人。

【答案】错误

18. 开具介绍信要按规定将内容填列齐全，介绍信存根要保管 3 年。（　　）

【解析】开具介绍信要按规定将内容填列齐全，介绍信存根要保管 5 年。特殊情况需用信笺作介绍信时，用印人需登记留底。

【答案】错误

19. 局务会议、局长办公会议的议题由办公厅（室）确定，会议组织工作由局长负责。（　　）

【解析】局务会议、局长办公会议的议题由局长确定，会议组织工作由办公厅（室）负责。

【答案】错误

20. 对当地省级人民政府规定的较大（Ⅲ级）以上突发事件，或出现税务工作人员非正常死亡的事件，事发地税务机关应及时直接报告税务总局。（　　）

【解析】对当地省级人民政府规定的较大（Ⅲ级）以上突发事件，或出现税务工作人员非正常死亡的事件，事发地税务机关应及时逐级报告税务总局。

【答案】错误

21. 下级机关报送的年度或年度以上计划、总结、统计、重要专题报告等文件材料属于永久保管的文书档案。（　　）

【解析】根据国家税务总局机关档案管理的有关规定，下级机关报送的年度或年度以上计划、总结、统计、重要专题报告等文件材料属于定期保管的文书档案。

【答案】错误

22. 印章是税务机关印信凭证的一种，是代表税务机关权力、职责的凭据，是税务机关职能作用的法律标志。（　　）

【解析】题干为印章的定义。印章是税务机关印信凭证的一种，是代表税务机关权力、职责的凭据，是税务机关职能作用的法律标志。

【答案】正确

23. 各级税务机关原则上应每半年召开一次舆情风险预判工作例会。（　　）

【解析】根据国家税务总局关于税务系统舆情管理工作有关要求，各级税务机关原则上应每季度召开舆情风险预判工作例会。例会由舆情管理部门组织召开，参会人员包括舆情管理部门分管领导、舆情管理部门人员、业务责任部门有关人员等。会议应全面总结当前季度舆情预判工作整体情况，研究部署下一阶段工作安排。

【答案】错误

24. 各级税务机关应建立督查督办制度，对重要公文要定期督办，一般公文要跟踪督办。（　）

【解析】根据督查督办相关规定，重要公文应重点督办，一般公文应定期督办，紧急公文应跟踪督办。

【答案】错误

25. 涉税舆情分为低风险、中风险、高风险和重大风险四个等级。（　）

【解析】根据国家税务总局关于税务系统舆情管理工作有关要求，根据涉税舆情的内容、涉事主体、传播范围和影响程度，将涉税舆情分为高风险、中风险和低风险三个等级。

【答案】错误

26. 国务院办公厅是全国政府信息公开工作的主管部门，负责推进、指导、协调、监督全国的政府信息公开工作。（　）

【解析】根据《中华人民共和国政府信息公开条例》第三条规定，国务院办公厅是全国政府信息公开工作的主管部门，负责推进、指导、协调、监督全国的政府信息公开工作。

【答案】正确

27. 行政机关制作的政府信息由制作该政府信息的行政机关负责公开，法律、法规对政府信息公开的权限另有规定的，从其规定。（　）

【解析】根据《中华人民共和国政府信息公开条例》第十条规定，行政机关制作的政府信息，由制作该政府信息的行政机关负责公开。行政机关从公民、法人和其他组织获取的政府信息，由保存该政府信息的行政机关负责公开；行政机关获取的其他行政机关的政府信息，由制作或者最初获取该政府信息的行政机关负责公开。法律、法规对政府信息公开的权限另有规定的，从其规定。

【答案】正确

28. 各地发生Ⅰ级至Ⅲ级突发事件的，应向税务总局报告信息。（　）

【解析】根据《税务系统特别重大、重大突发事件分级标准（试行）》规定，各地发生符合Ⅰ级和Ⅱ级突发事件的，应向税务总局报告信息。

【答案】错误

29. 突发事件信息报告应坚持“实事求是、快报事实、慎报原因、依法处置”的原则，准确报送突发事件有关情况。（　）

【解析】根据《全国税务系统突发事件信息报告工作管理办法》规定，突发事件信息报告应坚持“实事求是、快报事实、慎报原因、依法处置”的原则，准确报送突发事件有关情况。

【答案】正确

30. 税务系统有关重要预测预警信息，以及可能演化为特别重大和重大突发事件的信息，应向税务总局报告紧急情况。（　　）

【解析】根据《全国税务系统突发事件信息报告工作管理办法》规定，税务系统有关重要预测预警信息，以及可能演化为特别重大和重大突发事件的信息，应向税务总局报告紧急情况。

【答案】正确

31. 国家秘密的保密期限已满，需经定密部门审批解密。（　　）

【解析】根据《中华人民共和国保守国家秘密法》规定，国家秘密的保密期限已满的，自行解密。

【答案】错误

32. 借阅非本人主管业务的机密文件，必须经办公室负责人批准。外单位来人查阅本机关档案，必须持有单位介绍信，并经本机关办公室负责人批准。（　　）

【解析】根据机密文件管理要求，借阅非本人主管业务的机密文件，必须经办公室负责人批准。外单位来人查阅本机关档案，必须持有单位介绍信，并经本机关办公室负责人批准。

【答案】正确

33. 确因工作需要，可以使用私人计算机处理涉密文件，但要与互联网断开连接，待处理完涉密信息后才可与互联网连接。（　　）

【解析】根据保密工作相关规定，私人计算机是非涉密计算机，非涉密计算机不能处理涉密文件。

【答案】错误

34. 各级税务机关分管办公室领导是信访工作的第一责任人，对本辖区信访工作负总责。（　　）

【解析】各级税务机关的主要领导是信访工作的第一责任人，对本辖区的信访工作负总责。

【答案】错误

35. 王某是某省税务局负责信访工作的办公室副主任，某次接访过程中，王某在信访接待场所对接谈过程进行了录音、录像，并按规定将录音、录像资料进行了存档。（　　）

【解析】各省级税务机关应在接待场所安装录音、录像监控设备，对接谈过程录音、录像；妥善保管录音、录像资料，按照规定及时存档。

【答案】正确

36. 根据《党政机关国内公务接待管理规定》，接待单位应当按照标准安排接待住房，并配发洗漱用品套装。（ ）

【解析】根据《党政机关国内公务接待管理规定》规定，接待单位不得超标准安排接待住房，不得额外配发洗漱用品。

【答案】错误

37. 税务机关公务接待严禁饮酒，但私人自带酒除外。（ ）

【解析】根据《税务系统整治违反中央八项规定精神问题负面清单（试行）》规定，国内公务接待违规饮酒（包括私人自带的酒类）属于违规吃喝类负面清单中的一项。

【答案】错误

38. 会议落实是会议组织管理的重要手段，其实质是统一认识、调整关系、解决矛盾、协调行动。（ ）

【解析】应为会议协调。

【答案】错误

39. 四类会议经本单位局长办公会审批或经单位分管局领导审核并报主要领导批准后执行，不需列入本单位年度会议计划。（ ）

【解析】四类会议经本单位局长办公会审批或经单位分管局领导审核并报主要领导批准后执行，并列入本单位年度会议计划。

【答案】错误

40. 介绍信具有介绍、证明、洽商三种作用。（ ）

【解析】介绍信具有介绍、证明双重作用。

【答案】错误

四、简答题

1. 什么是信访三级终结制度？

【答案】信访三级终结制度指同一信访事项按照法定程序经过三级行政机关依次做出处理意见、复查意见、复核意见后，有权处理的行政机关终止受理该信访事项，该信访事项处理终结。

2. 案头督查的主要程序有哪四个环节？

【答案】应从以下方面进行阐述：一是立项通知，经领导批准下发督查通知，布置督查任务。二是跟踪催办，对需要落实和整改的事项，进行跟踪催办，督促被督查单位落实整改到位。三是情况反馈。被督查单位按要求认真整改到位，并将整改报告以正式公文报督查部门。四是总结报告。对整改落实情况进行审核分析，报局领导审示。

3. 确定国家秘密的知悉范围应当遵循什么原则？

【答案】确定国家秘密的知悉范围，应当根据工作需要限定在最小范围。能够限定到具体人员的，限定到具体人员；不能限定到具体人员的，限定到机关、单位，由机关、单位限定到具体人员。

4. 举办会议或者其他活动涉及国家秘密的，主办单位应当采取哪些保密措施？

【答案】主办单位应当根据会议、活动的内容确定密级，制定保密方案，限定参加人员范围；使用符合国家保密规定和标准的场所、设施、设备；按照国家保密规定管理国家秘密载体；对参加人员提出具体保密要求。

5. 发现国家秘密已经泄露或者可能泄露时，应当采取哪些措施？

【答案】发现国家秘密已经泄露或者可能泄露时，应当立即采取补救措施，并在24小时内向同级保密行政管理部门和上级主管部门报告。机关、单位接到报告后，应当立即作出处理，并及时向保密行政管理部门报告。

6. 保密法规定的法律责任包括哪些？

【答案】保密法规定的法律责任包括行政责任和刑事责任。行政责任主要包括处分、责令整改等；刑事责任则是针对情节严重，构成犯罪的行为，依法追究刑事责任。具体的法律责任形式和适用条件，根据保密法及相关法律法规的具体规定来确定。

7. 信访工作应当遵循哪些原则？

【答案】信访工作应当遵循坚持党的全面领导，坚持以人民为中心，坚持落实信访工作责任，坚持依法按政策解决问题，坚持源头治理化解矛盾。

8. 各级机关、单位应当如何落实信访工作责任？

【答案】各级机关、单位应当落实属地责任、部门责任、领导责任，将信访工作纳入本地区、本部门、本系统工作全局，定期研究部署、分析形势、解决问题。应当明确负责信访工作的机构或者人员，统筹协调、督促检查本地区、本部门、本系统信访工作。

9. 公民、法人或者其他组织可以采用哪些形式提出信访事项？

【答案】公民、法人或者其他组织可以采用信息网络、书信、电话、传真、走访等形式，向各级机关、单位反映情况，提出建议、意见或者投诉请求。

10. 信访事项的办理期限是如何规定的？

【答案】信访事项应当自受理之日起60日内办结；情况复杂的，经本机关、单位负责人批准，可以适当延长办理期限，但延长期限不得超过30日，并告知信访人延期理由。

11. 信访人在信访过程中应当遵守哪些规定？

【答案】信访人在信访过程中应当遵守法律、法规，不得损害国家、社会、集体的利益和其他公民的合法权利，自觉维护社会公共秩序和信访秩序，不得有在机关、单位办公场所周围、公共场所非法聚集，围堵、冲击机关、单位，拦截公务车辆，或者堵塞、阻断交通等行为。

12. 对信访工作中的失职失责行为应当如何追究责任？

【答案】对在信访工作中推诿、敷衍、拖延、弄虚作假造成严重后果的机关、单位及其工作人员，应当向有管理权限的机关、单位提出追究责任的建议。对信访部门提出的改进工作、完善政策、追究责任的建议，有关机关、单位应当书面反馈采纳情况。

五、案例分析题

某市税务局办公室主任王小明接到一个咨询电话，询问申请政府信息公开应该如何申请？如果你是王主任，应该怎样回答？

【答案】可以从以下方面进行阐述：

公民、法人或者其他组织申请获取政府信息的，应当向行政机关的政府信息公开工作机构提出，并采用包括信件、数据电文在内的书面形式；采用书面形式确有困难的，申请人可以口头提出，由受理该申请的政府信息公开工作机构代为填写政府信息公开申请。

政府信息公开申请应当包括下列内容：①申请人的姓名或者名称、身份证明、联系方式；②申请公开的政府信息的名称、文号或者便于行政机关查询的其他特征性描述；③申请公开的政府信息的形式要求，包括获取信息的方式、途径。

政府信息公开申请内容不明确的，行政机关应当给予指导和释明，并自收到申请之日起7个工作日内一次性告知申请人作出补正，说明需要补正的事项和合理的补正期限。答复期限自行政机关收到补正的申请之日起计算。申请人无正当理由逾期不补正的，视为放弃申请，行政机关不再处理该政府信息公开申请。

错题、要点整理页

第六章　干部制度

>>本章知识框架

节	细目	知识点	学习进度
人事管理	公务员管理	【知识点1】公务员的职位分类	
		【知识点2】公务员录用	
		【知识点3】公务员考核	
		【知识点4】公务员职务、职级任免与升降	
		【知识点5】公务员奖励	
		【知识点6】公务员监督与惩戒	
		【知识点7】公务员辞职、辞退与退休	
	人才管理	【知识点1】税务系统素质提升“2271工程”	
		【知识点2】税收战略人才	
		【知识点3】税务领军人才	
		【知识点4】业务标兵	
教育培训管理	干部教育培训	【知识点1】干部教育培训的对象与类别	
		【知识点2】干部教育培训内容	
		【知识点3】干部教育培训的方式和方法	
		【知识点4】税务干部教育培训机构、师资、课程、教材及经费的相关规定	
		【知识点5】教育培训时间规定	
		【知识点6】培训费有关规定	
		【知识点7】培训管理有关规定	
	学习兴税	【知识点1】学习兴税平台	
		【知识点2】学习兴税平台日常学习	
数字人事		【知识点1】数字人事相关概念	
		【知识点2】数字人事“两测”概述	

>>习题演练

一、单项选择题

1. 国家级正职、国家级副职、省部级正职、省部级副职、厅局级正职、厅局级副职、县处级正职、县处级副职、乡科级正职、乡科级副职，这些是（　　）。

A. 领导职务

B. 行政执法类公务员通用职务

C. 非领导职务

D. 专业技术类公务员通用职务

【解析】《中华人民共和国公务员法》规定，国家实行公务员职位分类制度。领导职务层次分为：国家级正职、国家级副职、省部级正职、省部级副职、厅局级正职、厅局级副职、县处级正职、县处级副职、乡科级正职、乡科级副职。

【答案】A

2. 公务员职级在（　　）以下设置。

A. 省部级　　B. 厅局级

C. 县处级　　D. 乡科级

【解析】根据《中华人民共和国公务员法》第十九条的规定，公务员职级在厅局级以下设置。

【答案】B

3. 公务员主管部门在审定录用计划时，必须坚持只有在（　　）的情况下，才能给予录用名额。

A. 缺编　　B. 满编

C. 等编　　D. 超编

【解析】录用公务员，必须在规定的编制限额内，并有相应的职位空缺。

【答案】A

4. 招录机关根据考试成绩、考察情况和体检结果，提出拟录用人员名单，并予以公示。公示期不少于（　　）个工作日。

A. 3　　B. 5

C. 7　　D. 10

【解析】根据《中华人民共和国公务员法》第三十二条的规定，招录机关根据考试成绩、考察情况和体检结果，提出拟录用人员名单，并予以公示。公示期不少于5个工作日。

【答案】B

5. 对公务员的考核，以其职位职责和所承担的工作任务为基本依据，全面考核德、能、勤、绩、廉，重点考核政治素质和（　　）。

A. 德　　B. 能

C. 勤　　D. 绩

【解析】重点考核政治素质和工作实绩。

【答案】D

6. 公务员工资中，（　　）是工资结构的主体。

A. 基本工资　　B. 津贴

C. 补贴　　D. 奖金

【解析】公务员工资中，基本工资是工资结构的主体。

【答案】A

7.《中华人民共和国公务员法》规定的领导成员的辞职制度中，（　　）实际上是领导成员对本人失职失误的一种主动追究。

A. 因公辞职　　B. 自愿辞职

C. 引咎辞职　　D. 责令辞职

【解析】引咎辞职实际上是领导成员对本人失职失误的一种主动追究。

【答案】C

8. 公务员可以提出申请，经任免机关批准后提前退休的条件是（　　）。

A. 工作年限满 25 年的

B. 工作年限满 30 年的

C. 丧失部分工作能力且工作年限满 25 年的

D. 工作年限满 35 年的

【解析】根据《中华人民共和国公务员法》第九十三条的规定，公务员符合下列条件之一的，本人自愿提出申请，经任免机关批准，可以提前退休：①工作年限满 30 年的；②距国家规定的退休年龄不足 5 年，且工作年限满 20 年的；③符合国家规定的可以提前退休的其他情形的。

【答案】B

9. 对晋升领导职务的公务员应当在（　　）期间进行任职培训。

①任职前　②任职后半年内　③任职后 1 年内

A. ①　　B. ②

C. ①或②都行　　D. ①或③都行

【解析】对晋升领导职务的公务员应当在任职前或者任职后 1 年内进行任职培训。

【答案】D

10. 机关对新录用人员在试用期内进行的培训是（　　）。

A. 初任培训

B. 任职培训

C. 更新知识培训

D. 专门业务培训

【解析】根据《中华人民共和国公务员法》第六十七条的规定，机关对新录用人员应当在试用期内进行初任培训。

【答案】A

11. 根据《全国税务系统培训费管理办法》，关于培训费的承担情况，以下说法正确的是（　　）。

A. 培训费由培训举办单位和参训人员所在单位共同承担

B. 培训期间发生的文体活动费用由参训人员承担

C. 参训人员参加培训往返交通费由培训单位承担

D. 参训人员无须承担任何培训费用

【解析】根据《全国税务系统培训费管理办法》第七条规定，参训人员参加培训往返及异地教学发生的城市间交通费，按照差旅费有关规定回单位报销；第十八条规定，培训费由培训举办单位承担，不得向参训人员收取任何费用。

【答案】D

12. 干部小王报名参加某高校举办的在职学位教育，其费用承担为（　　）。

A. 由所在单位承担

B. 部分由所在单位承担

C. 一律由本人承担

D. 由下级单位承担

【解析】《干部教育培训工作条例》第十八条规定，干部个人参加社会化培训，费用一律由本人承担，不得由财政经费和单位经费报销，不得接受任何机构和他人的资助或者变相资助。

【答案】B

13. 根据《全国税务领军人才学员选拔办法（试行）》有关要求，税务系统内报考人员应具有（　　）以上领导职务或相应职级。

A. 副科级　　B. 正科级

C. 副处级　　D. 正处级

【解析】根据《全国税务领军人才学员选拔办法（试行）》有关要求，税务系统内报考人员应具有副处级以上领导职务或相应职级。

【答案】C

14. 税务领军人才培养原则上每年招生一次，每（　　）年为 1 个培养周期。

A. 2　　B. 3

C. 4　　D. 5

【解析】税务领军人才培养原则上每年招生一次，每 4 年为 1 个培养周期。

【答案】C

15. 各级税务机关人事部门在干部年度考核、任用考察时，应当将干部接受教育培训情况作为一项重要内容。干部参加 2 个月以上的脱产培训情况应当记入（　　）。

A. 干部人事档案

B. 干部年度考核表

C. 干部任免审批表

D. 绩效考核表

【解析】根据《税务系统贯彻〈干部教育培训工作条例〉实施办法》规定，各级税务机关人事部门在干部年度考核、任用考察时，应当将干部接受教育培训情况作为一项重要内容。干部参加脱产培训情况应当记入干部年度考核表，参加 2 个月以上的脱产培训情况应当记入干部任免审批表。

【答案】C

16. 根据《事业单位工作人员培训规定》，关于岗前培训的一般时限和累计时间。下列说法正确的是（　　）。

A. 3 个月，40 学时或者 5 天

B. 3 个月，90 学时或者 18 天

C. 6 个月，40 学时或者 5 天

D. 6 个月，90 学时或者 18 天

【解析】根据《事业单位工作人员培训规定》第十条规定，岗前培训一般在工作人员聘用之日起 6 个月内完成，最长不超过 12 个月，累计时间不少于 40 学时或者 5 天。

【答案】C

17. 事事记录、天天累积、年年累积，通过日积月累，使考核识别干部不仅看其当期情况，还要看历史情况、一贯表现，识人用人更全面准确。这表明数字人事制度具有（　　）的基本内涵。

A. 日常化　　B. 多维化

C. 数据化　　D. 累积化

【解析】本题的关键词是日积月累。

【答案】D

18. 业务能力升级专业类别有（　　）类，分为初级、中级和高级，共（　　）档。

A. 3；12　　B. 3；11

C. 5；12　　D. 5；11

【解析】业务能力专业类别分为综合管理、纳税服务、征收管理、税务稽查和信息技术等5类。分为初级、中级和高级，共11档。

【答案】D

19. 领导胜任力测试成绩合格，有效期（　　）年。

A. 2　　B. 3

C. 4　　D. 5

【解析】领导胜任力测试合格，作为晋升上一级职务的必要条件，有效期3年。

【答案】B

20. 数字人事推行后，有关信息数据是以定量积分和定性评价的方式记入（　　）。

A. 综合干部管理信息系统

B. 个人考核账户

C. 个人积分账户

D. 个人成长账户

【解析】建立个人成长账户并及时予以记载税务干部“德、能、勤、绩、廉、评、基”等方面的信息数据。

【答案】D

21. 业务能力升级主要面向（　　）周岁以下税务干部。

A. 40　　B. 45

C. 50　　D. 55

【解析】业务能力升级主要面向45周岁以下税务干部，并以年龄加分等措施，鼓励45周岁以上干部积极参加。

【答案】B

22. 凡获得注册会计师、法律职业资格证书等与税收工作相关职业资格的，在已达到级档的基础上直接跨（　　）档报测。

A. 1　　B. 2

C. 3　　D. 4

【解析】获得财会类国家层面的证书，如注册会计师、法律职业资格证书等，允许直接跨2档报测。

【答案】B

23. 税务干部通过学习兴税平台获得的日常学习得分，计入业务能力升级测试成绩的权重为（　　）。

A. 20%　　B. 30%

C. 40%　　　　　　　　　　D. 50%

【解析】《税务系统数字人事实施办法》第五章第二十一条规定："业务能力测试实行百分制，由日常学习考核得分和集中测试得分按各占50%权重量化计算得出。"

【答案】D

24.《中共国家税务总局委员会关于进一步加强新时代税务人才工作的意见》提出要打造素质提升"2271"工程。下列关于"2271"工程的说法，正确的是（　　）。

A. 100名左右战略人才

B. 2000名左右领军人才

C. 2万名左右业务骨干

D. 7万名左右岗位能手

【解析】《中共国家税务总局委员会关于进一步加强新时代税务人才工作的意见》提出，根据新时代税收现代化需要，在继承和发扬素质提升"1115"工程的基础上进行提档升级，实施素质提升"2271"工程，结合数字人事考核评价，大力开展税务人才选拔培养，着力构建由200名左右战略人才、2000名左右领军人才、7万名左右业务标兵、1万名左右青年才俊构成的税务人才队伍新体系。

【答案】B

25. 在业务能力测试中，允许最多跨（　　）档级次。

A. 1　　　　　　　　　　B. 2

C. 3　　　　　　　　　　D. 4

【解析】业务能力测试允许最多跨2档级次。

【答案】B

26. 对于（　　）周岁以上的干部参加业务能力升级测试，区分年龄段给予不同权重加分的鼓励措施。

A. 40　　　　　　　　　　B. 45

C. 50　　　　　　　　　　D. 55

【解析】45周岁以上的干部参加业务能力升级测试，区分年龄段给予不同权重加分的鼓励措施。

【答案】B

27. 在相关办法施行前参加工作的税务干部，晋升（　　）领导职务的，可免于参加领导胜任力测试。

A. 副科级　　　　　　　　B. 正科级

C. 副处级　　　　　　　　D. 正处级

【解析】在相关办法施行前参加工作的税务干部，晋升副科级领导职务的，可免于参加领导胜任力测试。

【答案】A

28. 税务干部参加日常学习时，自选确定唯一业务条线的原则是（　　）。

A. 所学专业　　B. 个人意愿

C. 上级指定　　D. 所在部门岗位

【解析】根据《学习兴税平台日常学习管理办法》第七条规定，税务干部原则上应当根据所在部门岗位，自选确定唯一业务条线，原则上年度内所选条线应当保持相对稳定。

【答案】D

29. 税务干部在参加组织选派的脱产教育培训期间，一般应享受在岗同等待遇，因特殊情况确需请假的，必须严格履行手续。请假时间累计超过总学时（　　）的，按退学处理。

A. 1/3　　B. 1/2

C. 1/7　　D. 1/5

【解析】根据《税务系统贯彻〈干部教育培训工作条例〉实施办法》《关于在干部教育培训中进一步加强学员管理的规定》。

【答案】C

30. 税务系统讲课费（税后）执行的标准为副高级技术职称专业人员每学时最高不超过（　　）元；正高级技术职称专业人员每学时最高不超过（　　）元；院士、全国知名专家每学时一般最高不超过（　　）元。

A. 300；600；900

B. 500；1000；1500

C. 600；1200；1800

D. 800；1600；3000

【解析】按照税务系统培训费管理相关规定，讲课费（税后）执行的标准为副高级技术职称专业人员每学时最高不超过 500 元；正高级技术职称专业人员每学时最高不超过 1000 元；院士、全国知名专家每学时一般最高不超过 1500 元。

【答案】B

二、多项选择题

1. 公务员，是指（　　）的工作人员。

A. 依法履行公职

B. 纳入国家行政编制

C. 由国家财政负担工资福利

D. 国家机关中除工勤人员以外的

【解析】公务员，是指依法履行公职、纳入国家行政编制、由国家财政负担工资福利的工作人员。

【答案】ABC

2. 公务员的管理坚持（　　）原则，依照法定的权限、条件、标准和程序进行。

A. 公开　　B. 平等

C. 竞争　　D. 择优

【解析】根据《中华人民共和国公务员法》第五条的规定，公务员的管理，坚持公开、平等、竞争、择优的原则，依照法定的权限、条件、标准和程序进行。

【答案】ABCD

3. 下列属于税务系统的领导职务的有（　　）。

A. 县处级正职　　B. 一级调研员

C. 四级主任科员　　D. 乡科级正职

【解析】选项B、C是综合管理类公务员职级序列。

【答案】AD

4. 下列情形中，不得录用为公务员的有（　　）。

A. 因犯罪受过刑事处罚的

B. 被开除中国共产党党籍的

C. 被依法列为失信联合惩戒对象的

D. 被开除公职的

【解析】根据《中华人民共和国公务员法》第二十六条，因犯罪受过刑事处罚的；被开除中国共产党党籍的；被开除公职的；被依法列为失信联合惩戒对象的，都是不得录用的情形。

【答案】ABCD

5. 我国税务系统公务员的考核等次包括（　　）。

A. 优秀　　B. 称职

C. 基本称职　　D. 不称职

【解析】税务系统公务员的考核等次包括优秀、称职、基本称职、不称职。

【答案】ABCD

6. 公务员的考核方式有（　　）。

A. 平时考核　　B. 重点考核

C. 专项考核　　D. 定期考核

【解析】根据《中华人民共和国公务员法》第三十六条，公务员的考核分为平时考核、专项考核和定期考核等方式。

【答案】ACD

7.《中华人民共和国公务员法》规定可以越级晋升的条件有（　　）。

A. 表现特别优秀的公务员

B. 资历深

C. 工作经验丰富

D. 工作特殊需要

【解析】根据《中华人民共和国公务员法》第四十五条的规定，公务员领导职务应当逐级晋升。特别优秀的或者工作特殊需要的，可以按照规定破格或越级晋升。

【答案】AD

8. 下列属于公务员奖励种类的有（　　）。

A. 嘉奖　　B. 升职

C. 记一等功　　D. 授予称号

【解析】对公务员、公务员集体的奖励分为：嘉奖、记三等功、记二等功、记一等功、授予称号。

【答案】ACD

9. 下列条件中，可以让公务员自愿提出申请，经任免机关批准，提前退休的有（　　）。

A. 工作年限满 30 年的

B. 距国家规定的退休年龄不足 5 年，且工作年限满 20 年的

C. 工作年限满 20 年的

D. 国家公务员男性年满 60 周岁

【解析】选项 C 条件不充分；国家公务员男性年满 60 周岁，正常退休。

【答案】AB

10. 录用担任一级主任科员以下及其他相当职级层次的公务员，采取（　　）的办法。

A. 公开考试　　B. 严格考察

C. 平等竞争　　D. 择优录取

【解析】根据《中华人民共和国公务员法》第二十三条的规定，录用担任一级主任科员以下及其他相当职级层次的公务员，采取公开考试、严格考察、平等竞争、择优录取的方法。

【答案】ABCD

11.《中华人民共和国公务员法》明确规定了对有某些亲属关系的公务员在职务任用上需要回避的情况，以下（　　）属于需要回避的亲属关系。

A. 夫妻关系

B. 直系血亲关系

C. 三代以内旁系血亲关系

D. 近姻亲关系

【解析】依据《中华人民共和国公务员法》第七十四条。

【答案】ABCD

12. 公务员有（　　）的情况，予以辞退。

A. 年度考核两次以上被确定为不称职的

B. 本人工作能力无法胜任现任工作的

C. 不履行公务员义务，不遵守法律和公务员纪律，经教育仍无转变，不适合继续在机关工作，又不宜给予开除处分的

D. 所在机关撤销需要调整工作，本人拒绝合理安排的

E. 旷工或者因公外出、请假期满无正当理由逾期不归连续超过 10 日的

【解析】根据《中华人民共和国公务员法》第八十八条的规定，选项 A 应为连续 2 年被确定为不称职的；选项 B 应为不胜任现职工作，又不接受其他安排的；选项 E 应为旷工或者因公外出、请假期满无正当理由逾期不归连续超过 15 日的。

【答案】CD

13. 根据《全国税务系统培训费管理办法》，培训费包括（　　）。

A. 住宿费　　B. 伙食费

C. 交通费　　D. 师资费

【解析】根据《全国税务系统培训费管理办法》，培训费是指开展培训直接发生的各项费用支出，包括师资费、住宿费、伙食费、培训场地费、培训资料费、交通费以及其他费用。

【答案】ABCD

14. 根据培训费相关管理办法，各单位开展培训，应当在开支范围和标准内，择优选择税务系统培训机构承办。确实需要在系统外举办的，应当选择的承办机构包括（　　）。

A. 党校

B. 行政学院

C. 干部学院

D. 组织人事部门认可的其他培训机构

【解析】根据《全国税务系统培训费管理办法》第十一条，各单位开展培训，应当在开支范围和标准内，择优选择国税系统培训机构承办。确实需要在系统外举办的，应当选择党校、行政学院、干部学院以及组织人事部门认可的其他培训机构承办。

【答案】ABCD

15. 从事税务干部教育培训工作的教师，应当遵循的要求有（　　）。

A. 联系实际开展教学

B. 有的放矢

C. 力戒空谈

D. 不得传播违反党的理论和路线方针政策、违反中央决定的错误观点

【解析】根据《税务系统贯彻〈干部教育培训工作条例〉实施办法》第四十二条规定，从事税务干部教育培训工作的教师，应当联系实际开展教学，有的放矢，力戒空谈，严守讲坛纪律，不得传播违反党的理论和路线方针政策、违反中央决定的错误观点。对违反讲坛纪律的，给予批评教育直至纪律处分。

【答案】ABCD

16. 税务系统数字人事制度的主要特征有（　　）。

A. 突出以人为本

B. 突出科学考评

C. 突出数字管理

D. 突出科技引领

【解析】以上选项皆为税务系统数字人事制度的主要特征。

【答案】ABCD

17. 科级领导职务领导胜任力测试检验的能力主要有（　　）。

A. 依法办事和执行操作能力

B. 统筹落实能力

C. 组织协调能力

D. 应对风险挑战的能力

【解析】选项 A 和选项 C 为科级领导职务领导胜任力测试检验的能力。

【答案】AC

18. 下列关于日常学习年度得分表述正确的有（　　）。

A. 日常学习年度得分实行百分制

B. 学习兴税平台设立税务干部个人学习账户，自动记录日常学习相关数据，并生成日常学习年度得分

C. 日常学习中必学必练和集中练习按照实际完成进度计算得分

D. 日常学习必学必练按实际完成进度计算得分，集中练习以最高成绩计入

【解析】根据《学习兴税平台日常学习管理办法》第十二条规定，日常学习年度得分实行百分制，其中，必学必练占 60%，按实际完成进度计算得分；集中练习占 40%，以最高成绩计入。第三条规定，学习兴税平台设立税务干部个人学习账户，自动记录日常学习相关数据，并生成日常学习年度得分。

【答案】ABD

19. 学习兴税平台里定期测试的类型包括（　　）。

A. 税收基础测试

B. 党建知识测试

C. 税务公共知识测试

D. 业务条线知识测试

【解析】定期测试包括党建知识测试、税务公共知识测试、业务条线知识测试3种类型。

【答案】BCD

20. 学习兴税平台是集（　　）等于一体的网络学习培训平台。

A. 学习　　B. 培训

C. 测试　　D. 评价

【解析】《应用学习兴税平台的指导意见（试行）》指出，学习兴税平台是集学习、培训、测试、评价、应用于一体的网络学习培训平台，是推进税务干部教育培训数字化的重要载体，是学习强国平台在税务系统的部门化拓展。

【答案】ABCD

三、判断题

1. 公务员工资、福利、保险以及录用、奖励、培训、辞退等所需经费，列入财政预算，予以保障。（　　）

【解析】略。

【答案】正确

2. 公务员的领导职务、职级与级别是确定公务员工资以及其他待遇的依据。（　　）

【解析】略。

【答案】正确

3. 公务员定期考核的结果分为优秀、称职、基本称职3个等次。（　　）

【解析】根据《中华人民共和国公务员法》第三十八条的规定，公务员定期考核的结果分为优秀、称职、基本称职和不称职4个等次。

【答案】错误

4. 公务员在年度考核中被确定为不称职的，按照规定程序降低一个职务或者职级层次任职。（　　）

【解析】略。

【答案】正确

5. 公务员不得在其配偶、子女及其配偶经营的企业、营利性组织的行业监管或者

主管部门任职。（ ）

【解析】根据《中华人民共和国公务员法》第七十四条的规定，上述情况不得担任领导成员。

【答案】错误

6. 税务领军人才引领作用突出，指的是具有国际视野、战略思维、现代理念，在促进税收事业科学发展中具有引领带动和标杆示范作用。（ ）

【解析】略。

【答案】正确

7. 根据培训费相关管理规定，培训场地费是指参训人员及工作人员培训期间发生的租住房间的费用和用于培训的会议室或教室租金。（ ）

【解析】根据《全国税务系统培训费管理办法》规定，培训场地费是指用于培训的会议室或教室租金。住宿费是指参训人员及工作人员培训期间发生的租住房间的费用。

【答案】错误

8. 受邀师资同时为多班次一并授课的，讲课费可以分别支出。（ ）

【解析】根据《全国税务系统培训费管理办法》规定，同时为多班次一并授课的，不重复计算讲课费。

【答案】错误

9. 税务领军人才综合管理类的选拔对象主要是处级、科级优秀年轻税务干部。处级干部年龄一般不超过 46 周岁，科级干部一般不超过 35 周岁。（ ）

【解析】处级干部年龄一般不超过 45 周岁。

【答案】错误

10. 税务领军人才的培养实行淘汰机制。根据考核成绩逐段淘汰，总淘汰率不低于 10%。（ ）

【解析】略。

【答案】正确

11. 业务能力升级测试具有“自愿参与，自学为主、助学为辅”的特点。（ ）

【解析】略。

【答案】正确

12. 数字人事以业务能力、领导胜任力、日常绩效、公认评价为四大支柱，支撑税务干部全面发展。（ ）

【解析】略。

【答案】正确

13. 报考业务能力升级专业类别时，以所在税务机构划分考试类别，不以所在部门的岗位工作性质为依据。（ ）

【解析】税务干部报名参加业务能力测试，一般应与工作岗位所属专业类别一致。

【答案】错误

14. 税务干部可以根据自己的意愿选择业务能力升级考试报考类别和档次。

( )

【解析】税务干部报名参加业务能力测试，一般应与工作岗位所属专业类别一致。报名参加不属于本人岗位所属专业类别测试的，最高可报已有所属类别的同级档测试。

【答案】错误

15. 只要个人愿意，业务能力升级考试每年都能参加报测。 ( )

【解析】除首次套档外，获得初级或中级的，第 3 年方可报考，获得高级的，第 4 年方可报考。

【答案】错误

16. 领导干部岗位胜任力测试成绩有效期为 2 年。 ( )

【解析】领导胜任力测试合格，作为晋升上一级职务的必要条件，有效期 3 年。

【答案】错误

17. 晋升副科级职务，应具备业务能力初级 4 档以上。 ( )

【解析】晋升副科级职务，应具备业务能力初级 2 档以上。

【答案】错误

18. 业务能力很高的干部可以越级参加领导胜任力测试。 ( )

【解析】税务干部应逐级参加领导胜任力测试。

【答案】错误

19. 业务能力升级测试不是简单地考 60 分就能通过的，而是按照通过率认定每次的达标分数。 ( )

【解析】略。

【答案】正确

20. 税务干部年度内如若发生条线变更，日常学习年度得分根据其 11 月 30 日所在条线进行计算，不再叠加计算多个条线的日常学习情况。 ( )

【解析】根据《学习兴税平台日常学习管理办法》第十一条规定，税务干部年度内如若发生条线变更，日常学习年度得分根据其 11 月 30 日所在条线进行计算，不再叠加计算多个条线的日常学习情况。

【答案】正确

四、简答题

1.《中华人民共和国公务员法》对公务员的定义作了新的界定，请问公务员必须具备哪 3 个条件?

【答案】公务员必须具备的 3 个条件包括：①依法履行公职；②纳入国家行政编制；③由国家财政负担工资福利。

2.《中华人民共和国公务员法》规定，哪些人员不得录用为公务员？

【答案】根据《中华人民共和国公务员法》第二十六条的规定，以下人员不得录用为公务员：①因犯罪受过刑事处罚的；②被开除中国共产党党籍的；③被开除公职的；④被依法列为失信联合惩戒对象的；⑤有法律规定不得录用为公务员的其他情形的。

3. 简述税务系统素质提升“2271”工程的概念。

【答案】根据新时代税收现代化需要，税务系统在继承和发扬素质提升“1115”工程的基础上进行提档升级，实施素质提升“2271”工程，即构建由 200 名左右战略人才、2000 名左右领军人才、7 万名左右业务标兵、1 万名左右青年才俊构成的税务人才队伍新体系。

4. 简要介绍学习兴税平台日常学习。

【答案】可以从以下方面进行阐述：税务干部应根据所在部门岗位，自选确定唯一业务条线，原则上年度内所选条线应保持相对稳定。日常学习指税务干部完成税务总局在学习兴税平台组织的必学知识学习，分为必学必练和集中练习，内容包括党建知识、公共知识和专业知识。其中，必学课程年度累计不少于 8 门，必练习题年度累计不少于 200 道。集中练习原则上于每年 11 月开放，集中练习题从平台已发布的条线必学必练习题中随机抽取。学习兴税平台实时记录税务干部日常学习情况，并于每年 11 月 30 日根据所选条线自动生成税务干部日常学习年度得分。日常学习年度得分实行百分制，其中，必学必练占 60%，按实际完成进度计算得分；集中练习占 40%，以最高成绩计入。

错题、要点整理页

第二部分

模拟测试

模拟测试（一）

一、单项选择题（下列各题的备选答案中，只有一个正确选项，请将正确选项的字母填写在括号中，多选、错选、不选均不得分。每小题 2 分，共计 30 分）

1. 自 2024 年 4 月至 7 月，在全党开展的学习教育是（　　）。

   A. 党史学习教育

   B. 党纪学习教育

   C. “不忘初心、牢记使命”主题教育

   D. 党章学习教育

2. 发展新质生产力的核心要素是（　　）。

   A. 人才培养　　B. 科技创新

   C. 实体经济　　D. 传统经济

3. 2024 年“便民办税春风行动”，面向新办纳税人开展的活动是（　　）。

   A. “说理式执法”活动　　B. “开业第一课”活动

   C. “一窗办”活动　　D. “一条龙服务”活动

4. 根据《国家税务总局关于开展 2024 年“便民办税春风行动”的意见》规定，下列各项中，与税务总局“畅通纳税人缴费人诉求收集渠道”要求背道而驰的是（　　）。

   A. “民呼我为”　　B. “接诉即办”

   C. “未诉先办”　　D. “提高门槛”

5. 2024 年全国税务工作会议的主题是（　　）。

   A. 深入学习贯彻党的二十大精神　守正创新奋力推进新征程税收现代化

   B. 凝心聚力勇担使命　高质量推进中国式现代化税务实践

   C. 务本求实稳中提质　高质量推进中国式现代化税务实践

   D. 坚持以习近平新时代中国特色社会主义思想为指引　高质量推进中国式现代化税务实践

6. 学习型组织的特征是（　　）。

A. 系统思考　　B. 思维能力
C. 团队学习　　D. 思考和创新

7. 甲公司因未按规定期限进行纳税申报，税务机关拟对其作出行政处罚决定。下列说法正确的是（　　）。
A. 税务机关应当对甲公司存在主观故意举证
B. 税务机关只要证明甲公司存在过失即可
C. 甲公司有证据足以证明其没有主观故意的，应当减轻行政处罚
D. 甲公司有证据足以证明其没有主观过错的，应当不予行政处罚

8. 下列不属于培训费报销范围的是（　　）。
A. 伙食费
B. 培训场地费
C. 培训资料费
D. 打印机等设备采购费

9. 居民个人刘某 2023 年 10 月取得一笔稿酬收入 3000 元。刘某稿酬收入应预扣预缴个人所得税（　　）元。
A. 66　　B. 308
C. 420　　D. 440

10. 税务机关对证据采取先行登记保存措施后，必须在规定期限内作出处理决定，该期限为（　　）。
A. 15 日内　　B. 10 日内
C. 7 日内　　D. 3 日内

11. 税务稽查人员实施税务稽查应当 2 人以上，并出示税务检查证件。税务稽查人员向企业有关人员出示税务检查证件的行为是为了保障企业的（　　）。
A. 经营权　　B. 知情权
C. 陈述权　　D. 救济权

12. 在日常税务工作中，税务干部小王使用 Excel 处理数据，需要将 Sheet2 纳税人申报信息表中的税收数据按纳税人电子档案号关联导入至 Sheet1 纳税人基本信息表中，下列函数能满足该功能的是（　　）。
A. FIND 函数　　B. ROUND 函数
C. COUNT 函数　　D. VLOOKUP 函数

13. 讲课费按实际发生的学时计算，每半天最多按（　　）学时计算。
A. 2　　B. 4
C. 6　　D. 8

14. 下列操作系统不属于国产操作系统的是（　　）。

A. 优麒麟操作系统

B. 中标麒麟操作系统

C. Deepin 深度操作系统

D. Mac 操作系统

15. 党政机关配备公务用车应当严格执行以下标准，机要通信用车配备价格（　　）万元以内、排气量（　　）以下的轿车或者其他小型客车。

A. 12；1.8 升（含）

B. 12；1.6 升（含）

C. 16；1.8 升（含）

D. 16；1.6 升（含）

二、多项选择题（下列各题的备选答案中，至少有两个正确选项，请将正确选项的字母填写在括号中，多选、错选、少选、不选均不得分。每小题 2 分，共计 30 分）

1. 2024 年全国税务系统全面从严治党工作的主要任务包括（　　）。

A. 巩固拓展主题教育成果

B. 强化政治监督

C. 深化税务系统反腐败斗争

D. 推动税务系统党的建设高质量发展

2. 税务系统党委讨论和决定本单位本系统重大问题，应当遵守的工作要求有（　　）。

A. 按照规则由集体讨论和决定

B. 议题由党委书记提出提交

C. 党委会议表决前应当进行充分讨论

D. 党委会议研究决定多个事项的，应一次性进行表决

3. 2024 年的《政府工作报告》指出，在 2024 年经济社会发展政策取向方面，要落实好结构性减税降费政策。重点支持的方向有（　　）。

A. 科技创新　　　　B. 房地产振兴

C. 文化旅游　　　　D. 制造业发展

4. 2024 年，国务院在优化政务服务提升行政效能方面，提出推动“高效办成一件事”，其具体目标包括（　　）。

A. 办事流程最优化　　　　B. 办事时间最短化

C. 办事方式多元化　　　　D. 办事材料最简化

5. 下列关于“新质生产力”的说法，正确的有（　　）。

A. 由技术革命性突破、生产要素创新性配置、产业深度转型升级而催生

B. 以劳动者、劳动资料、劳动对象及其优化组合的跃升为基本内涵

C. 以全要素生产率大幅提升为核心标志

D. 特点是创新，关键在质优，本质是先进生产力

6. 自然人税收管理系统（ITS）客户端实名注册方式不包括（　　）。

A. 税务大厅注册码注册

B. 人脸识别认证注册

C. 身份证号码认证注册

D. 手机号码认证注册

7. 有关税制结构，下列表述正确的有（　　）。

A. “十四五”规划中明确，我国要不断优化税制结构

B. 我国要健全直接税体系，适当提高直接税比重

C. 按征税对象，税收可分为货物劳务税、所得税、财产税、行为目的税和资源环境税

D. 按税负能否转嫁，税收可分为直接税和间接税

8. 企业从事（　　），自项目取得第一笔生产经营收入所属纳税年度起，第 1 年至第 3 年免征企业所得税、第 4 年至第 6 年减半征收企业所得税。

A. 环境保护项目

B. 国家重点扶持的公共基础设施项目

C. 节能节水项目

D. 资源综合利用项目

9. 下列各项所得，免征个人所得税的有（　　）。

A. 工伤职工按规定取得的工伤保险待遇

B. 个人因任职从上市公司取得的股票增值权所得

C. 外籍个人从境内投资的外资企业取得分红

D. 个人举报违法行为而获得的奖金

10. 下列各项业务中，计征消费税时不能按照生产领用数量扣除外购应税消费品已纳的消费税税款的有（　　）。

A. 以外购烟丝生产卷烟

B. 以外购高档手表生产高档手表

C. 以外购酒精生产白酒

D. 以外购木制一次性筷子连续生产木制一次性筷子

11. 从事生产、经营的纳税人的（　　），应当报送税务机关备案。

A. 账簿

B. 财务、会计制度

C. 财务、会计处理办法

D. 会计核算软件

12. 下列事项中，不属于税务行政许可的有（　　）。

A. 企业印制发票审批

B. 对纳税人领用发票数量的核准

C. 增值税专用发票（增值税税控系统）最高开票限额审批

D. 对延期缴纳税款的核准

13. 税务机关组织收入的原则有（　　）。

A. 依法征税，应收尽收

B. 坚决不收“过头税”

C. 坚决防止和制止越权减免税

D. 坚决落实各项税收优惠政策

14. 电子税务局的注册方式不包括（　　）。

A. CA 证书注册

B. 在线注册

C. 到所在地税务机关的办税大厅注册

D. 短信注册

15. 政府采购招标评标方法包括（　　）。

A. 性价比法

B. 最低评标价法

C. 综合评分法

D. 次低价优先法

三、判断题（判断各题正误。正确的打“√”，错误的打“×”，每小题 2 分，共计 20 分）

1. 税务干部小王下周要出差，为不影响工作开展，并报经部门领导同意，将自己的金税三期征管系统账号借给同部门的小李使用。（　　）

2. 小张 2024 年 2 月 8 日购买了一辆新能源汽车自用，总共支付价款 23 万元。小张购买该小汽车，享受减半征收车辆购置税优惠。（　　）

3. 无外地代表且会议规模能够在单位内部会议室安排的会议，原则上在单位内部会议室召开，不安排住宿。（　　）

4. 居民个人张某将其自用的唯一一套家庭生活用房转让，取得收入 200 万元，应按照规定对张某取得的收入免征个人所得税。（　　）

5. 税务行政复议中，申请人、被申请人、第三人均可以委托 1 ~ 2 名律师作为代理人参加行政复议。（　　）

6. 税务机关制定的税务规范性文件，应以公告形式发布。（　　）

7. 政府采购合同，可以采用书面、传真等多种形式。（ ）
8. 当收到垃圾邮件时，应回复对方不要再发邮件给自己以避免受到打扰。（ ）
9. 一个预算单位只能开设一个中财零余额账户，需要单独核算的资金，如基建资金等，在单位零余额账户中分账核算。（ ）
10. 行政执行是行政机关及工作人员依法执行行政决策，以实现行政目标和社会目标的活动和过程。（ ）

四、案例分析题（每小题2分，共计10分）

2023年12月，某市税务局稽查局根据举报对辖区内甲公司进行税务检查。在检查过程中，为核实该公司生产经营现状，稽查人员对该公司库存产成品及原材料进行了实地盘库；由于该公司业务量大，会计业务复杂，税务人员遂对该公司财务部门的电脑中存储的有关公司经营情况的电子数据予以调取；为保障检查工作顺利进行，检查人员在实施上述活动时，同时也制作了现场笔录。后期为进一步查明相关事实，税务机关依法通知了该公司法定代表人王某及财务人员李某到税务机关接受调查，并分别制作了询问调查笔录。

根据以上案情和相关规定，回答下列问题。

1. 某市税务局稽查局对甲公司库存情况进行盘库应制作的笔录在证据的法定分类上称为（ ）。（单选）
   A. 现场笔录　　B. 勘验笔录
   C. 现场工作记录　　D. 鉴定意见
2. 税务机关在调取甲公司财务电脑中有关电子数据时应符合的要求有（ ）。（多选）
   A. 必须同时邀请公证机构对取证过程全程进行公证
   B. 如果电子文档类文件数据量较少的，税务检查人员可以在检查现场将涉税电子文档类文件打印在纸质载体上，并要求该公司予以确认并签章
   C. 如果电子数据信息量庞大，现场直接打印成纸质载体有困难的，可对其计算机设备中的涉税电子数据信息进行拷贝、备份操作
   D. 如果该公司不配合取证工作，不对涉税电子数据信息的制作情况和一致性进行确认的，税务机关可请公证机关现场予以公证
3. 对税务机关制作的现场笔录，下列表述正确的有（ ）。（多选）
   A. 现场笔录记录不完整的，可以在事后予以补记
   B. 现场笔录应当记载时间、地点、参加执法的人员、执法过程和结果
   C. 现场笔录应当由执法人员和王某签名，王某拒绝签名的，应当注明原因，可由其他在场人员签名证明
   D. 现场笔录应当一式二份，其中一份交由王某本人收执

4. 税务机关对甲公司法定代表人王某及财务人员李某进行询问调查，制作笔录过程中，下列说法正确的有（　　）。（多选）

A. 应当事先向王某及李某送达《询问通知书》

B. 对该公司法定代表人王某所制作的笔录在证据分类上属于证人证言

C. 对该公司财务人员李某所制作的笔录在证据分类上属于证人证言

D. 对王某及李某进行调查询问，制作笔录时应当有2名以上具备执法资格的税务人员共同进行

5. 税务检查人员在收集证据时，可以采取的方式包括（　　）。（多选）

A. 记录　　B. 录音

C. 录像　　D. 复制

五、简答题（10分）

根据工作职责，你要对下级单位的培训活动和培训费管理使用情况进行监督检查，请简要列出监督检查的主要内容。

模拟测试（一）·参考答案及解析

答案速查

一、单项选择题

1. B	2. B	3. B	4. D	5. D
6. A	7. D	8. D	9. B	10. C
11. B	12. D	13. B	14. D	15. B

二、多项选择题

1. ABCD	2. ABC	3. AD	4. ACD	5. ABCD
6. CD	7. ABCD	8. ABC	9. ACD	10. BC
11. BCD	12. ABD	13. ABCD	14. AD	15. BC

三、判断题

1. ×	2. ×	3. √	4. ×	5. ×
6. √	7. ×	8. ×	9. √	10. √

四、案例分析题

1. B	2. BCD	3. BC	4. ACD	5. ABCD

答案解析

一、单项选择题

1.【答案】B

【解析】中共中央办公厅印发的《关于在全党开展党纪学习教育的通知》指出，为深入学习贯彻修订后的《中国共产党纪律处分条例》，经党中央同意，自 2024 年 4 月至 7 月，在全党开展党纪学习教育。

2.【答案】B

【解析】2024 年 1 月 31 日，习近平总书记在中共中央政治局第十一次集体学习时指出，科技创新能够催生新产业、新模式、新动能，是发展新质生产力的核心要素。

3.【答案】B

【解析】根据《国家税务总局关于开展 2024 年“便民办税春风行动”的意见》规定，开展面向新办纳税人的“开业第一课”活动，精准推送新办纳税人想要了解和需要掌握的政策、指引等宣传辅导产品。

4.【答案】D

【解析】根据《国家税务总局关于开展 2024 年“便民办税春风行动”的意见》规定，持续深化“民呼我为”“接诉即办”“未诉先办”，畅通纳税人缴费人诉求收集渠道，强化直联点税务机关诉求感知“触角”作用，进一步提高诉求办理效率，办成办好纳税人缴费人反映较多的热点诉求，并适时向社会公开办理情况。

5.【答案】D

【解析】2024 年全国税务工作会议的主题是“坚持以习近平新时代中国特色社会主义思想为指引　高质量推进中国式现代化税务实践”。

6.【答案】A

【解析】学习型组织的特征是系统思考，只有站在系统的角度认识系统，认识系统面对的环境，才能避免陷入系统动力的旋涡之中。

7.【答案】D

【解析】根据《中华人民共和国行政处罚法》第三十三条第二款规定，当事人有证据足以证明没有主观过错的，不予行政处罚。法律、行政法规另有规定的，从其规定。

8.【答案】D

【解析】培训费是指开展培训直接发生的各项费用支出，包括师资费、住宿费、伙食费、培训场地费、培训资料费、交通费以及其他费用。其他费用是指现场教学费、设备租赁费、文体活动费、医药费等与培训有关的其他支出。

9.【答案】B

【解析】刘某稿酬收入应预扣预缴个人所得税 =（3000 − 800）× 70% × 20% = 308（元）。

10.【答案】C

【解析】根据《中华人民共和国行政处罚法》第五十六条规定，行政机关在收集证据时，可以采取抽样取证的方法；在证据可能灭失或者以后难以取得的情况下，经行政机关负责人批准，可以先行登记保存，并应当在7日内及时作出处理决定，在此期间，当事人或者有关人员不得销毁或者转移证据。

11.【答案】B

【解析】知情权是一项最基本的权利，它是相对人保护自己合法权益的前提，是行政民主的体现。例如税务稽查人员实施税务稽查应当2人以上，并出示税务检查证件；在询问纳税人和相关人员时，应当告知被询问人有关的权利和义务等。

12.【答案】D

【解析】VLOOKUP函数是Excel中的一个纵向查找函数，可以用来核对数据、多个表格之间快速导入数据等。功能是按列查找，最终返回该列所需查询序列所对应的值。

13.【答案】B

【解析】详见《中央和国家机关培训费管理办法》。

14.【答案】D

【解析】Mac操作系统是美国苹果公司开发的操作系统。

15.【答案】B

【解析】详见《党政机关公务用车管理办法》。

二、多项选择题

1.【答案】ABCD

【解析】2024年税务系统全面从严治党工作主要任务包括：要巩固拓展主题教育成果，持之以恒学深悟透习近平新时代中国特色社会主义思想；要不断强化政治监督，持之以恒推动党中央决策部署落地见效；要坚持巩固深化提升，持之以恒推动税务系统党的建设高质量发展；要一体推进“三不腐”，持之以恒深化税务系统反腐败斗争；要扎实纠“四风”树新风，持之以恒强化税务系统纪律作风建设；要深入推进税务系统纪检监察体制改革，持之以恒推动一体化综合监督体系有效运转；要加强年轻干部教育管理监督，持之以恒推动税务青年建功新时代、奋进新征程；要加强党建和纪检干部队伍建设，持之以恒做到自身清、自身正、自身硬。

2.【答案】ABC

【解析】党委作出重大决策，一般应当经过调查研究、征求意见、充分酝酿等程序，按照规则由集体讨论和决定。党委会议议题由党委书记提出，或者由党委其他委员提出建议、党委书记综合考虑后确定。会议议题应当提前书面通知党委委员。党委会议议题提交表决前，应当进行充分讨论。表决可以采用口头、举手、无记名投票或者记名投票等方式进行，赞成票超过应到会党委委员半数为通过。未到会党委委员的书面意见不得计入票数。表决实行主持人末位表态制。会议研究决定多个事项的，应当逐项进行表决。

3.【答案】AD

【解析】2024 年《政府工作报告》，在 2024 年经济社会发展政策取向方面指出，落实好结构性减税降费政策，重点支持科技创新和制造业发展。

4.【答案】ACD

【解析】《国务院关于进一步优化政务服务提升行政效能推动“高效办成一件事”的指导意见》（国发〔2024〕3 号）第一条规定，把“高效办成一件事”作为优化政务服务、提升行政效能的重要抓手，加强整体设计，推动模式创新，注重改革引领和数字赋能双轮驱动，统筹发展和安全，推动线上线下融合发展，实现办事方式多元化、办事流程最优化、办事材料最简化、办事成本最小化，最大限度利企便民，激发经济社会发展内生动力。

5.【答案】ABCD

【解析】2024 年 1 月 31 日，习近平总书记在中共中央政治局第十一次集体学习时指出，新质生产力是创新起主导作用，摆脱传统经济增长方式、生产力发展路径，具有高科技、高效能、高质量特征，符合新发展理念的先进生产力质态。它由技术革命性突破、生产要素创新性配置、产业深度转型升级而催生，以劳动者、劳动资料、劳动对象及其优化组合的跃升为基本内涵，以全要素生产率大幅提升为核心标志，特点是创新，关键在质优，本质是先进生产力。

6.【答案】CD

【解析】自然人在 ITS 客户端实名注册，可以采用税务大厅注册码注册和人脸识别认证注册两种方式。

7.【答案】ABCD

【解析】以上表述均正确。

8.【答案】ABC

【解析】可以享受企业所得税“三免三减半”优惠政策的有：①国家重点扶持的公共基础设施项目。②电网企业电网新建项目。③符合条件的环境保护、节能节水项目。④节能服务公司实施的合同能源管理项目。选项 D，资源综合利用减按 90% 计入收入总额。

9.【答案】ACD

【解析】本题考查个人所得税免税项目的规定。根据《财政部　国家税务总局关于股票增值权所得和限制性股票所得征收个人所得税有关问题的通知》（财税〔2009〕5号）等文件的规定，个人因任职从上市公司取得的股票增值权所得，按照“工资、薪金所得”计算缴纳个人所得税。

10.【答案】BC

【解析】已纳消费税的扣除范围采用正列举，未列举的不允许扣税。外购烟丝连续生产卷烟和外购的已税木制一次性筷子连续生产木制一次性筷子，计征消费税时可扣除外购应税消费品已纳的消费税税款。

11.【答案】BCD

【解析】根据《中华人民共和国税收征收管理法》第二十条第一款规定，从事生产、经营的纳税人的财务、会计制度或者财务、会计处理办法和会计核算软件，应当报送税务机关备案。

12.【答案】ABD

【解析】国家税务总局根据国务院有关取消中央指定地方实施行政审批事项的决定，更新税务行政许可事项目录，目前仅留的一个税务行政许可事项为增值税专用发票（增值税税控系统）最高开票限额审批。

13.【答案】ABCD

【解析】税务机关组织收入的原则有：依法征税，应收尽收，坚决不收“过头税”，坚决防止和制止越权减免税，坚决落实各项税收优惠政策。

14.【答案】AD

【解析】电子税务局的注册方式有两种：一种是在线注册，另一种是到所在地税务机关的办税大厅注册。

15.【答案】BC

【解析】政府采购招标评标方法分为最低评标价法和综合评分法。最低评标价法，是指投标文件满足招标文件全部实质性要求且投标报价最低的供应商为中标候选人的评标方法。综合评分法，是指投标文件满足招标文件全部实质性要求且按照评审因素的量化指标评审得分最高的供应商为中标候选人的评标方法。技术、服务等标准统一的货物和服务项目，应当采用最低评标价法。

三、判断题

1.【答案】×

【解析】根据税务系统个人信息安全管理相关规定不得将金税三期征管系统账号借给他人使用。

2.【答案】×

【解析】根据《财政部　税务总局　工业和信息化部关于延续新能源汽车免征车辆购置税政策的公告》（财政部　税务总局　工业和信息化部公告2023年第10号）第一条规定，对购置日期在2024年1月1日至2025年12月31日期间内的新能源汽车，免征车辆购置税，其中，每辆新能源乘用车免税额不超过3万元。

3.【答案】√

【解析】略。

4.【答案】×

【解析】根据《财政部　国家税务总局关于个人所得税若干政策问题的通知》（财税〔1994〕20号）第二条第（六）项规定，个人转让自用达5年以上、并且是唯一的家庭生活用房取得的所得，免征个人所得税。本题中，张某取得的收入能否免征个人所得税，还要看其住房自用年限是否达到5年以上。

5.【答案】×

【解析】申请人、第三人可以委托1～2名代理人参加行政复议。被申请人不得委托本机关以外人员参加行政复议。

6.【答案】√

【解析】根据《税务规范性文件制定管理办法》第三十条规定，税务规范性文件应当以公告形式发布；未以公告形式发布的，不得作为税务机关执法依据。

7.【答案】×

【解析】根据《中华人民共和国政府采购法》规定，政府采购合同应当采用书面形式。

8.【答案】×

【解析】不回复收到的垃圾邮件。

9.【答案】√

【解析】略。

10.【答案】√

【解析】略。

四、案例分析题

1.【答案】B

【解析】税务机关对该公司库存情况进行盘库应制作勘验笔录。勘验笔录是税务机关在案件事实发生后对现场情况的一种事后固定，其反映的是一个静态的结果。因此对当事人有关生产经营设施进行检测、用电用水数据采集、经营场所绘图、仓库原材料、成品进行盘点等过程中应以勘验笔录方式加以固定有关事实。

2.【答案】BCD

【解析】税务机关调取有关电子数据，相对人不配合取证工作时，可以邀请公证机构对取证过程全程进行公证，但不是必须，因此选项 A 不正确。

3.【答案】BC

【解析】现场笔录必须是在进行税务行政执法的过程中即时制作的，其具有即时性和不可再现性，因此不能采取事后补记或追记。选项 A 说法错误。现场笔录应当载明时间、地点、参加执法的人员和事件过程、事实结果等内容，因此选项 B 说法正确。现场笔录应由执法人员和当事人签名。当事人拒绝签名或者不能签名的，应当注明原因，可由其他在场人签名证明。因此选项 C 正确。选项 D 不是现场笔录制作的要求。

4.【答案】ACD

【解析】询问是税务机关调查取证的一种方式，必要时，事先向被询问人送达询问通知书有利于工作，因此 A 说法正确。对该公司法定代表人王某所制作的笔录一般属于当事人陈述而非证人证言。因此选项 B 说法错误，选项 C 说法正确。询问必须由 2 名以上具有执法资格的税务干部实施。因此选项 D 说法正确。

5.【答案】ABCD

【解析】根据《中华人民共和国税收征收管理法》第五十八条规定，税务机关调查税务违法案件时，对与案件有关的情况和资料，可以记录、录音、录像、照相和复制。

五、简答题

【答案】(1) 培训计划的编报是否符合规定；

(2) 临时增加培训计划是否报单位主要负责同志审批；

(3) 培训费开支范围和开支标准是否符合规定；

(4) 培训费报销和支付是否符合规定；

(5) 是否存在虚报培训费用的行为；

(6) 是否存在转嫁、摊派培训费用的行为；

(7) 是否存在向参训人员收费的行为；

(8) 是否存在奢侈浪费现象；

(9) 是否存在其他违反相关办法的行为。

模拟测试（二）

一、单项选择题（下列各题的备选答案中，只有一个正确选项，请将正确选项的字母填写在括号中，多选、错选、不选均不得分。每小题2分，共计30分）

1. 2024年"便民办税春风行动"的主题是（　　）。

A. 持续提升效能·办好为民实事

B. 优化执法服务·办好惠民实事

C. 我为群众办实事

D. 智慧税务助发展·惠企利民稳增长

2. 2024年全国税务系统的首要任务是（　　）。

A. 建强政治机关　　B. 聚财生财并举

C. 服务高质量发展　　D. 智慧税务建设

3. 中央经济工作会议指出，2024年经济工作要坚持稳中求进、以进促稳和（　　）。

A. 先立后破　　B. 先破后立

C. 边立边破　　D. 先行后稳

4. 全国税务工作会议强调，要加力推进的跨境税费服务品牌是（　　）。

A. "税路通"

B. "纵合横通强党建"

C. "政策找人"

D. "高效办成一件事"

5. 坚持把发展经济的着力点放在实体经济上，推进新型工业化，是我国当前建设现代化产业体系的重要举措。下列选项中，不属于建设现代化产业体系内容的是（　　）。

A. 加快建设质量强国

B. 加快建设农业大国

C. 加快建设数字中国

D. 加快建设网络强国

6. 下列各项税法原则中，属于税法基本原则核心的是（　　）。

A. 税收公平原则　　B. 税收效率原则

C. 实质课税原则　　D. 税收法定原则

7. 推进全面数字化电子发票对优化营商环境的作用不包括（　　）。

A. 依托云计算、大数据、人工智能技术，电子发票服务平台为市场主体交易双方提供7×24小时全国统一、规范可靠、安全便捷的数字化电子发票服务

B. 构建发票管理与内部督查审计监督实时互通互动机制，为数字化人事管理、督查内审和绩效考核奠定基础

C. 全程留痕、不可抵赖、不可篡改，让制贩假发票、假票入账等扰乱市场秩序者无处藏身

D. 通过实时采集发票数据、验证开票行为，可有效防范和打击虚开骗税、偷逃税款等违法行为，维护社会公平

8. 一部新法实施后，对新法实施之前的行为不得适用新法，而只能沿用旧法，这体现了税法原则中的（　　）。

A. 实体从旧，程序从新原则

B. 法律不溯及既往原则

C. 法律优位原则

D. 新法优于旧法原则

9. 下列行为应缴纳消费税的是（　　）。

A. 某商场零售卷烟

B. 某珠宝公司进口金银首饰

C. 某啤酒厂生产销售啤酒

D. 某汽车生产企业生产销售电动汽车

10. 按照我国现行社会保险制度，职工个人的养老保险缴费基数原则上以（　　）为基础，在当地职工平均工资的60%～300%的范围内进行核定。

A. 本人当月工资

B. 本单位职工当月平均工资

C. 本人上一年度月平均工资

D. 本单位职工上一年度月平均工资

11. 下列不属于税务机关需要为纳税人保密的信息的是（　　）。

A. 纳税人的税收违法行为信息

B. 纳税人商业秘密

C. 纳税人个人隐私

D. 纳税人开票信息

12. 税务部门购买的消防产品必须符合国家标准；没有国家标准的，必须（　　）。

A. 不得购买　　B. 符合地方标准

C. 请示上级后购买　　D. 符合国际标准

13. 党政机关配备的用于定向保障公务活动的机动车辆指的是（　　）。

A. 执法用车　　B. 公务车

C. 应急用车　　D. 接待用车

14. 年度培训计划一经批准，原则上不得调整，因工作需要确需临时增加培训项目的，报单位（　　）审批。

A. 主要负责人

B. 分管领导

C. 财务部门负责人

D. 项目实施部门负责人

15. 培训费管理的方式不包括（　　）。

A. 分类综合定额标准

B. 分项核定

C. 总额控制

D. 各项费用之间不可以调剂使用

二、多项选择题（下列各题的备选答案中，至少有两个正确选项，请将正确选项的字母填写在括号中，多选、错选、少选、不选均不得分。每小题 2 分，共计 30 分）

1. 2023 年底召开的中央经济工作会议指出，进一步推动经济回升向好需要克服一些困难和挑战，主要困难和挑战有（　　）。

A. 有效需求不足、部分行业产能过剩

B. 社会预期偏弱、风险隐患仍然较多

C. 国内大循环存在堵点

D. 外部环境的复杂性、严峻性、不确定性上升

2. 全党开展党纪学习教育，组织党员特别是党员领导干部认真学习《中国共产党纪律处分条例》的主要目标包括（　　）。

A. 教育党员做到学纪、知纪、明纪、守纪

B. 搞清楚党的纪律规矩是什么，弄明白能干什么、不能干什么

C. 进一步强化纪律意识、加强自我约束、提高免疫能力

D. 始终做到忠诚干净担当

3. 全面贯彻 2024 年经济工作的总体要求，要注意把握和处理好的几对关系包括（　　）。

A. 速度与质量

B. 宏观数据与微观感受

C. 发展经济与改善民生

D. 发展与安全

4. 下列关于全国税务系统素质提升“2271”工程的表述正确的有（　　）。

A. 200 名左右战略人才

B. 2000 名左右领军人才

C. 7 万名左右专业骨干

D. 7 万名左右业务标兵

5. 2024 年全国税务系统全面从严治党工作会议强调做到八个“持之以恒”。下列属于八个“持之以恒”内容的有（　　）。

A. 持之以恒学深悟透习近平新时代中国特色社会主义思想

B. 持之以恒加强减税降费效益分析

C. 持之以恒推动税务系统党的建设高质量发展

D. 持之以恒强化税务系统纪律作风建设

6. 税收制度的基本要素包括（　　）。

A. 纳税人　　B. 征税对象

C. 税率　　D. 纳税期限

7. 以下关于车辆购置税表述正确的有（　　）。

A. 车辆购置税纳税人是在境内、境外购置应税车辆的单位和个人

B. 车辆购置税的征税对象是汽车、有轨电车、汽车挂车、排气量超过 150 毫升的摩托车

C. 车辆购置税的税率是 5%

D. 车辆购置税为中央税

8. 企业发生的下列经营行为中，应同时缴纳增值税和消费税的有（　　）。

A. 食品加工厂将自产啤酒用于生产熟食制品

B. 4S 店销售含税售价为 160 万元的小汽车

C. 连锁超市零售卷烟

D. 百货公司零售金银首饰

9. 关于印花税的说法，正确的有（　　）。

A. 财产租赁合同的计税依据为租金收入

B. 货物运输合同的计税依据为取得的运费收入，包括装卸费和保险费等

C. 对于技术开发合同，只就合同所载的报酬金额计税，研究开发经费不作为计税依据

D. 对于由受托方提供原材料的加工、定作合同，凡在合同中分别记载加工费金额与原材料金额的，应分别按加工承揽合同、购销合同计税，两项税额相加数即为合同应纳印花税税额

10. 税务工作人员离开工作计算机时，应（　　）。

A. 激活带口令的屏幕保护

B. 注销

C. 关机

D. 关掉显示器电源

11. 自然人税收管理系统（ITS）包括（　　）。

A. 网页端　　B. 手机端

C. 扣缴客户端　　D. 税务大厅端

12. 下列属于差旅费范围的有（　　）。

A. 出差期间的住宿费

B. 前往出差地的城市间交通费

C. 出差期间产生的医药费

D. 出差期间的伙食补助费

13. 接待费资金支付的方式包括（　　）。

A. 银行转账　　B. 公务卡

C. 现金方式　　D. 信用支付

14. 公务用车使用管理过程中属于必须政府集中采购的项目有（　　）。

A. 保险　　B. 维修

C. 洗车　　D. 加油

15. 严格公务用车使用登记和公示制度，应当登记和公示的用车信息包括（　　）。

A. 时间　　B. 事由

C. 地点　　D. 人员、职务

三、判断题（判断各题正误。正确的打“√”，错误的打“×”，每小题 2 分，共计 20 分）

1. 各级党政机关不得以任何名义新建、改建、扩建内部接待场所，不得对机关内部接待场所进行超标准装修或者装饰、超标准配置家具和电器。（　　）

2. 税务机关在不违反法律禁止性规定且不侵犯他人合法权益的前提下，未告知被检查对象而进行录音、录像取得的资料，可以作为有效证据使用。（　　）

3. 自然人税收管理系统（ITS）客户端中，完善个人信息模块包括个人信息、任职受雇信息、社保卡号码、家庭成员任职受雇信息。（　　）

4. 制度的生命力在于执行，健全权威高效的制度执行机制，加强对制度执行的监督，

应坚决杜绝做选择、搞变通、打折扣的现象。（ ）

5. 在税务行政诉讼中，主要负责人不能出庭的，应当委托律师出庭。（ ）
6. 税务干部退休后，办公室直接将其工作电脑交由拍卖公司报废处理。（ ）
7. 各级税务局党委自觉接受地方党委的领导指导和监督检查，认真落实地方党委的工作部署和要求，每年至少向地方党委报告1次税收工作。（ ）
8. 申报规定期限，在期限内有连续3日以上法定休假日的，按休假日天数顺延。（ ）
9. 征税对象是征税的客体，是一种税区别于另一种税的主要标志，征税对象亦称课税对象。（ ）
10. 纳税人采用分期收款方式销售应税消费品的，一律在应税消费品发出的当天确认纳税义务发生，计算缴纳消费税。（ ）

四、简答题（每小题10分，共计20分）

1. 党的纪律处分工作的原则是什么？
2. 绿色办公行动的要求有哪些？

模拟测试（二）·参考答案及解析

答案速查

一、单项选择题

1. A	2. C	3. A	4. A	5. B
6. D	7. B	8. B	9. C	10. C
11. A	12. B	13. B	14. A	15. D

二、多项选择题

1. ABCD	2. ABCD	3. ABCD	4. ABD	5. ACD
6. ABC	7. BD	8. BD	9. ACD	10. ABC
11. ABCD	12. ABD	13. AB	14. ABD	15. ABC

三、判断题

1. √	2. √	3. ×	4. √	5. ×
6. ×	7. ×	8. √	9. √	10. ×

答案解析

一、单项选择题

1.【答案】A

【解析】2024 年税务总局决定，2024 年以“持续提升效能·办好为民实事”为主题，紧紧围绕推动国务院“高效办成一件事”部署在税务系统落地见效，持续开展“便民办税春风行动”，集成推出系列惠民利企服务举措，进一步提高纳税人缴费人获得感、满意度。

2.【答案】C

【解析】2024 年全国税务工作会议要求，2024 年全国税务系统要坚持以习近平新时代中国特色社会主义思想为指导，深刻领悟“两个确立”的决定性意义，增强“四个意识”、坚定“四个自信”、做到“两个维护”，坚持加强党对税务工作的全面领导，坚持完整、准确、全面贯彻新发展理念，坚持稳中求进、以进促稳、先立后破，以建强政治机关为首要责任，以服务高质量发展为首要任务，以聚财生财并举为首要担当，以优服务强监管为有力抓手，以智慧税务建设为有力支撑，以全面从严治党为有力保障，守正创新、接续奋斗，真抓实干、善作善成，高质量推进中国式现代化税务实践，更好发挥税收在国家治理中的基础性、支柱性、保障性作用，为以中国式现代化全面推进强国建设、民族复兴伟业作出更大贡献。

3.【答案】A

【解析】2023 年中央经济工作会议要求，明年要坚持稳中求进、以进促稳、先立后破，多出有利于稳预期、稳增长、稳就业的政策，在转方式、调结构、提质量、增效益上积极进取，不断巩固稳中向好的基础。要强化宏观政策逆周期和跨周期调节，继续实施积极的财政政策和稳健的货币政策，加强政策工具创新和协调配合。

4.【答案】A

【解析】2024 年全国税务工作会议强调，加强税收多边合作平台建设，完善“一带一路”税收征管合作机制，加力推进“税路通”品牌建设，着力打造市场化、法治化、国际化税收营商环境。

5.【答案】B

【解析】党的二十大报告第四部分明确：“（二）建设现代化产业体系。坚持把发展经济的着力点放在实体经济上，推进新型工业化，加快建设制造强国、质量强国、航天强国、交通强国、网络强国、数字中国。”

6.【答案】D

【解析】税收法定原则是税法基本原则中的核心。选项 D 正确。

7.【答案】B

【解析】构建发票管理与内部督查审计监督实时互通互动机制，为数字化人事管理、督查内审和绩效考核奠定基础，是推动全电发票后对税务机关内部管理的作用，不是对优化营商环境的作用。

8.【答案】B

【解析】一部新法实施后，对新法实施之前的行为不得适用新法，而只能沿用旧法，这体现了税法原则中法律不溯及既往原则。

9.【答案】C

【解析】按现行消费税政策规定，卷烟在生产和批发环节征收消费税，零售环节不征收消费税；金银首饰在零售环节征收消费税，进口环节不征收消费税；生产销售啤酒征收消费税，其他流通环节不征收消费税；电动汽车不属于应税消费品范围，不征收消费税。

10.【答案】C

【解析】根据《劳动保障部社会保险事业管理中心关于规范社会保险缴费基数有关问题的通知》（劳社险中心函〔2006〕60 号）第五条第（一）款第二项规定，单位职工本人缴纳基本养老保险费的基数原则上以上一年度本人月平均工资为基础，在当地职工平均工资的 60% ~300% 进行核定。

11.【答案】A

【解析】根据《纳税人涉税保密信息管理暂行办法》规定，纳税人的税收违法行为信息不属于税务机关需要保密的信息。

12.【答案】B

【解析】根据《消防产品监督管理规定》，消防产品必须符合国家标准；没有国家标准的，必须符合地方标准。

13.【答案】B

【解析】公务车是指党政机关配备的用于定向保障公务活动的机动车辆。

14.【答案】A

【解析】年度培训计划一经批准，原则上不得调整。因工作需要确需临时增加培训项目的，报单位主要负责同志审批。

15.【答案】D

【解析】培训费实行分类综合定额标准，分项核定、总额控制，各项费用之间可以调剂使用。

二、多项选择题

1.【答案】ABCD

【解析】2023 年中央经济工作会议指出，进一步推动经济回升向好需要克服一些困难和挑战，主要是有效需求不足、部分行业产能过剩、社会预期偏弱、风险隐患仍然较多，国内大循环存在堵点，外部环境的复杂性、严峻性、不确定性上升。

2.【答案】ABCD

【解析】中共中央办公厅印发的《关于在全党开展党纪学习教育的通知》明确，组织党员特别是党员领导干部认真学习《中国共产党纪律处分条例》，做到学纪、知纪、明纪、守纪，搞清楚党的纪律规矩是什么，弄明白能干什么、不能干什么，把遵规守纪刻印在心，内化为言行准则，进一步强化纪律意识、加强自我约束、提高免疫能力，增强政治定力、纪律定力、道德定力、抵腐定力，始终做到忠诚干净担当。

3.【答案】ABCD

【解析】2023 年中央经济工作会议指出，要全面贯彻明年经济工作的总体要求，注意把握和处理好好速度与质量、宏观数据与微观感受、发展经济与改善民生、发展与安全的关系，不断巩固和增强经济回升向好态势。

4.【答案】ABD

【解析】2022 年税务总局印发了进一步加强新时代税务人才工作的意见，提出实施素质提升“2271”工程，结合数字人事考核评价，大力开展税务人才选拔培养，着力构建200 名左右战略人才、2000 名左右领军人才、7 万名左右业务标兵、1 万名左右青年才俊的税务人才队伍新体系。

5.【答案】ACD

【解析】2024 年全国税务系统全面从严治党工作会议强调，要巩固拓展主题教育成果，持之以恒学深悟透习近平新时代中国特色社会主义思想；要不断强化政治监督，持之以恒推动党中央决策部署落地见效；要坚持巩固深化提升，持之以恒推动税务系统党的建设高质量发展；要一体推进“三不腐”，持之以恒深化税务系统反腐败斗争；要扎实纠“四风”树新风，持之以恒强化税务系统纪律作风建设；要深入推进税务系统纪检监察体制改革，持之以恒推动一体化综合监督体系有效运转；要加强年轻干部教育管理监督，持之以恒推动税务青年建功新时代、奋进新征程；要加强党建和纪检干部队伍建设，持之以恒做到自身清、自身正、自身硬。

6.【答案】ABC

【解析】税收制度的构成要素包括基本要素和其他要素。基本要素为纳税人、征税对象和税率。

7.【答案】BD

【解析】选项 A 错误，车辆购置税纳税人是在中华人民共和国境内购置并自用应税车辆的单位和个人；选项 C 错误，车辆购置税税率为 10%；选项 D 正确，车辆购置税属于中央税。

8.【答案】BD

【解析】自产应税消费品用于连续生产非应税消费品的，征收消费税，但不征收增值税，选项 A 错误。零售不含增值税价格 130 万元及以上的小汽车，缴纳消费税，也缴纳增值税，选项 B 正确。卷烟在零售环节不缴纳消费税，缴纳增值税，选项 C 错误。零售金银首饰，缴纳增值税和消费税，选项 D 正确。

9.【答案】ACD

【解析】本题考查印花税计税依据。货物运输合同的计税依据为取得的运费收入，不包括装卸费和保险费等，选项 B 错误。

10.【答案】ABC

【解析】税务工作人员离开工作计算机时，应激活带口令的屏幕保护、注销或者关机。

11.【答案】ABCD

【解析】自然人税收管理系统（ITS）包括税务大厅端、扣缴客户端、手机端和网页端。

12.【答案】ABD

【解析】差旅费是指工作人员临时到常驻地以外地区公务出差所发生的城市间交通费、住宿费、伙食补助费和市内交通费。

13.【答案】AB

【解析】接待费资金支付应当严格按照国库集中支付制度和公务卡管理有关规定执行。具备条件的地方应当采用银行转账或者公务卡方式结算，不得以现金方式支付。

14.【答案】ABD

【解析】根据《党政机关公务用车管理办法》第二十条第三款规定，实行公务用车保险、维修、加油政府集中采购和定点保险、定点维修、定点加油制度，健全公务用车油耗、运行费用单车核算和年度绩效评价制度。

15.【答案】ABC

【解析】严格公务用车使用登记和公示制度，严格登记和公示用车时间、事由、地点、里程、油耗、费用等信息。

三、判断题

1.【答案】√

【解析】根据《党政机关国内公务接待管理规定》的相关规定。

2.【答案】√

【解析】以“偷拍、偷录”方式获取的证据材料，没有违反法律禁止性规定或者侵害他人合法权益的，可以作为定案证据使用。

3.【答案】×

【解析】完善个人信息模块包括个人信息、任职受雇信息、家庭成员信息、银行卡、安全中心。

4.【答案】√

【解析】《中共中央关于坚持和完善中国特色社会主义制度、推进国家治理体系和治理能力现代化若干重大问题的决定》中提到，制度的生命力在于执行。各级党委和政府以及各级领导干部要切实强化制度意识，带头维护制度权威，做制度执行的表率，带动全党全社会自觉尊崇制度、严格执行制度、坚决维护制度。健全权威高效的制度执行机制，加强对制度执行的监督，坚决杜绝做选择、搞变通、打折扣的现象。

5.【答案】×

【解析】在税务行政诉讼中，主要负责人不能出庭的，由分管被诉行政行为承办机构的负责人出庭应诉。分管被诉行政行为承办机构的负责人也不能出庭的，主要负责人指定其他负责人出庭应诉。负责人不能出庭应诉的，应当委托本机关相应的工作人员出庭。

6.【答案】×

【解析】应首先由信息部门将报废电脑硬盘做消磁处理后再交由拍卖公司处理。

7.【答案】×

【解析】根据税务系统接受地方党政机关监督实施办法的有关要求，各级税务局党委自觉接受地方党委的领导指导和监督检查，认真落实地方党委的工作部署和要求，每半年至少向地方党委报告 1 次税收工作。各级税务局主动加强与地方党委及其党的工作机关的联系，每半年至少向地方党委组织部、宣传部、机关工委征求 1 次对税务部门党的建设和全面从严治党工作的意见建议；税务总局以及省、市级税务局党委班子成员、党的工作部门及时走访征求下一级税务局所在地党委及其党的工作机关的意见建议。

8.【答案】√

【解析】申报规定期限，在期限内有连续 3 日以上法定休假日的，按休假日天数顺延。

9.【答案】√

【解析】征税对象又叫课税对象、征税客体，是指税法规定的对什么征税，是征纳税双方权利义务共同指向的客体或标的物，是一种税区别于另一种税的重要标志。

10.【答案】×

【解析】纳税人采用赊销和分期收款方式销售应税消费品的，纳税义务发生为书面合同约定的收款日期的当天，书面合同没有约定收款日期或者无书面合同的，为发出应税消费品的当天。

四、简答题

1.【答案】党的纪律处分工作遵循下列原则：

（1）坚持党要管党、全面从严治党。把严的基调、严的措施、严的氛围长期坚持下去，加强对党的各级组织和全体党员的教育、管理和监督，把纪律挺在前面，抓早抓小、防微杜渐。

（2）党纪面前一律平等。对违犯党纪的党组织和党员必须严肃、公正执行纪律，党内不允许有任何不受纪律约束的党组织和党员。

（3）实事求是。对党组织和党员违犯党纪的行为，应当以事实为依据，以党章、其他党内法规和国家法律法规为准绳，执纪执法贯通，准确认定行为性质，区别不同情况，恰当予以处理。

（4）民主集中制。实施党纪处分，应当按照规定程序经党组织集体讨论决定，不允许任何个人或者少数人擅自决定和批准。上级党组织对违犯党纪的党组织和党员作出的处理决定，下级党组织必须执行。

（5）惩前毖后、治病救人。处理违犯党纪的党组织和党员，应当实行惩戒与教育相结合，做到宽严相济。

2.【答案】规范集约使用办公用房和土地，合理利用地上、地下空间资源，统筹调剂余缺，避免闲置浪费。加速推动无纸化办公，倡导使用再生纸、再生耗材等循环再生办公用品，限制使用一次性办公用品。充分采用自然采光，实现高效照明光源使用率100%。合理控制室内温度，严格执行“夏季室内空调温度设置不低于26摄氏度、冬季室内空调温度设置不高于20摄氏度”的标准。探索建立电器电子产品、家具、车辆等资产共享机制，推广公物仓经验，鼓励建立资产调剂平台，提高资产使用效率。积极推进单位内部区域绿化工作，按照节水节地节材原则，采用节约型绿化技术，倡导栽植适合本地区气候土壤条件的抗旱、抗病虫害的乡土树木花草，采取见缝插绿、身边添绿、屋顶铺绿等方式，提高单位庭院绿化率，营造绿色办公环境，促进实现碳中和。中央国家机关庭院绿化率达到45%以上。

模拟测试（三）

一、单项选择题（下列各题的备选答案中，只有一个正确选项，请将正确选项的字母填写在括号中，多选、错选、不选均不得分。每小题2分，共计30分）

1. 中国共产党跳出治乱兴衰历史周期率的第二个答案是（　　）。

A. 独立自主　　B. 人民监督

C. 自我革命　　D. 从严治党

2. 党的二十届三中全会提出，健全有利于（　　）的税收制度，优化税制结构。

A. 高质量发展、社会公平、市场统一

B. 高质量发展、社会和谐、市场统一

C. 高质量发展、社会公平、市场完善

D. 高质量发展、社会和谐、市场完善

3. 税务部门要认真学习贯彻习近平经济思想、习近平法治思想和习近平总书记关于税收工作的重要论述，牢牢把握高质量推进中国式现代化税务实践这一主线，坚持以科学精细、务实高效的管理理念打造（　　），坚定不移推动党中央决策部署落地见效。

A. 智慧税务　　B. 效能税务

C. 智能税务　　D. 高效税务

4. 2024年4月，国家税务总局启动第33个全国税收宣传月，主题为（　　）。

A. 税惠千万家　共建现代化

B. 税收·发展·民生

C. 税助发展　向新而进

D. 持续提升效能　办好为民实事

5. 2024年7月31日，中共中央、国务院印发《关于加快经济社会发展全面绿色转型的意见》，明确要健全绿色转型财税政策。以下不属于《意见》中关于健全绿色转型财税政策的是（　　）。

A. 落实环境保护、节能节水、资源综合利用、新能源和清洁能源车船税收优惠

B. 研究把城市维护建设税、教育费附加、地方教育附加合并为地方附加税

C. 完善绿色税制，全面推行水资源费改税

D. 完善环境保护税征收体系

6. 下列选项中，不属于行政执行的方法是（　　）。

A. 法律　　B. 经济

C. 教育　　D. 诉讼

7. 下列关于耕地占用税征收管理的说法中，正确的是（　　）。

A. 耕地占用税的纳税义务发生时间为纳税人收到自然资源主管部门办理占用耕地手续的书面通知的当日

B. 占用基本农田的，应当按照确定的当地适用税额，加按 200% 征收

C. 耕地占用税由自然资源主管部门负责征收

D. 纳税人应当自纳税义务发生之日起 60 日内申报缴纳耕地占用税

8. 关于增值税纳税义务发生时间，下列表述正确的是（　　）。

A. 张先生将自己的一套住房无偿赠送给甲公司，纳税义务发生时间为房屋权属变更的当天

B. 乙公司委托代销货物，纳税义务发生时间为发出代销商品的当天

C. 丙公司赊销方式销售货物，纳税义务发生时间为收到款项的当天

D. 丁公司转让金融商品，纳税义务发生时间是盈利的当天

9. 2023 年 7 月 20 日，我国发布实施了新修订的《中华人民共和国发票管理办法》，以下表述正确的是（　　）。

A. 发生经营业务一律由收款方向付款方开具发票

B. 其他凭证可代替发票使用

C. 已经开具发票存根联，应保存 3 年

D. 任何单位和个人不得为他人开具与实际经营业务情况不符的发票

10. 残疾人就业保障金征收标准上限，按照当地社会平均工资（　　）倍执行。

A. 1　　B. 2

C. 3　　D. 4

11. 计算企业所得税应纳税所得额时，下列项目中可扣除的是（　　）。

A. 税收滞纳金

B. 以融资租赁方式租出的固定资产折旧

C. 当年实际支付的合理工资

D. 被没收财物的损失

12. 我国社会主义法治建设总目标是（　　）。

A. 增强全民法治观念，推进法治社会建设

B. 建设中国特色社会主义法治体系，建设社会主义法治国家

C. 坚持法治国家、法治政府、法治社会一体建设

D. 促进国家治理体系和治理能力的现代化

13. 关于税务干部在培训学习期间，下列表述正确的是（　　）。

A. 无论什么级别的干部参加学习培训都是普通学员

B. 领导干部在校学习期间的发言材料可以由秘书撰写

C. 学员之间相互交流时可以用公款相互宴请

D. 班级、小组可以以集体活动名义聚餐

14. 计算机病毒与其他程序一样，可以作为一段可执行代码而被存储和运行，下列选项中不属于计算机病毒特征的是（　　）。

A. 寄生性　　B. 自发性

C. 传染性　　D. 潜伏性

15. 税务系统办公用房安排使用情况，可通过税务系统（　　）等平台进行公示。

A. 内部网站　　B. 新闻媒体

C. 外部网站　　D. 微信群

二、多项选择题（下列各题的备选答案中，至少有两个正确选项，请将正确选项的字母填写在括号中，多选、错选、少选、不选均不得分。每小题 2 分，共计 30 分）

1. 2024 年全国税务工作会议提到要旗帜鲜明讲政治，坚定不移建强政治机关、走好第一方阵。强调要做到的有（　　）。

A. 持续拓展主题教育成果

B. 持续深化政治机关意识教育和对党忠诚教育

C. 持续提升党建工作质效

D. 持续夯实基层基础

2. 打造效能税务的根本要求，是坚决当好党中央决策部署的（　　）。

A. 执行者　　B. 行动派

C. 实干家　　D. 践行者

3. 根据 2024 年 2 月 5 日中共中央发布的《党史学习教育工作条例》，党史学习教育工作遵循的原则包括（　　）。

A. 坚持党的全面领导

B. 坚持围绕中心、服务大局

C. 坚持以史鉴今、资政育人

D. 坚持统筹谋划、开拓创新

4. 2024 年全国税务工作会议强调要把准税务部门职责定位，具体包括（　　）。

A. 做党中央权威的忠诚捍卫者

B. 做推动高质量发展的高效执行者

C. 做优化营商环境的切实守护者

D. 做纳税人缴费人的倾情服务者

5. 2024 年全国税务工作会议指出，当前和今后一个时期，要做好“六个着力强化”，其中包括（　　）。

A. 着力强化政治统领

B. 着力强化依法治税

C. 着力强化改革创新

D. 着力强化科技先导

6. 电子发票服务平台对发票的开具提供的模式有（　　）。

A. 页面输入　　B. 扫描二维码

C. 自动归集　　D. 统一赋码

7. 电子税务局与传统实体税务局相比具有的优点包括（　　）。

A. 提高了办税的效率

B. 推动了税务公开

C. 提供个性化的服务

D. 增强了获取信息资源的能力

8. 税收产生的条件包括（　　）。

A. 社会发展　　B. 社会条件

C. 公有制　　D. 经济条件

9. 加快推进智慧税务建设，可以利用的现代信息技术有（　　）。

A. 大数据　　B. 云计算

C. 人工智能　　D. 移动互联网

10. 按照《中华人民共和国行政复议法》的有关规定，下列表述正确的有（　　）。

A. 复议期间具体行政行为原则上不停止执行

B. 除非法律另有规定，对引起争议的具体行政行为一般只经一级复议机关复议即可结案

C. 审理重大、疑难、复杂的行政复议案件，行政复议机构应当组织听证

D. 申请人认为税务机关的具体行政行为所依据的税务部门规章不合法，在对具体行政行为申请行政复议时，可一并向复议机关提出对该规章的审查申请

11. 税收保全和税务行政强制执行手段包括（　　）。

A. 查封、扣押　　B. 冻结、划拨

C. 拍卖、变卖抵缴　　D. 强行销毁

12. 关于委托加工应税消费品的消费税处理，下列说法正确的有（　　）。

A. 消费税纳税地点是委托方（除个人外）所在地

B. 受托方提供原材料，按照委托方的要求加工应税消费品的，不属于委托加工应税消费品

C. 如果受托方没有代收代缴消费税，委托方应补缴税款

D. 受托方已代收代缴消费税的应税消费品，委托方收回后以高于受托方计税价格出售的，委托方应申报缴纳消费税

13. 下列属于契税征税范围，承受人应缴纳契税的有（　　）。

A. 国有土地使用权出让

B. 房产抵债

C. 农村集体土地承包经营权的转移

D. 以房产作价投资入股

14. 下列选项中，属于在税务部门政府采购活动中，采购人员及相关人员应当回避的情形的有（　　）。

A. 参加采购活动前 3 年内与供应商存在劳动关系

B. 参加采购活动前 1 年内担任供应商的董事、监事

C. 参加采购活动前 3 年内是供应商的控股股东或者实际控制人

D. 与供应商的法定代表人或者负责人有夫妻、直系血亲、三代以内旁系血亲或者近姻亲关系

15. 税务干部在使用杀毒软件时，下列说法正确的有（　　）。

A. 选择合适的杀毒软件

B. 为提高安全等级，在一台计算机上安装多个杀毒软件

C. 对从网络下载的资源和外部拷贝过来的数据，应该先查杀病毒，再使用

D. 及时更新病毒库，定期查杀病毒

三、判断题（判断各题正误。正确的打“√”，错误的打“×”，每小题 2 分，共计 20 分）

1. 在自然人税收管理系统（ITS）扣缴客户端申报成功后，没有完成缴税的，方可进行“申报更正”。（　　）

2. 税务内网电脑如果要通过无线设备连接到其他网络查看资料，必须先将内网断开，结束时要清除所有查看的资料信息。（　　）

3. 党支部担负直接教育党员、管理党员、监督党员和组织群众、宣传群众、凝聚群众、服务群众的职责。（　　）

4. 各级党组织和党的领导干部应当认真对待、自觉接受社会监督，利用互联网技术和信息化手段，推动党务公开、拓宽监督渠道，虚心接受群众批评。（　　）

5. 居民企业是指依法在中国境内成立或者依照外国法律成立但在中国境内实际从事生产经营的企业。 （　　）
6. 执法执勤用车是指处理突发事件、抢险救灾或其他紧急公务的机动车辆。 （　　）
7. 深化运用监督执纪“四种形态”，经常开展批评和自我批评，及时进行谈话提醒、批评教育、责令检查、诫勉，让“红红脸、出出汗”成为常态；党纪轻处分、组织调整成为违纪处理的大多数；党纪重处分、重大职务调整的成为少数；严重违纪涉嫌犯罪追究刑事责任的成为极少数。 （　　）
8. 《中华人民共和国税收征收管理法》与《中华人民共和国行政强制法》规定不一致的，按照《中华人民共和国税收征收管理法》的规定执行，因为特别法优于一般法。 （　　）
9. 申报规定期限的最后 1 日是法定休假日的，以休假日期满的次日为期限的最后 1 日。 （　　）
10. 规模化养殖场向环境排放应税污染物的，免征环境保护税。 （　　）

四、案例分析题（每小题 2 分，共计 10 分）

甲公司自 2021 年 6 月起欠缴税款。在此期间，税务机关按规定先后对该公司采取了停止发售发票、冻结该公司存款账户、对已被税务机关查封扣押的财产实行强制执行措施进行欠税追缴，同时密切跟踪该公司资金往来情况。由于该公司尚未进入清算程序，清欠效果一直不佳。截至 2021 年 12 月，甲公司仍有欠税 27 万余元未予清缴。

2023 年初，税务机关了解到乙公司与甲公司存在资金往来。经过调查发现甲公司所属的位于郊区的仓库由乙公司承租，乙公司尚有 18 万元租金未按期支付。为此，税务机关向当地人民法院提起代位权诉讼，以实现欠缴税款清缴。

根据上述事实，回答下列问题：

1. 税务机关在对甲公司采取强制执行时，下列表述正确的有（　　）。（多选）
   A. 必须经设区的市、自治州以上税务局（分局）局长批准
   B. 在作出强制执行决定前，应当事先以书面形式催告甲公司履行义务
   C. 如果被强制执行的财产属于国家限制流通或禁止流通的，应当进行公开拍卖
   D. 因强制执行后的款项尚不足以支付各种应缴或应付款项的，执行所得应优先支付实现执行目的而发生的费用，其次是税款、滞纳金
2. 下列各项中，属于行政强制措施的是（　　）。（单选）
   A. 限制开展生产经营活动
   B. 限制人身自由
   C. 代履行
   D. 排除妨碍、恢复原状

3. 税务机关在对乙公司进行调查时，可以采取的取证手段有（　　）。（多选）

A. 对乙公司负责人就有关房屋租赁关系进行询问并制作询问笔录

B. 查询复制有关乙公司与甲公司间订立的房屋租赁协议

C. 将乙公司有关账簿资料调回检查

D. 经乙公司所在区（县）税务局（分局）局长批准书面通知乙公司开户银行冻结其 18 万元存款

4. 税务机关提起代位权诉讼的，则有关该代位权诉讼中各方当事人表述正确的是（　　）。（单选）

A. 税务机关为原告，甲公司为被告，乙公司为第三人

B. 税务机关为原告，乙公司为被告，甲公司为第三人

C. 税务机关为原告，甲公司、乙公司为共同被告

D. 税务机关为原告，甲公司为被告

5. 如果不考虑比例原则，为继续追缴税款，税务机关可以依法对该仓库采取的措施有（　　）。（多选）

A. 责令甲公司终止与乙公司之间的租赁合同，并要求乙公司限期搬出

B. 责令甲公司将该仓库的房屋产权证件交税务机关保管

C. 可以向有关机关发出协助执行通知书，有关机关在扣押、查封期间不再办理该房屋的过户手续

D. 经县以上税务局（分局）局长批准，扣押、查封、依法拍卖或者变卖该房产，以拍卖或者变卖所得抵缴未清缴的税款

五、简答题（10 分）

请简要回答 2024 年全国税务工作会议围绕坚定不移践行人民立场，增进纳税人缴费人获得感，提出了哪些具体要求。

模拟测试（三）· 参考答案及解析

答案速查

一、单项选择题

1. C	2. A	3. B	4. C	5. B
6. D	7. A	8. A	9. D	10. B
11. C	12. B	13. A	14. B	15. A

二、多项选择题

1. ABC	2. ABC	3. ABCD	4. ABD	5. ABC
6. AB	7. ABD	8. BD	9. ABCD	10. ABC
11. ABC	12. BCD	13. ABD	14. ACD	15. ACD

三、判断题

1. ×	2. ×	3. √	4. √	5. ×
6. ×	7. √	8. ×	9. √	10. ×

四、案例分析题

1. BD	2. B	3. AB	4. B	5. BCD

答案解析

一、单项选择题

1.【答案】C

【解析】习近平总书记在党的二十大报告中指出，经过不懈努力，党找到了自我革命这一跳出治乱兴衰历史周期率的第二个答案。

2.【答案】A

【解析】详见党的二十届三中全会通过的《中共中央关于进一步全面深化改革　推进中国式现代化的决定》。

3.【答案】B

【解析】国家税务总局党委书记、局长胡静林在《学习时报》发表《高质量推进中国式现代化税务实践》一文中指出，税务部门要认真学习贯彻习近平经济思想、习近平法治思想和习近平总书记关于税收工作的重要论述，牢牢把握高质量推进中国式现代化税务实践这一主线，坚持以科学精细、务实高效的管理理念打造效能税务，坚定不移推动党中央决策部署落地见效。

4.【答案】C

【解析】国家税务总局每年4月紧扣党中央、国务院重大决策部署，围绕税收重点工作，集中开展全国税收宣传月活动，深入宣传税法知识、解读税费政策、倡导税收诚信，已成为纳税人缴费人自觉接受税法教育的重要课堂，也是社会各界主动了解税收、积极支持税收的重要载体。2024年4月，税务总局启动第33个全国税收宣传月，主题为“税助发展　向新而进”。

5.【答案】B

【解析】详见中共中央、国务院印发的《关于加快经济社会发展全面绿色转型的意见》。

6.【答案】D

【解析】行政执行的方法包括：①行政手段，即依靠行政机关内部层级节制的机制，通过命令、指挥、控制、规定、指令等实施政策执行的方法；②法律手段，即行政机关通过制定行政法律、法规、法令等，对行政执行的实施过程进行规范的方法；③经济手段，即行政机关运用包括税收、罚款、政府开支、政府合同、利息在内的各种经济杠杆，在尊重经济规律的前提下，通过调节经济变量的关系，达到行政执行的目的；④教育手段，即行政机关通过宣传、动员、感化、鼓舞等沟通方式，将政策理念输入人们脑海之中，使之理解政策的内容和意义，自觉地为行政执行服务。

7.【答案】A

【解析】选项 B，占用基本农田的，应当按照确定的当地适用税额，加按 150% 征收；选项 C，耕地占用税由税务机关负责征收；选项 D，纳税人应当自纳税义务发生之日起 30 日内申报缴纳耕地占用税。

8.【答案】A

【解析】选项 A，纳税人发生视同销售不动产情形的，其纳税义务发生时间为不动产权属变更的当天；选项 B，委托代销货物，纳税义务发生时间为收到代销单位的代销清单或者收到全部或者部分货款的当天，未收到代销清单及货款的，为发出代销货物满 180 天的当天；选项 C，采取赊销方式销售货物，纳税义务发生时间为书面合同约定的收款日期的当天；选项 D，从事金融商品转让的，纳税义务发生时间为金融商品所有权转移的当天。

9.【答案】D

【解析】根据新修订的《中华人民共和国发票管理办法》，选项 A，销售商品、提供服务以及从事其他经营活动的单位和个人，对外发生经营业务收取款项，收款方应当向付款方开具发票；但特殊情况下，由付款方向收款方开具发票，如农产品收购发票。选项 B，不得以其他凭证代替发票使用。选项 C，已经开具发票的存根联，应保存 5 年。选项 D，任何单位和个人不得有下列虚开发票行为：①为他人、为自己开具与实际经营业务情况不符的发票；②让他人为自己开具与实际经营业务情况不符的发票；③介绍他人开具与实际经营业务情况不符的发票。任何单位和个人不得为他人开具与实际经营业务情况不符的发票。

10.【答案】B

【解析】本题考查残疾人就业保障金应缴费额。根据《财政部关于调整残疾人就业保障金征收政策的公告》（2019 年第 98 号）第一条规定，残疾人就业保障金征收标准上限，按照当地社会平均工资 2 倍执行。

11.【答案】C

【解析】在计算应纳税所得额时，下列支出不得扣除：①向投资者支付的股息、红利等权益性投资收益款项；②企业所得税税款；③税收滞纳金；④罚金、罚款和被没收财物的损失；⑤《中华人民共和国企业所得税法》第九条规定以外的捐赠支出；⑥赞助支出；⑦未经核定的准备金支出；⑧与取得收入无关的其他支出。以融资租赁方式租出的固定资产计提的折旧等不得扣除。

12.【答案】B

【解析】我国社会主义法治建设总目标是建设中国特色社会主义法治体系，建设社会主义法治国家。选项 B 符合题意。

13.【答案】A

【解析】无论什么级别的干部参加学习培训都是普通学员。干部在校学习期间，要住在学员宿舍，吃在学员食堂。学员之间、教员和学员之间不得用公款相互宴请。班级、小组不得以集体活动为名聚餐吃请。学员必须自己动手撰写发言材料、学习体会、调研报告和论文等，不准请人代写，不准抄袭他人学习研究成果，不准秘书等工作人员“陪读”。

14.【答案】B

【解析】计算机病毒具有寄生性、传染性、潜伏性、隐蔽性、破坏性、可触发性等特征。

15.【答案】A

【解析】办公用房安排使用情况应在税务系统内部网站进行公示。

二、多项选择题

1.【答案】ABC

【解析】2024 年全国税务工作会议提到，旗帜鲜明讲政治，坚定不移建强政治机关、走好第一方阵。持续拓展主题教育成果，抓好成果转化运用，建立健全完善税务系统主题教育常态化长效化制度机制；持续深化政治机关意识教育和对党忠诚教育，促进税务系统政治机关建设一贯到底；持续提升党建工作质效，进一步优化“纵合横通强党建”工作机制，全面推进党支部标准化规范化建设，强化党建与业务深度融合。

2.【答案】ABC

【解析】国家税务总局党委书记、局长胡静林在《学习时报》发表《高质量推进中国式现代化税务实践》一文中指出，坚决当好党中央决策部署的执行者、行动派、实干家，这是打造效能税务的根本要求。

3.【答案】ABCD

【解析】党史学习教育工作遵循以下原则：坚持党的全面领导；坚持围绕中心、服务大局；坚持以史鉴今、资政育人；坚持统筹谋划、开拓创新；坚持分类指导、精准施策；坚持唯物史观和正确党史观。

4.【答案】ABD

【解析】2024 年全国税务工作会议强调，要自觉对标对表党的二十大精神和中央经济工作会议部署，深刻认识当前税务工作面临的形势任务，努力在服务党和国家事业发展大局中进一步牢牢把准税务部门职责定位，做党中央权威的忠诚捍卫者、做推动高质量发展的高效执行者、做纳税人缴费人的倾情服务者、做经济社会秩序的坚定维护者。

5.【答案】ABC

【解析】2024 年全国税务工作会议强调，当前和今后一个时期，要紧紧聚焦“以习近平新时代中国特色社会主义思想为指引，高质量推进中国式现代化税务实践”这一工作主线，着力强化政治统领，着力强化依法治税，着力强化改革创新，着力强化管理增效，着力强化服务提质，着力强化风险防范，坚持一张蓝图绘到底，持续完善“抓好党务、干好税务、带好队伍”的工作体系，在以税收现代化服务中国式现代化的新征程中再建新功。

6.【答案】AB

【解析】电子发票服务平台对发票的开具提供页面输入和扫描二维码两种模式。

7.【答案】ABD

【解析】电子税务局与传统实体税务局相比具有以下优点：①提高办税效率，降低征纳双方的成本；②推动税务公开，更好促进依法治税；③有利于税务部门决策的科学化、民主化；④有利于纳税知识的宣传普及。

8.【答案】BD

【解析】国家的产生和存在是税收产生的社会条件，私有制的存在和发展是税收产生的经济条件。选项 B、D 正确。

9.【答案】ABCD

【解析】智慧税务建设中，要充分利用大数据、云计算、人工智能、移动互联网等现代信息技术。

10.【答案】ABC

【解析】根据《中华人民共和国行政复议法》第四十二条规定，行政复议期间具体行政行为不停止执行；但是，有下列情形之一的，可以停止执行：①被申请人认为需要停止执行的；②行政复议机关认为需要停止执行的；③申请人申请停止执行，行政复议机关认为其要求合理，决定停止执行的；④法律规定停止执行的。所以，行政复议期间，具体行政行为以不停止执行为原则，以停止执行为例外，选项 A 正确。根据该法第十条规定，公民、法人或者其他组织对行政复议决定不服的，可以依照《中华人民共和国行政诉讼法》的规定向人民法院提起行政诉讼，但是法律规定行政复议决定为最终裁决的除外。所以，除非法律另有规定，公民、法人或者其他组织对行政复议决定不服的，不能再向上一级机关提起行政复议申请，而是依照《中华人民共和国行政诉讼法》的规定向人民法院提起行政诉讼，即对引起争议的具体行政行为一般只经一级复议机关复议即可结案，选项 B 正确。根据该法第五十条第一款规定，选项 C 正确。根据该法第十三条规定，可以提出附带审查申请的文件不包括规章。所以，选项 D 错误。

11.【答案】ABC

【解析】根据《中华人民共和国税收征收管理法》第三十八条第一款规定，税务机关有根据认为从事生产、经营的纳税人有逃避纳税义务行为的，可以在规定的纳税期之前，责令限期缴纳应纳税款；在限期内发现纳税人有明显的转移、隐匿其应纳税的商品、货物以及其他财产或者应纳税的收入的迹象的，税务机关可以责成纳税人提供纳税担保。如果纳税人不能提供纳税担保，经县以上税务局（分局）局长批准，税务机关可以采取下列税收保全措施：①书面通知纳税人开户银行或者其他金融机构冻结纳税人的金额相当于应纳税款的存款；②扣押、查封纳税人的价值相当于应纳税款的商品、货物或者其他财产。所以税收保全的手段包括冻结、扣押和查封。该法第四十条第一款规定，从事生产、经营的纳税人、扣缴义务人未按照规定的期限缴纳或者解缴税款，纳税担保人未按照规定的期限缴纳所担保的税款，由税务机关责令限期缴纳，逾期仍未缴纳的，经县以上税务局（分局）局长批准，税务机关可以采取下列强制执行措施：①书面通知其开户银行或者其他金融机构从其存款中扣缴税款；②扣押、查封、依法拍卖或者变卖其价值相当于应纳税款的商品、货物或者其他财产，以拍卖或者变卖所得抵缴税款。所以税务行政强制执行手段包括划拨、拍卖和变卖抵缴。

12.【答案】BCD

【解析】委托加工应税消费品的，消费税的纳税地点是受托方所在地（受托方是个人除外），选项 A 错误。

13.【答案】ABD

【解析】转移土地、房屋权属，承受人应缴纳契税，包括土地使用权出让，土地使用权转让，出售、赠与和交换，房屋买卖、赠与、互换，房产作价投资（入股）、偿还债务、划转、奖励等转移方式，以及其他土地、房屋权属转移，不包括农村集体土地承包经营权的转移。

14.【答案】ACD

【解析】根据《中华人民共和国政府采购法实施条例》规定，在政府采购活动中，采购人员及相关人员与供应商有下列利害关系之一的，应当回避：①参加采购活动前 3 年内与供应商存在劳动关系；②参加采购活动前 3 年内担任供应商的董事、监事；③参加采购活动前 3 年内是供应商的控股股东或者实际控制人；④与供应商的法定代表人或者负责人有夫妻、直系血亲、三代以内旁系血亲或者近姻亲关系；⑤与供应商有其他可能影响政府采购活动公平、公正进行的关系。

15.【答案】ACD

【解析】不要在一台电脑上同时安装两款及以上杀毒软件。杀毒软件安全级别会有冲突，会造成卡机、无法上网，甚至无法启动等情况。

三、判断题

1.【答案】×

【解析】不管是否完成缴税，都可以进行“申报更正”。启动申报更正后，可以直接在原申报基础上进行修改。若该申报已经扣款，更正申报后多退少补，多交的税款至办税服务厅办理退税。

2.【答案】×

【解析】税务专网与互联网物理隔离，不得将税务专网计算机终端随意接入互联网。

3.【答案】√

【解析】《中国共产党章程》明确，党支部是党的基础组织，担负直接教育党员、管理党员、监督党员和组织群众、宣传群众、凝聚群众、服务群众的职责。

4.【答案】√

【解析】根据《中国共产党党内监督条例》规定，各级党组织和党的领导干部应当认真对待、自觉接受社会监督，利用互联网技术和信息化手段，推动党务公开、拓宽监督渠道，虚心接受群众批评。

5.【答案】×

【解析】根据企业所得税法规定，居民企业，是指依法在中国境内成立，或者依照外国（地区）法律成立但实际管理机构在中国境内的企业。实际管理机构，是指对企业的生产经营、人员、账务、财产等实施实质性全面管理和控制的机构。

6.【答案】×

【解析】根据《党政机关公务用车管理办法》的规定，执法执勤用车是指中央批准的执法执勤部门（系统）用于一线执法执勤公务的机动车辆。

7.【答案】√

【解析】根据《中国共产党纪律处分条例》的相关规定。

8.【答案】×

【解析】《中华人民共和国税收征收管理法》属于旧的特别法，《中华人民共和国行政强制法》属于新的一般法，二者同属于全国人大常委会制定的法律。根据《中华人民共和国立法法》第一百零五条第一款规定，法律之间对同一事项的新的一般规定与旧的特别规定不一致，不能确定如何适用时，由全国人民代表大会常务委员会裁决。

9.【答案】√

【解析】申报规定期限的最后1日是法定休假日的，以休假日期满的次日为期限的最后1日。

10.【答案】×

【解析】农业生产（不包括规模化养殖）排放应税污染物的，免征环境保护税。

四、案例分析题

1.【答案】BD

【解析】根据《中华人民共和国税收征收管理法》的规定，税务机关采取强制执行时，必须经县以上税务局（分局）局长的批准，因此选项 A 错误。根据《中华人民共和国行政强制法》的规定，行政机关作出强制执行决定前，应当事先以书面形式催告当事人履行义务，因此，选项 B 正确。根据《中华人民共和国税收征收管理法实施细则》第六十九条第一款的规定，国家禁止自由买卖的商品，应当交由有关单位按照国家规定的价格收购。因此选项 C 错误。在税务行政强制执行中，如果执行到位的款项，不足以支付各种应缴或应付款项的，按以下顺序清偿：①实现执行目的而发生的费用；②税款；③滞纳金；④一并执行的罚款和加处罚款。因此选项 D 正确。

2.【答案】B

【解析】根据《中华人民共和国行政强制法》第九条规定，行政强制措施的种类有：①限制公民人身自由；②查封场所、设施或者财物；③扣押财物；④冻结存款、汇款；⑤其他行政强制措施。选项 A 属于行政处罚，选项 C、D 属于行政强制执行，只有选项 B 属于行政强制措施。

3.【答案】AB

【解析】由于本案是针对甲公司欠税所采取的行政强制，虽然乙公司与甲公司有经济往来关系，但不能随意调取非检查对象的账簿资料，因此，选项 C 的做法错误；同时也不能采取选项 D 的做法，如果符合税务机关行使代位权的条件，税务机关也只能通过向当地人民法院提起代位权诉讼，而不能采取冻结乙公司存款的做法。税务机关在对乙公司进行调查时，可以采取选项 A 的做法，它是一种证人证言；也可以采取选项 B 的做法，通过提取复印件的方法来取证。

4.【答案】B

【解析】税务机关行使代位权时，应向法院提交民事起诉状，以次债务人为被告，以行政相对人为诉讼第三人。

5.【答案】BCD

【解析】为继续追缴税款，税务机关可以依法采取查封的措施，但无权终止甲公司与乙公司之间的租赁合同，并要求乙公司限期搬出，因此选项 A 的做法错误。选项 B 是《中华人民共和国税收征收管理法实施细则》所规定的一项权力，可限制行政相对人即甲公司转移和处分财产。选项 C 也是《中华人民共和国税收征收管理法实施细则》所规定的一项权力，同样能有效地限制相对人转移和处分财产。选项 D 是《中华人民共和国税收征收管理法》第四十条所规定的强制执行措施，如果不考虑比例原则，则税务机关可以拍卖、变卖该房屋。

五、简答题

【答案】坚持以人民为中心的发展思想，围绕“高效办成一件事”，聚焦办税缴费中高频事项和纳税人缴费人反映突出的问题，持续开展“便民办税春风行动”。深化拓展内外部协同配合，充分发挥税收大数据作用，提高“好办事”的便利和“办成事”的效率。进一步完善税费服务诉求解决机制，着力推动“接诉即办”向“未诉先办”延伸。加强税收多边合作平台建设，完善“一带一路”税收征管合作机制，加力推进“税路通”品牌建设，着力打造市场化、法治化、国际化税收营商环境。